बहाव

बहाव

डॉ. हिमांशु द्विवेदी

प्रभात प्रकाशन, दिल्ली
ISO 9001:2008 प्रकाशक

प्रकाशक • **प्रभात प्रकाशन**
4/19 आसफ अली रोड,
नई दिल्ली–110002

संस्करण • 2018
मूल्य • चार सौ रुपए
मुद्रक • आर–टेक ऑफसेट प्रिंटर्स, दिल्ली

BAHAAV *Travelogues* by Dr. Himanshu Dwivedi ₹ 400.00
Published by Prabhat Prakashan, 4/19 Asaf Ali Road, New Delhi-2
e-mail: prabhatbooks@gmail.com ISBN 978-93-5048-393-0

विदेश यात्रा के लिए सदैव प्रोत्साहित करते रहे

कैप्टेन रुद्रसेन सिंधुजी

एवं

संघर्ष के दिनों में संबल रहे

अग्रज अजय चांडकजी

को समर्पित।

भूमिका

वे दिन अब सिर्फ इतिहास के पन्नों में दर्ज हैं, जब किसी अगस्त्य को अपने विचार और वाणी को दिक्‌दिगंत तक फैलाने के लिए पूरा-का-पूरा समुद्र पी जाना पड़ता था। फाह्यान या अलबरूनी की तरह अब यात्राएँ करने और उन्हें लिपि में सँजोने के लिए मशक्कत नहीं करनी पड़ती। आप देख रहे हैं कि यह धरती एक ग्लोबल विलेज में तब्दील होती जा रही है और देशों की दूरियाँ हवाईजहाजों में एयरनॉट्स में सिमटकर रह गई हैं। ऐसे बहुत से लोग दिखाई पड़ते हैं, जो सुबह का नाश्ता एक देश में करते हैं और रात का भोजन दूसरे देश में। फिर भी यात्राओं ने अपना रोमांच नहीं खोया है और घुमक्कड़ी की इनसानी प्रवृत्ति कुछ नया देखने के लिए बेताब रहती है। युवा पत्रकार हिमांशु द्विवेदी के यात्रा-संस्मरणों की यह पुस्तक 'बहाव' इसका जीता-जगता उदाहरण है।

हिमांशु द्विवेदी का यह यात्रा-संग्रह यकीनन इतिहास रचने की नीयत से नहीं लिखा गया है। यह यात्रा-वृत्तांत सामाजों और संस्कृतियों का समाजशास्त्रीय अध्यायनामा भी नहीं है। पर इसमें एक पत्रकार की पैनी नजर का कमाल आपको हर पन्ने पर दिखाई पड़ेगा। वे समय के साथ चलते हैं—उसे जीते हुए, समझते हुए, सहेजते हुए और हमें सौंपते हुए। यही वजह है कि मुझे इन पंक्तियों में मौजूदा समय के विरोधाभासों के साथ वे समस्याएँ भी दिखाई हैं, जो 'धरती' नाम के गाँव में साझी हो चली हैं। उनसे जूझने के तरीके भी इसमें हैं। हिमांशु के लेखन की एक खूबी यह भी है कि अपने पांडित्य का प्रदर्शन कहीं नहीं करते। एक रिपोर्टर की तरह बेहद संप्रक्त भाव से अपने अनुभवों को पाठकों के हवाले करते चले जाते हैं। आप इसका यह मतलब कतई मत समझिए कि इनमें विचारों की गहराई या इतिहास को जानने का सलीका नहीं है। आप देखेंगे कि थाईलैंड प्रवास को उन्होंने

बुद्ध से भी जोड़ा है और 'मसाज' को भी अनदेखा नहीं किया है।

'भारत पिछलग्गू देश नहीं' को पढ़ते हुए बार-बार ऐसा लगता है कि हिमांशु द्विवेदी के मन में भारत और भारतीयता के प्रति कसक हिलोरें ले रही है। वे एक वैश्विक समुदाय के सदस्य तो हैं, पर उससे पहले एक सजग भारतीय भी हैं।

इन पक्तियों को पढ़ते समय कई बार आपको यह भी एहसास होगा कि एक सजग पत्रकार सिर्फ क्षण को ही नहीं जीता या अनुभव करता है, बल्कि एक जुलाहे की तरह भविष्य को भी आँकता और कातता चलता है। पाकिस्तान यात्रा के दौरान हिमांशु ने पाया कि जनरल परवेज मुशर्रफ वहाँ पर जम्हूरियत के पुरोधा और गुरु की तरह उभर रहे हैं। मुशर्रफ खुद इस समय जलावतनी के शिकार हैं, पर बरसों पहले पड़ोसी मुल्क की सरजमी नापते हुए हिमांशु द्विवेदी ने जो कुछ महसूस किया था, वह सही सबित हुआ। अपनी आजादी के गुजरे छियासठ सालों में यह पहला मौका था जब पाकिस्तान एक लोकतांत्रिक सरकार के साये में चुनाव कराने जा रहा है। परवेज मुशर्रफ का बोया हुआ बीज अब पौधा बन चुका है। हम उम्मीद कर सकते हैं कि वह दरख्त भी बनेगा। पाकिस्तान से कहीं ज्यादा वह हिंदुस्तान के लिए जरूरी है।

तो आइए, अगले सफर की ओर चलें। मेरा दावा है कि भूत और वर्तमान के बिंबों के साथ आगत की आहट आपके दिलो-दिमाग पर भी दस्तक देगी।

27.01.2013

—शशि शेखर

प्रधान संपादक : हिंदुस्तान पत्र समूह

स्मृतियों के लोक को समृद्ध करती यात्राएँ

भारतीय मन दरअसल स्मृतियों का ही लोक है। स्मृतियाँ ही उसे समृद्ध करती हैं और जीने का हौसला देती हैं। यात्रा भी हमारी स्मृति का एक स्थायी पक्ष है, जो न सिर्फ हमें आनंद देती है वरन् नए अनुभवों के साथ नई आँखें भी देती है। दरअसल, मनुष्यता के विकास के मूल में यात्राएँ ही रही हैं।

इन्हीं यात्राओं ने नए-नए देशों की खोज की, दो विविध समाजों में संवाद, व्यापार, प्रेम, संबंध और शिक्षा को संभव बनाया। दो विविध समाजों का संवाद कैसे तीसरे ज्ञानक्षेत्र का सृजन करता है, इसे देखना रोचक है। एक ही देश को देखने की आँखें अलग-अलग हो सकती हैं। कोलंबस से लेकर ह्वेनसांग की कथाएँ हमें बताती हैं कि यात्राओं ने कैसे उस समय का सच सामने रखा। हमारे समय के चर्चित पत्रकार डॉ. हिमांशु द्विवेदी की यह पुस्तक भी उनके यात्रा-संस्मरणों का संग्रह है। हिमांशु ने अपनी पत्रकारिता की पूरी यात्रा में भी ग्वालियर, भोपाल, सतना, दिल्ली, रोहतक, रायपुर, छिंदवाड़ा जैसे शहरों के मिजाज को अपनी कलम के माध्यम से समझा है, साथ ही दुनिया के अनेक देशों की यात्राएँ करते हुए उनके परिवेश पर सार्थक टिप्पणियाँ की हैं। एक आम आदमी के पर्यटन से अलग पत्रकार का पर्यटन इसलिए भी खास हो जाता है, क्योंकि उसके पास एक खास नजर होती है, जिससे वह अपने पाठक वर्ग के काम की चीजें खोज लेता है। इसलिए एक पत्रकार की यात्राएँ उसकी अपने आनंद का संसार तो रचती ही हैं, साथ ही उसके पाठकों के अनुभवों को भी समृद्ध करती हैं।

हिमांशु की इस पुस्तक में जापान, थाईलैंड, अमरीका, पाकिस्तान, ग्रीस, दक्षिण कोरिया, पोलैंड, जर्मनी, ब्राजील जैसे देशों की यात्रा के अनुभव हैं। इस पुस्तक की खास बात यह है कि इसमें हिमांशु की आँखों से देखी हुई दुनिया के

साथ-साथ छत्तीसगढ़ के दो राजनेताओं की विदेश यात्राओं के अनुभव भी हैं। राजनेताओं ने जिस तरह अपनी विदेश यात्राओं का जिक्र हिमांशु से किया, उसे उन्होंने अपने पाठकों के लिए प्रस्तुत किया। एक पत्रकार के नाते अपने पाठकों तक तमाम अनुभव पहुँचाने की जिम्मेदारी का भाव शायद उनसे यह करवा पाया। एक पत्रकार और राजनेता एक ही विषय को अलग-अलग तरह से महसूस कर सकते हैं। इस पुस्तक में ये दोनों अनुभव गुँथे हुए मिलते हैं।

हिमांशु के लेखन में एक खास किस्म की किस्सागोई और वर्णन की सरसता है, जिससे पाठक उनके अनुभवों के साथ हो लेता है। जैसे जापान के बारे में लिखा उनका लेख 'संकटों में भी चढ़ता हौसलों का सूर्य' जापानी समाज की जिजीविषा का रेखाचित्र सामने रखता है। हमने जापान के बारे में जो सुना और पढ़ा है, यह लेख उसकी पुष्टि एक अनूठे अंदाज में करता है। इसके साथ ही अन्य लेखों में जापान का भी जिक्र आया है, हिरोशिमा की त्रासदी का जिक्र करते हुए किसी भी लेखक का भावुक हो उठना स्वाभाविक है। जापान का बनना और विकास के पथ पर दौड़ पड़ने की कहानियाँ भी इसी में हैं। हिमांशु की वाक्य रचना का चमत्कार कई बार बहुत प्रभावित करता है, जैसे हिरोशिमा के बारे में लिखते हुए उनका एक वाक्य है, 'अतीत के घावों के निशान को पुरुषार्थ के मलहम का इस्तेमाल करके जिस प्रकार मिटाया जा सकता है···।'

एक लेखक की सबसे बड़ी सफलता यह है कि वह अपने पाठकों को अपने साथ बहा ले जाए। उस संवेदना से जोड़े, जिसे वह महसूस कर रहा है। एक पत्रकार होने के नाते हिमांशु की भाषा में सहजता है किंतु उसके साथ ही वे भाषा के साथ न्याय भी करते दिखते हैं। उनकी भाषा में हिंदी का वैभव दिखता है। वे सहज हैं किंतु साधारण नहीं। उनकी भाषा के संस्कार हमें हिंदी के वैभव से जोड़ते हैं। हिंदी की भव्यता के दर्शन कराते हैं। वे जानते हैं कि कौन सी भाषा लिखनी, कहनी और बोलनी है। इसीलिए कई बार वे अपने लेखन में संभाषण की शैली का भी इस्तेमाल करते हैं। इस तरह उनकी भाषा का सौजन्य और सौष्ठव साफ दिखता है। वे सही मायने में एक ऐसे पत्रकार और लेखक हैं, जिसे शब्दों की शक्ति का सही इस्तेमाल आता है। आज की पत्रकारिता में जिस तरह भाषा के प्रति लापरवाही और साधारणता दिखती है, हिमांशु के लेखन में वह अनुपस्थित है। वे अपने लेखनी को एक जिम्मेदार लेखक की तरह उठाते हैं। भाषा के साथ नए प्रयोग करते हैं और कई बार पाठकों से बतियाते हुए चलते हैं। वे भारतीयता के प्रति अनुरक्त और अपनी माटी से प्रेम करनेवाले लेखक-पत्रकार हैं। इसीलिए

भारत के वैभव को स्थापित करनेवाले प्रतीक उन्हें विदेशी जमीन पर आकर्षित करते हैं। जैसे अपनी विदेश यात्राओं के वर्णन में भारतीय प्रतीकों, भारतीय नामों और भारतीय प्रभावों का जिक्र करना वे नहीं भूलते हैं। खासकर थाईलैंड प्रवास पर उनके लेख भारतीयता के विश्वव्यापी प्रभाव को रेखांकित करनेवाले हैं। उनके एक लेख का शीर्षक है—'राजा राम, अयोध्या और श्रीकीर्ति'। हिमांशु का यह भारत प्रेम लगभग हर लेख में व्यक्त होता है। अपनी यात्रा में अन्य देशों के विकास और उनकी प्रगति से अभिभूत होने के बजाय हिमांशु उसे एक हिंदुस्तानी नजरिए से व्याख्यायित करते हैं। वे अपनी जड़ों को नहीं भूलते; उसके रूप, रस और गंध को स्मरण कराते रहते हैं।

सही मायने में यह पुस्तक एक हिंदुस्तानी पत्रकार की नजर से देखी गई दुनिया का बयान है। इसलिए वे जोरदार तरीके से 'सारे जहाँ से अच्छा हिंदुस्तान हमारा' तथा 'अपने मुल्क से दूर अपनत्व का अहसास' जैसी टिप्पणियाँ लिख पाते हैं। वे अमरीका को भी अपनी एक खास नजर से देखते हैं; उनकी टिप्पणी का शीर्षक है—'अमरीका : विश्व नेतृत्व का गुरूर'। जाहिर तौर पर हिमांशु की दुनिया को देखने की एक खास नजर है। उसमें उनका राष्ट्रबोध और भारतप्रेम सर्वोपरि दिखता है। एक जिंदादिल पत्रकार और यायावरी की यह तलब ही इस पुस्तक के सृजन का आधार है। वे निरंतर अपनी यात्राओं से समृद्ध होते हुए कुछ नया देने की कोशिश कर रहे हैं, इसकी प्रशंसा की जानी चाहिए। उनकी यह पुस्तक पाठकों को दुनिया को देखने का एक नया नजरिया, दुनिया के तमाम देशों के साथ भारत के रिश्तों को समझने की समझ तो देगी, साथ ही उनको आनंदित भी करेगी—ऐसा मेरा विश्वास है।

शुभकामनाओं सहित,

11.5.2013

—विद्याचरण शुक्ल

अपनी बात

चालीस साल के जीवन का अनुभव मुझे निरंतर यह बोध कराता है कि 'यात्रा' मेरे लिए महज प्रवृत्ति ही नहीं, प्रकृति और नियति भी है। पुस्तक का शीर्षक 'बहाव' इसी सत्य को अभिव्यक्त करने की कोशिश है।

जन्म के साथ ही ज्योतिषी ने मेरे भाग्यवान होने का उद्घोष कर दिया था, इसका बोध मुझे बाल्यकाल में परिजनों की परस्पर चर्चा के दौरान अकसर होता रहता था। यह बात दीगर है कि कमोबेश हर हफ्ते पिताजी से मार खाते रहने के कारण मेरा अपने संदर्भ में सिवाए अभागा होने के कोई अहसास शेष नहीं रह गया था। पिताजी को गलत हरगिज न समझा जाए। मेरी शरारतें ही ऐसी थीं कि अपनी असहाय स्थिति को प्रकट करने का और कोई तरीका उनके पास नहीं था। कभी-कभार अपनी असहनीय शरारतों के एवज में मार खाने के बाद एकांत में रोते हुए मुझे उस ज्योतिषी के दावे पर क्रोध भी आता था कि उसने किस आधार पर मुझे भाग्यशाली करार दिया। इसका जवाब मुझे नौ साल की उम्र में तब मिला जब माँ की अलमारी में मुझे अनायास ही अपनी जन्मपत्री की पुस्तिका हाथ लगी। उस पत्रिका में बनी कुंडलियाँ तो मुझे तनिक भी समझ नहीं आईं, लेकिन फलित के अंत में लिखे शब्द आज भी मेरे जेहन में अंकित हैं। जन्म पत्रिका के अंतिम पृष्ठ पर लिखा हुआ था कि 'जातक बेहद भाग्यवान है और विदेश यात्रा का योग है।'

कहने का आशय यह है कि हम जिस दौर में पैदा हुए थे, उस दौर में विदेश यात्रा करना सफलता की निशानी थी। यह बात दीगर है कि बाद में मैंने यह पाया कि ज्योतिषी हर जन्मपत्री का समापन इसी वाक्य से करते थे। आजकल का पता नहीं। क्योंकि अपने बच्चों की जन्मपत्री मेरे द्वारा अभी तक बनवाई नहीं गई।

मेरी कुंडली के लिखे शब्दों ने सत्य के रूप में प्रमाणित होने के लिए बाईस

वर्ष का समय लिया। वर्ष 1995 में विदेश यात्रा के लिए विमान पकड़ने अपने गृहनगर ग्वालियर से मुंबई के लिए पंजाब मेल ट्रेन से रवाना हो रहा था, तो विदाई देने दो हजार से ज्यादा लोग स्टेशन पर मौजूद थे। अगले बीस वर्षों में विदेश यात्रा रूपी असाधारण उपलब्धि का इतना सामान्यीकरण हो गया है कि अब विदेश के लिए रवाना होता हूँ तो बीस लोग भी छोड़ने के लिए एयरपोर्ट पर मौजूद नहीं होते।

फिर भी ज्योतिषी के दावे के प्रति आज मेरी पूर्ण सहमति है। यह सहमति विदेश यात्रा करने के कारण नहीं बल्कि उसके अनुभवों को पुस्तक का स्वरूप दे पाने को लेकर है। निस्संदेह यह मेरा सौभाग्य है कि अपने यात्रा अनुभवों को केवल लिपिबद्ध ही नहीं कर पाया बल्कि समय-समय पर समाचार-पत्रों में उन्हें प्रकाशित भी कर सका। विदेश यात्रा के अनुभवों का रोमांच इस कदर जेहन में हावी हुआ कि छत्तीसगढ़ के दो राजनीतिज्ञ प्रेमप्रकाश पांडे और चंद्रशेखर साहूजी के विदेश यात्रा अनुभवों को भी कलमबद्ध कर दिया।

दरअसल, एक स्थान पर टिके रहना मेरी प्रवृत्ति में नहीं है। नौकरीपेशा जीवन के प्रारंभिक दौर में मैं एक शहर और एक संस्थान में बमुश्किल साल भी नहीं बिता पाता था। ठहराव की यह स्थिति वर्ष 2001 में 'हरिभूमि' पत्र समूह के साथ जुड़ने के बाद ही बनी। उसकी भी दो वजह रहीं। पहली वजह तो संस्थान प्रबंधन और विशेषकर कैप्टन अभिमन्यु सिंधु समेत समूचे परिवार का स्नेहभाव रहा, वहीं दूसरी वजह संस्थान द्वारा सौंपा गया दायित्व भी रहा। इस दायित्व के चलते गत तेरह वर्षों में शायद ही कभी ऐसा अवसर आया होगा जब मैंने एक शहर में एक सप्ताह से अधिक समय गुजारा होगा। यह आधुनिक किस्म की यायावरी मुझे तमाम देशों और दुनिया के विविध रूपों से ठीक वैसे ही परिचय कराती आई है जैसे नदी या झरने का बहता पानी प्रकृति के विविध रूपों से साक्षात्कार करता जाता है। पुस्तक में मौजूद आलेख अपने उन अनुभवों को आपसे साझा करने की कोशिश मात्र हैं।

छत्तीसगढ़ के दो राजनेताओं के अनुभवों का सम्मिलीकरण अपने आप में नूतन प्रयोग है। प्रेमप्रकाश पांडे जहाँ मजदूर वर्ग से आते हैं, वहीं चंद्रशेखर साहू का कृषि प्रेम किसी से छिपा हुआ नहीं है। इस देश का मजदूर और किसान विदेश को किस निगाह से देख पाया है, वह इस पुस्तक के अध्ययन से जाना जा सकेगा। इस नए प्रयोग के तहत देखा किसी ने है और लिखा किसी ने। अपने अनुभवों को साझा करने के लिए प्रेमप्रकाश पांडेजी और चंद्रशेखर साहूजी ने जो समय मेरे लिए निकाला, उसके लिए कृतज्ञ हूँ। मेरे अनुजवत् ब्रह्मवीर सिंह और कमल बांदर का सहयोग न होता तो संस्मरणों का संकलन ही संभव न हो पाता। आभार इसलिए

नहीं, क्योंकि यह उनका अपने बड़े भाई के प्रति दायित्व था। ग्रंथालय प्रभारी ललित ने अपनी भूमिका इस बार भी बखूबी निभाई है। हाँ! आभार जीवन-संगिनी पूजा के प्रति कि उसने मुझे अकेले तमाम विदेश यात्राओं पर जाने दिया और उम्मीद कि इस सार्वजनिक आभार ज्ञापन के बाद वह आगे भी जाने देंगी।

पुस्तक प्रकाशक प्रभात कुमारजी के प्रति आभार ज्ञापित करना उनके योगदान को कम आँकना होगा। प्रथम पुस्तक 'अलाव' के प्रकाशन के बाद से 'बहाव' की पांडुलिपि को अंजाम तक पहुँचाने में उनके दूरभाष संदेशों का योगदान अतुलनीय है। आखिरी में कृतज्ञता ज्ञापन उन तमाम सुधी पाठकों के प्रति, जिन्होंने 'अलाव' के एक साल में ही तीन संस्करणों का प्रकाशन कराकर यह हौसला दिया कि यह कलमकार 'बहाव' को अस्तित्व में ला पाया।

—डॉ. हिमांशु द्विवेदी

अनुक्रमणिका

अमेरिका

पाकिस्तान

ग्रीस

दक्षिण कोरिया

पोलैंड

जर्मनी

ब्राजील

जापान

संकटों में भी चढ़ता हौसलों का सूर्य

युद्ध की विभीषिका हो, भूकंप अथवा सुनामी, अडोल निश्चयों का देश है जापान, जो हर तरह की आपदाओं से फिनिक्स पंछी की तरह अपनी ही भस्म से पुनर्जीवित हो उठता है, बारंबार। विश्व के लिए मानवीय श्रम की पराकाष्ठा एवं जिजीविषा का सर्वोच्च मानक बन चुका जापान का इतिहास पहली सदी से ही शेष जगवालों को ज्ञात है। 19वीं शताब्दी में इसके चीन और रूस के साथ हुए संघर्षों के कारण जापान का परिचय बाहरी दुनिया से हुआ। चीन के साथ हुई दूसरी लड़ाई (1937) ने जापान को अपनी सामरिक शक्ति को इतना बढ़ाने पर मजबूर किया कि वह इसे द्वितीय विश्वसमर तक धुरी राष्ट्रों के प्रमुख सदस्य के रूप में खींच ले गया। 6 और 9 अगस्त, 1945 को क्रमश: नागासाकी और हिरोशिमा पर गिराए आण्विक बमों ने विश्वयुद्ध को मौन कर दिया, पर देश पूरी तरह तबाह हो गया।

यहीं से प्रारंभ होती है इनसानी हौसलों की एक अकल्पनीय परिकथा। 1947 ई. में नए संविधान के जरिए युद्धोन्मादी राजतंत्र को हाथ-पाँव सिकोड़कर बैठा दिया गया और एक व्यावहारिक लोकतांत्रिक गणराज्य स्थापित हुआ। जापानी जनपद ने विगत लड़ाइयों, पराजयों व तबाहियों को झटककर खुद को नवनिर्माण की भट्टी में झोंक दिया। राष्ट्र जब तपकर निकला तो यह कुंदन विश्व की तीसरी सबसे बड़ी अर्थव्यवस्था बनकर दमकने लगा। प्रशांत महासागर के पूर्व में बसा यह देश छोटे-बड़े 6852 द्वीपों की छितराई हुई बसाहट है। चीन, उत्तर कोरिया, दक्षिण कोरिया एवं रूस से घिरे बुद्ध उपासक जापान की आबादी लगभग 13 करोड़ है।

संकट और आपदाएँ इस टापू देश में नाना रूप धरकर फौलादी कौम के

साहस-धैर्य की गाहे-बगाहे परीक्षाएँ लेती रहती हैं। जापान 109 सक्रिय ज्वालामुखियों से घिरा हुआ है। 20वीं सदी में दो रूह कँपानेवाले भूकंप तथा 11 मार्च, 2011 को प्रलयंकारी सुनामी का कहर झेलने के बावजूद न इसकी हिम्मत लड़खड़ाई, न अर्थव्यवस्था। इलेक्ट्रॉनिक वस्तुओं व वाहन उद्योग में वैश्विक व्यवसाय के सिर का मयूरपाँख बना यह देश अपनी उच्च उत्पादकता के साथ शत-प्रतिशत गुणवत्ता के कारण सबसे विश्वसनीय ब्रांड बन चुका है। अकेला राष्ट्र, जिसने पश्चिम के अनुकरण की बजाय औद्योगिक-व्यावसायिक उपक्रमों के लिए स्वयं की ऐसी प्रबंधन प्रणाली विकसित की जो उसके लाभ कमाने का रामबाण बनी और अंततः सारी दुनिया उसे आत्मसात करने पर मजबूर हुई।

70 प्रतिशत भूभाग पर सघन वन और दुर्गम पहाड़ होने से ये क्षेत्र रहने के सर्वथा अयोग्य हैं, जिसके चलते उनके समुद्री किनारों पर ही घनी बसाहट है। आबादी करीब 13 करोड़। उगते सूरज का देश कहलानेवाले जापान ने प्रगति का लाभ अपने नागरिकों को भरपूर दिया है। कड़ी मेहनत, अनुशासन व समय की पाबंदी के साथ अपनी सामाजिक तहजीब, परंपरागत पोशाकों, जायकेदार व्यंजनों, विशिष्ट तरीके से पीने-पिलाई जानेवाली चाय, सुमो पहलवानों, मार्शल आर्ट, रंगबिरंगे पंखों व छतरियोंवाला यह देश दीर्घायु नागरिकों के लिहाज से प्रथम और लोगों के बीच खरीद क्षमता के न्यूनतम अंतर की दृष्टि से द्वितीय क्रमांक पर है। नवजात बच्चों की मृत्यु दर यहाँ दूसरी सबसे कम है। ऐसे ही, हत्याओं की दर सिंगापुर के बाद सर्वाधिक न्यूनतम है। निर्यात व आयात, दोनों में यह चौथे नंबर पर है। दूसरे महायुद्ध के बाद अमेरिका अगर कहीं इसे पछाड़ सका तो बस जापानी गुड़ियों का बाजार खत्म कर—बार्बी डॉल को घर-घर पहुँचाकर…।

□

सारे जहाँ से अच्छा हिंदोस्ताँ हमारा

चौबीस जुलाई की अर्द्धरात्रि में जब सिंगापुर एयरलाइंस का विमान समुद्र तल से आठ हजार फीट की ऊँचाई से सपनों की नगरी के सहारा हवाई अड्डे पर उतरने की तैयारी कर रहा था, तब मेरे जेहन में एक ही विचार आया कि सारे जहाँ से अच्छा हिंदोस्ताँ हमारा। हो सकता है कि अधिकांश लोग मेरे इस विचार से इत्तफाक न रखते हों और उनकी निगाह में यह कोरी अंधी राष्ट्रभक्ति हो, लेकिन यह सत्य नहीं है। विश्व में समृद्धि का पर्याय बन चुके उगते सूर्य के देश जापान में दस दिवसीय प्रवास के अनुभव के आधार पर ही मैं यह कहने का साहस कर रहा हूँ।

14 जुलाई की मध्य रात्रि में हमारे विमान ने मुंबई से ज्यों ही आकाश के लिए उड़ान भरी वैसे ही विचारशक्ति ने भी आकाश में उड़ना प्रारंभ कर दिया। द्वितीय विश्वयुद्ध की तबाही के बाद महज पचास वर्ष की अल्पावधि में विश्व की सर्वोच्च शक्ति बन जाने का करिश्मा दिखानेवाले राष्ट्र के संबंध में अनगिनत कल्पनाएँ किया जाना स्वाभाविक है। साथ-ही-साथ इस राष्ट्र के नागरिकों की राष्ट्रभक्ति के संबंध में भी आए दिन तमाम किस्से पढ़ने को मिलते थे। लिहाजा जापान शब्द के उल्लेख मात्र से ही जेहन में स्वत: एक सम्मान का भाव प्रस्फुटित हो उठता था, ऐसे कर्मशील राष्ट्र में प्रवास के सौभाग्य से हृदय में उमंग उठना स्वाभाविक था। फिलहाल सिंगापुर में विमान परिवर्तन कर अंततः जापान के समय के अनुसार 15 जुलाई को सायं साढ़े छह बजे हमारे विमान ने टोकियो के नैरिटा अंतरराष्ट्रीय हवाई अड्डे की धरती को स्पर्श किया।

संक्षिप्त औपचारिक प्रक्रियाओं से गुजरकर अपने सामान के साथ जैसे ही मैंने अभी अपनी साथी गोवा की पूजा बारने के साथ विराट नैरिटा एयरपोर्ट के निकास-द्वार की ओर रुख किया, सामने हमारे स्वागत में जापान जूनियर चेंबर के पदाधिकारी

उपस्थित थे। इनमें से एक श्री यूवी इशिर्गा थे जो गत वर्ष दिसंबर माह में हमारे चयन के समय तमिलनाडु के सेलम शहर में विशेष तौर पर जापान से अपने छह साथियों के साथ उपस्थित थे। नतीजतन एक-दूसरे को पहचानने में हमें एक मिनट नहीं लगा। जापानियों के अभिवादन की प्रक्रिया को देख मुझे अपने देश के मेडिकल तथा इंजीनियरिंग कॉलेज में रैगिंग के दौरान के दृश्य ध्यान आ गए। ये लोग आगंतुक के सम्मान में विनम्रतापूर्वक कमर को नब्बे डिग्री का कोण बनाकर झुकाते हैं, प्रशंसनीय पहलू यह है कि सामनेवाला भी इस अभिवादन के जवाब में उतनी ही विनम्रता से झुकेगा, फिर चाहे अभिवादन करनेवाला व्यक्ति महज एक मामूली सा चपरासी क्यों न हो। विनम्रता जापानियों की व्यावसायिक क्षेत्र में सफलता का बहुत बड़ा कारण है। यह तथ्य अल्प समय में ही स्पष्ट हो गया है। जापान का बड़े से बड़ा व्यवसायी किसी दूसरे व्यक्ति से वार्त्तालाप में स्वयं को छोटा दरशाते हुए सामनेवाले को अपने से बड़ा मानकर ही बात करेगा। साथ ही एक खास महत्त्वपूर्ण पहलू यह है कि जापानवासियों ने आधुनिकता तथा परंपरा में अद्‌भुत सामंजस्य स्थापित किया है। वेशभूषा से इसका अंदाजा सहज ही लग जाता है। नैरिटा एयरपोर्ट से टोकियो स्थित आकासका होटल तक की यात्रा में लगा कुल समय दो घंटे से अधिक था। नतीजतन इस पंचतारा भव्य होटल की लॉबी में दाखिल होते समय हमारी घड़ी रात्रि के दस बजा रही थी, लिहाजा सिवाय सोने के और कोई कार्यक्रम संभव नहीं था। पहले से ही आरक्षित इस भव्य होटल के राक्षसी कक्ष में जैसे ही मोनू कार्ड को पढ़ा एक करंट सा लगा और दुनिया घुमती नजर आई। यह तो मुझे पता था कि जापान विश्व का सबसे महँगा देश है और टोकियो सबसे महँगा शहर, लेकिन महँगे का मतलब यह होता है, इसकी कल्पना मुझे हरगिज नहीं थी। भारत में छह रुपए में भी महँगी महसूस होनेवाली कोकाकोला की बोतल जहाँ छह सौ येन (जापानी मुद्रा) अर्थात् दो सौ रुपए थी, वहाँ एक कप चाय 180 रुपए की थी। भारत में अस्सी रुपए की कीमत में जापान में बनी कोनिका कैमरा फिल्में जहाँ सहज-सुलभ हैं वहीं कैमरा फिल्म जापान में बारह सौ येन अर्थात् तकरीबन चार सौ रुपए कीमत की थीं। कीमतों में यह भारी अंतर देख मुझे यह फैसला करते एक क्षण भी नहीं लगा कि मुझे जापान से कुछ नहीं खरीदना है। एक-दो अपवादों को छोड़कर मैं अपने इस फैसले पर पूरी यात्रा के दौरान कायम रहा।

16 जुलाई को प्रातः दस बजे हम टोकियो की सर्वाधिक प्रसिद्ध जगह गिंजा स्ट्रीट गए। अपने होटल से गिंजा स्ट्रीट के सफर के दौरान मेरी एक धारणा काँच की तरह चकनाचूर हो गई, आप यकीन न करें कि आज की तारीख में जापानियों पर भी अंग्रेजी का जादू सर चढ़कर बोलता है। अधिकांश दुकानों पर आपको बिना

कोई अतिरिक्त प्रयास किए अंग्रेजी भाषा के साइन बोर्ड लगे दिखाई दे जाएँगे, लेकिन ये साइन बोर्ड भारत से बिलकुल भिन्न हैं। हर अंग्रेजी भाषा के साइन बोर्ड के ऊपर आपको एक ओर साइन बोर्ड लिखा दिखाई देगा और यह बोर्ड जापानी भाषा में होगा। अपने अनुवादक की मदद से गिंजा स्ट्रीट स्थित एक दुकानदार से इसकी वजह पूछने पर उसने बेहद सटीक जवाब दिया। अंग्रेजी में साइन बोर्ड व्यावसायिक कारण से है और जापानी भाषा में बोर्ड राष्ट्र के प्रति निष्ठा के कारण व्यावसायिकता हमारी प्राथमिकता है, लेकिन राष्ट्रीयता सर्वोच्च प्राथमिकता है। यह जवाब निश्चित तौर पर उन भारतीयों के लिए एक सबब हो सकता है, जिनके लिए शिष्टता और तहजीब का पूरा सार ही अंग्रेजी भाषा में समाया होता है। साथ ही उन लोगों के लिए भी एक सबक है जिनके लिए अंग्रेजी सीखने का मतलब सिर्फ गुलामी होता है।

जापानियों की अंग्रेजी भाषा के संबंध में स्पष्ट धारणा है कि अंतरराष्ट्रीय ध्रुवीकरण के स्पष्ट इस दौर में अंग्रेजी का अंतरराष्ट्रीय ध्रुवीकरण के इस दौर में अंग्रेजी का अंतरराष्ट्रीय संपर्क भाषा के रूप में इस्तेमाल जब सब तरफ ही रहा है तो हम उससे अलग कैसे हों। यही कारण है कि जापान में अब प्राथमिक शिक्षा में अंग्रेजी भाषा को आवश्यक विषय के रूप में पाठ्यक्रम में शामिल किया जा चुका है। कारण यह है कि जापान में तो जापानी भाषा से काम चल जाता है, लेकिन अमेरिका, इंग्लैंड या अन्य किसी देश में जाने पर तो काम नहीं चलेगा। जो परिणाम आमने-सामने की बातचीत से आ सकते हैं यह किसी अनुवादक की मदद लेने पर शायद ही आ सकें।

बहरहाल गिंजा स्ट्रीट टोकियो की आन-बान-शान है संपन्नता, और विलासिता के मायने क्या होते हैं, इसका स्पष्टीकरण ऐश्वर्य की देवी ने यहीं पर दिखाया है। दोपहर 12 बजे के बाद वाहनों का प्रवेश भारी भीड़ के कारण निषिद्ध कर दिया जाता है। मंजिल की तलाश में लोगों को रास्ते पर चलते तो हमेशा देखा, लेकिन रास्ते चलें और मंजिल आपको तोहफे में मिले यह करिश्मा टोकियो की गिंजा स्ट्रीट में ही देखने मिलेगा। स्वचालित मार्ग पर आपके उतरते ही वह चलना बंद हो जाएगा। सबकुछ ऑटोमेटिक। बहरहाल घड़ी अब अपराह्न का डेढ़ बजा रही थी, अतः हमारा काफिला रेलवे स्टेशन की ओर कूच कर गया। तीन सौ मील प्रतिघंटा की अकल्पनीय रफ्तार की बुलेट ट्रेन में बैठे मैं और पूजा जापान के आधुनिकतम शहर टोकियो से उसके पारंपरिक शहर क्योटो के लिए रवाना हो लिये। उल्लेखनीय है कि टोकियो से पूर्व क्योटो ही जापान की राजधानी थी।

□

आधुनिक एवं प्राचीन सभ्यता का अनूठा संगम

1868 ई. तक जापान की राजधानी रही पारंपरिक नगरी क्योटो में परंपरा तथा आधुनिकता का अभूतपूर्व समन्वय नजर आता है। हम अर्थात् मैं और पूजा बारने बेहद भाग्यशाली थे कि जिस दिन हम क्योटो पहुँचे उस दिन वहाँ गियो फेस्टिवल मनाया जा रहा था। जापान के तीन सर्वप्रमुख त्योहारों में से यह त्योहार अकेले क्योटो शहर में मनाया जाता है, जिसे मनाने के लिए चार लाख से अधिक लोग जापान के अन्य शहरों से क्योटो में आए थे। यह त्योहार बहुत कुछ हमारे यहाँ की जगन्नाथपुरी की रथयात्रा से मिलता है। यहाँ कुल 17 रथ क्रमवार कतार में खांचे जाते हैं, पूर्णता अनुशासित तरीके से वाक्यों की मधुर धुन तथा पारंपरिक वेशभूषा में चहुँओर नजर आते जापानी नर-नारियों का अनूठे संगम से जो अद्‌भुत नजारा दिखाई दिया, उसे शाब्दिक अभिव्यक्ति दे पाना मेरे द्वारा संभव नहीं। यह त्योहार जनसाधारण की खुशहाली की प्रार्थना हेतु मनाया जाता है। लेकिन इसके दूसरे पहलू का उल्लेख किए बिना बात अधूरी है। सबकुछ सकारात्मक ही नहीं है। जापान में उदाहरणार्थ क्योटो में जापानवासी पारंपरिक वेशभूषा में तो थे, लेकिन उनके आचरण पर पाश्चात्य संस्कृति का प्रभाव स्पष्ट दिखाई दे रहा था। सड़कों पर दीन-दुनिया से बेखबर आलिंगनबद्ध जोड़ों की बहुसंख्यक मौजूदगी यहाँ जापानी संस्कृति में अस्तित्व पर प्रश्न चिह्न लगा रही थी। वहीं अनेक स्थानों पर बीयर के नशे में सड़क के किनारों पर बेसुध से पड़े जापान की युवा पीढ़ी के प्रतिनिधि हिप्पी संस्कृति की याद दिला रहे थे। यह स्थिति जापान के अन्य शहरों में भी हमें देखने को मिली। इस जापान यात्रा के बाद मुझे यह कहने और लिखने

में भी कोई संकोच नहीं कि बीयर जापानियों की जिंदगी है। हम भारतीयों के जीवन में जो स्थान पानी का है, बीयर का वहाँ वही स्थान है। जापान में भोजन के साथ पानी का गिलास रखने का तो मानो कोई रिवाज नहीं है। आपके सामने रखा जाएगा सिर्फ बीयर का गिलास। मेरा भारतीय मन इस आधुनिक स्वरूप को स्वीकार करने में नाकाम रहा।

क्योटो में विशिष्ट जन से मुलाकात तथा हमारा व्याख्यान कोई खास उल्लेखनीय नहीं है। संक्षेप में सिर्फ इतना कि इस यात्रा में हर शहर में वहाँ के विशिष्ट जनों से औपचारिक मुलाकात हमारे कार्यक्रम का अभिन्न हिस्सा थी और उन्हें संबोधित करना हमारी बाध्यता तथा आकांक्षा। अपने व्याख्यान में विषय को आगे टोकियो में दिए गए मुख्य उद्बोधन के दौरान स्पष्ट करूँगा।

बहरहाल गियो फेस्टिवल में शामिल होने के अलावा इंपीरियल पैलेस तथा स्वर्णनिर्मित किंका-कूँजी मंदिर को देखना क्योटो में खासा महत्त्वपूर्ण रहा। क्योटो के बाद हमारी यात्रा का अगला पड़ाव जापान की तीसरी सबसे बड़ी औद्योगिक नगरी स्यूरेगा में था। यात्रा के दौरान एक खास बात जो नजर आई वह यह थी कि जापान में शहर एक-दूसरे से लगभग जुड़े से हैं। एक शहर के खत्म होने तथा दूसरे शहर के प्रारंभ होने का पता आपको वहाँ लगे साइन-बोर्ड देखकर ही लगता है। इसकी वजह जापान में सीमित भू-भाग का होना है। इस समस्या के समाधान क्रम में सीमित का जो अधिकतम उपयोग जापानियों द्वारा किया जा रहा है, उसकी मिसाल शायद ही कहीं अन्यत्र मिले।

एक के ऊपर एक के क्रम में लगातार तीन-तीन, चार-चार फ्लाई ओवर ब्रिज आधुनिक तकनीक और जापानी दिमाग का करिश्मा जान पड़ते हैं। पर्यावरण के प्रति सतर्कता की हद यह है कि सामान्य सड़क तो छोड़ इन ओवर ब्रिज पर भी हरे पेड़ कतार रूप में लगे नजर आते हैं। जापानवासियों ने जहाँ भी थोड़ी सी गुंजाइश महसूस की है, वहाँ उन्होंने पेड़ लगाया है, फिर चाहे वह सड़क के किनारे हो या उनके घर के पिछवाड़े। खैर, विचार मंथन की प्रक्रिया में व्यवधान पड़ चुका था, क्योंकि स्यूरेगा आ चुका था। स्यूरेगा रेलवे स्टेशन पर जो अगवानी की गई, वह अभूतपूर्व थी। एशिया पैसेफिक डेवलपमेंट काउंसिल के चेयरमैन की अगुआई में इस शहर की तमाम हस्तियों की मौजूदगी हमें अपने आप पर गर्व करने को मजबूर कर रही थी। स्टेशन से हम सीधे स्यूरेगा क्लॉथ फैक्टरी पहुँचे तथा वहाँ कार्यप्रणाली का अवलोकन किया। आठ हजार से अधिक व्यक्तियों को प्रत्यक्ष रोजगार सुलभ करा रही इस फैक्टरी की कार्य प्रणाली भारतीय फैक्टरियों की

कार्य प्रणाली से मिलती-जुलती थी। वही आठ-आठ घंटे की तीन शिफ्टों में सप्ताह में दो दिन अवकाश आदि-आदि। इसके बाद हम सी फूड कंपनी (समुद्री भोजन) अवलोकन के लिए गए। कंपनी संचालकों ने विस्तार से कंपनी की कार्यप्रणाली तथा उसके इतिहास की जानकारी दी। घड़ी अब शाम के छह बजा रही थी और थकान हमारे चेहरे पर स्पष्ट परिलक्षित हो रही थी। लिहाजा हमें श्री ताकेश के निवास पर ले जाया गया। आज रात्रि विश्राम किसी होटल में न होकर घर में था।

यह रात्रि प्रवास हर लिहाज से उल्लेखनीय है। संस्कृतियों का पारंपरिक आदान-प्रदान पंचतारा होटलों के वातानुकूलित माहौल में बैठकर संभव है, यह बात हमारी समझ में आ चुकी थी। काश हमें हर शहर में किसी-न-किसी के घर में ही ठहराया जाता!

जापान में घरों के निर्माण में अब भी लकड़ी का ही मुख्यत: इस्तेमाल किया जाता है। घर के अंदर की दीवारें एक विशेष प्रकार के कागज से निर्मित होती हैं, जिसे राइस पेपर कहा जाता है।

भवन-निर्माण की यह तकनीक भूकंपरोधी होने के कारण बहुतायत में प्रयुक्त होती है। घरों में सोने के लिए जमीन को पसंद किया जाता है, जिस पर तताभी बिछी होती है। यह तताभी भारतीय चटाई का ही बड़ा स्वरूप है। भारतीय योग पद्धति के प्रति जापानियों में गहन दिलचस्पी है। जीवन में अनुशासित दिनचर्या रखने और हर हाल में प्रसन्नचित्त रहने का ही परिणाम है कि जापानियों की औसत आयु 83.4 वर्ष है जो विश्व में सर्वाधिक है। बहरहाल एक जापानी घर में कुछ घंटों का यह प्रवास खासा दिलचस्प रहा। जीवन में पहली बार जापानी चाय के नाम पर बर्फ डला चाय का पानी खासा रोमांचक रहा। भोजन की समस्या मेरे लिए यहाँ भी बरकरार रही। भला हो हमारी अंजलि भाभी का जिनके द्वारा मेरे प्रबल विरोध के बावजूद थमा दिए गए ढेर सारे बेसन के लड्डू जीवनदायिनी का काम करते रहे। बिना मांस के जापानियों की उदर पूर्ति होती ही नहीं है, हालाँकि इन सबकी वजह यहाँ की आबोहवा तथा समुद्र की मौजूदगी होना है। भारतीयों का शाकाहारी सिद्धांत उनकी समझ से परे है। मैं जहाँ रोजाना समस्या से जूझ रहा था, वहीं मेरी साथी वक्ता पूजा बारने पूरी तन्मयता से जापानी डिश का लुत्फ उठा रही थी। दुभाषिए की गैर-मौजूदगी के कारण उभरी भाषा समस्या का निराकरण इशारों के माध्यम से करने की प्रक्रिया मजेदार थी। इस दौरान भारत के प्रति जापानियों की निष्पक्ष सोच जानने का भी मौका मिला।

हम भारतीय मुगालतों की अनंत ऊँचाई से यथार्थ के धरातल पर उतर आएँ, तो ज्यादा बेहतर है। जापानवासी तीन भारतीयों के प्रति दिलचस्पी रखते हैं, ये हैं—गौतम बुद्ध, सुभाषचंद्र बोस और पं. जवाहरलाल नेहरू। इसके अलावा चौथा नाम महात्मा गांधी का है, जिनके प्रति जापानियों में दिलचस्पी वहाँ गांधी फिल्म रिलीज होने के बाद से जाग्रत् हुई है। मेरा मानना है कि सांस्कृतिक वैभव की दृष्टि से भारत और आधुनिक संपन्नता की दृष्टि से जापान का समूचे विश्व में कोई मुकाबला नहीं है। मेरी यह धारणा अक्षरशः सत्य है, इसकी पुष्टि इस यात्रा के दौरान हर मौके पर हुई। यह बात दीगर है कि मेरी साथी वक्ता की दिलचस्पी पूरे समय जापानी परंपराओं के प्रति बनी रही जबकि मेरे दृष्टिकोण से भारतीय परंपराओं रीति-रिवाजों के सामने जापान की यह बमुश्किल 1200-1500 वर्ष पुरानी परंपराएँ कही नहीं ठहरतीं। वैसे भी अंतरराष्ट्रीय जगत् में जहाँ भारत की पहुँच उसके आध्यात्मिक ज्ञान के कारण है, वहीं जापान की पहचान उसके विपुल भौतिक ज्ञान से है।

अगले दिन सुबह तकरीबन नौ बजे हम परंपरा की नदी से आधुनिकता के समुंदर में बह रहे थे, अर्थात् हम अब स्थूरेगा में एटॉमिक इनर्जी प्लांट के अवलोकन के लिए रवाना हो रहे थे। जापान एटॉमिक पावर का यह प्लांट 1,160 मेगावॉट उत्पादन जापान की औद्योगिक प्रगति का आधार बना हुआ है। यूरेनियम का इस्तेमाल कर उत्पादन करनेवाला यह अणुशक्ति केंद्र समुद्र किनारे स्थित है। तकरीबन साढ़े पाँच किलोमीटर के विशाल भू-भाग में फैले इस अणुशक्ति में तकरीबन 27 हजार कर्मचारी कार्यरत हैं। अवलोकन के बाद एक पारंपरिक जापानी रेस्टोरेंट में दोपहर भोज तथा व्याख्यान के साथ स्यू प्रवास समाप्त हो गया। अब हम एक नए हिमेजी के लिए प्रस्थान कर रहे थे। अपराह्न 1 बजे हम हिमेजी रेलवे स्टेशन पर मौजदू थे।

द्वितीय विश्वयुद्ध के दौरान जापान के तकरीबन सभी कैसल धूल-धूसरित हो गए, जिन्हें बाद में कलाप्रेमी जापानियों ने पुनः नियोजित किया। हिमेजी कैसल भाग्यशाली था, जो विश्वयुद्ध में नष्ट होने से बच गया। बाहर से देखने में यह पाँच मंजिला लगता है लेकिन सात मंजिला लकड़ी से निर्मित इस कैसल को देख अपने के खँडहर होते जा रहे भव्य किलों, आलीशान महलों की तसवीर सामने आ गई। मेरा दावा है कि वास्तुकला-शिल्पकला में तो भारतीय किले तथा महल जापान के भवनों से मात्र बेहतर नहीं वरन् बहुत बेहतर हैं, लेकिन उनकी देखभाल जापान के मुकाबले घटिया ही नहीं वरन् बहुत घटिया है। जापान के ऐतिहासिक इमारतों में उनकी सुरक्षा की दृष्टि से जूते पहनकर प्रवेश करना निषिद्ध है। भव्यता प्रदान करने

के उद्देश्य से स्थान–स्थान पर पुतलों का इस्तेमाल किया गया है। यह सब भारत में अकल्पनीय है, जबकि हमारी संपदा उनसे कही बेहतर है। कहना होगा कि हम आज तक अपनी गौरवशाली विरासत का मूल्य नहीं समझ पाए हैं। अपितु ग्वालियर किले की ढहती प्राचीन बुर्जियाँ इस तर्क का समर्थन कर देती हैं। हिमजी से हम एक बार पुनः बुलेट ट्रेन पर सवार हुए। अब हम जिस शहर को कूच कर रहे थे वह अंतरराष्ट्रीय महत्त्व का था। इस शहर को मेरे विशेष आग्रह पर ही भ्रमण कार्यक्रम में शामिल किया गया था। इस शहर का नाम हिरोशिमा है, जहाँ आज से ठीक पचास वर्ष पहले मानवता ने दम तोड़ा था और इतिहास कलंकित हुआ था।

□

इमारतें तो फिर बना लीं हमने लेकिन इनसान…

हिरोशिमा की धरती पर पहला कदम रखते ही शरीर स्वत: एक स्फूर्ति का अनुभव कर रहा था। हिरोशिमा के प्रति अपने मनोभावों को मैं आगे स्पष्ट करूँगा, क्योंकि बमुश्किल पाँच मिनट बाद ही हम एक अन्य ट्रेन में बैठकर एक अन्य शहर के लिए रवाना हो लिये। हमारी यह यात्रा जापान की जन्नत अर्थात् 'मियाजिमा' के लिए थी। आधे घंटे के रेल सफर और तकरीबन पंद्रह मिनट की स्टीमर यात्रा करके जैसे ही हम मियाजिमा के पोर्ट पर उतरे कि 'उफ'! प्रकृति अपने विपुल वैभव के साथ अपनी छटा बिखेरती नजर आई। सड़कों-गलियों में अब तक गाय, सूअर, कुत्ते, बकरी, देखने के अभ्यस्त रहे। हम यह देख दाँतों तले उँगलियाँ दबाने को मजबूर हो गए, जब हमें मियाजिमा की गलियों में हिरण स्वच्छंदतापूर्वक घूमते नजर आए। सड़कें इस कदर साफ थीं कि जूता उतारकर नंगे पाँव चलने को मन किया। यहाँ हमारा प्रवास एक अत्यंत प्रतिष्ठित बौद्ध मंदिर 'डेसिन' में था। जूनियर चेंबर के पदाधिकारी हमें मंदिर के वाइस प्रेसीडेंट श्री सोयू योशिदा की जिम्मेदारी पर छोड़कर रुखसत हो लिये। योशिदा दंपति का मृदु व्यवहार किसी भी अपरिचित का दिल जीत लेने का माद्दा रखता है। मुझे यह लिखने में कोई संकोच नहीं कि इस दस दिवसीय जापान यात्रा में सर्वश्रेष्ठ समय मैंने इस मंदिर परिसर में बिताया।

मंदिर में प्रवास के उल्लेख के दौरान जापान में धर्म की स्थिति के विषय में भी कुछ कहना जरूरी है। जापानियों में गजब की धार्मिक आस्था है तथा यहाँ प्रमुख तौर पर शितों तथा बौद्ध धर्म के अनुयायी हैं, बाकी कुछ ईसाई है। धर्म-संघर्ष जैसी यहाँ कोई स्थिति नहीं है, क्योंकि धर्म को जापान में पूर्णत: व्यक्तिगत मसला

माना जाता है। राजनीति में धर्म का उपयोग यहाँ कल्पनातीत बात है। राजनीति के जिक्र के दौरान आपको यह जानकर आश्चर्य होगा कि आम जापानी की राजनीति में दिलचस्पी न के बराबर है। यहाँ मतदान का प्रतिशत मात्र तीस से चालीस रहा है। जो यहाँ की शत-प्रतिशत साक्षरता को दृष्टिगत रखते हुए आश्चर्यजनक है। जापानियों की आपसी बातचीत के विषयों में भी राजनीति का कोई स्थान नहीं है, यह स्थिति भारत के तो बिलकुल ही विपरीत है।

हम भारतीयों के जीवन में सफाई के साथ-साथ शुद्धता या पवित्रता का बड़ा महत्त्व है, लेकिन जापान में सिर्फ सफाई महत्त्वपूर्ण है। शुद्धता या पवित्रता से उसका कोई ताल्लूक नहीं है। मंदिर परिसर में मदिरा सेवन तथा रसोई में झूठे भोजन को पुन: पकाया जाना आदि घटनाक्रम इस तथ्य की पुष्टि करते नजर आए। योशिदा दंपति के छोटे-छोटे बच्चों के साथ इशारों में बातचीत खासी मजेदार थी और जापानी पहनावे का इस्तेमाल अच्छा अनुभव। इस मंदिर में आगंतुकों के बीच भारतीय दर्शन पर की गई चर्चा जहाँ मेरे लिए बेहद दिलचस्प थी, वहीं पूजा के लिए यह बेहद ऊबाऊ रही। इसकी वजह संभवत: उसके रिहायशी क्षेत्र गोवा का परिवेश है, जहाँ संभवत: भारतीय जीवन-पद्धति को सही रूपों में अभी तक समझा ही नहीं जा सका है। यह बात जरूर है कि मेरी यह साथी वक्ता अत्यंत कुशाग्र बुद्धि की थी, तथा उसमें किसी भी गूढ़ तथ्य को सहज समझ लेने की क्षमता थी। मिलनसार स्वभाव भी उसका एक खास गुण था।

बहरहाल अब हम मियाजिमा को अलविदा कर हिरोशिमा के लिए रवाना हो लिए थे। मियाजिमा से हिरोशिमा का सफर अब कार से था। जापान के प्रशंसनीय पहलुओं में एक वहाँ की पूर्णत: स्व: अनुशासित यातायात में व्यवस्था है। हार्न वहाँ कार में मौजूद एक अनुपयोगी यंत्र से ज्यादा की हैसियत नहीं रखता है। शहर में जहाँ गाड़ियों की रफ्तार चालीस से पचास किलोमीटर प्रतिघंटा होती है, वहीं राजमार्गों पर यह रफ्तार एक सौ बीस-तीस किलोमीटर प्रति घंटा होती है। सभी वाहन कतारबद्ध होकर दौड़ते दिखाई देते हैं। यातायात पुलिस का कोई व्यक्ति शायद ही कहीं मुझे दिखाई दिया हो। कारों से काला धुआँ निकलते देख पाना यहाँ एक सपने के अतिरिक्त कुछ नहीं। रहने के लिए तो बहुमंजिला इमारतें कई देखी हैं, लेकिन बहुमंजिला कार पार्किंग जापान में ही देखने को मिली। कार पार्किंग की यह व्यवस्था चार मंजिल तक थी। कार को इतनी ऊँचाई तक पहुँचाने के लिए विधिवत लिफ्ट की व्यवस्था रहती है। ये सारी व्यवस्थाएँ जगह की समस्या को दृष्टिगत रखते हुए की गई हैं।

अतीत के घावों के निशान को पुरुषार्थ के मलहम का इस्तेमाल करके किस प्रकार से मिटाया जा सकता है? यदि यह आपको जानना हो तो जापान के 'हिरोशिमा शहर' से होकर आइए। वही हिरोशिमा जहाँ आज से ठीक पचास वर्ष पहले 6 अगस्त, 1945 को मानवता ने दम तोड़ा था और इनसानियत की माँग उजड़ी थी। वही हिरोशिमा जहाँ पलक झपकते ही पचास हजार निर्दोष जिंदगियों ने अकारण अपना अस्तित्व खो दिया था। वही हिरोशिमा जो मानव की युद्ध पिपासा का शिकार हो प्रथम अणु बम विस्फोट का केंद्र बना था। आज यह हिरोशिमा अपनी पचासवीं बरसी खुद मना रहा है, जो एक करिश्मा है।

बहरहाल, यह कल की बात है, अतीत की विभीषिका की कब्र के ऊपर वर्तमान संपन्नता की फसल लहलहाती है। यह करिश्मा राष्ट्रभक्त प्रतिभावान जापानियों के अलावा शायद ही कोई अन्य करके दिखा पाए। जिस शहर के संबंध में इस त्रासदी के बाद यह कहा गया कि अब यहाँ कबूतर की भी सात कौमें लँगड़ी पैदा होंगी, वही अब चहुँओर हरियाली है। पचास वर्ष पूर्व जहाँ निरीह जन का चीत्कार था, यहाँ आज पक्षियों का मधुर कलरव है। जहाँ चिताओं से उठता धुआँ था, वहाँ आज धुआँ उगलते कारखाने हैं। जहाँ कल तक सिर्फ बरबादी थी, वीरानगी और मौत थी, वहाँ आज आबादी है, रंगीनी है, जिंदगी है। पूरी-की-पूरी तसवीर बदल दी गई है। मात्र पचास वर्ष के अल्प समय में हिरोशिमा आज नि:संदेह जापान का सर्वाधिक खूबसूरत शहर है, जहाँ 1945 ई. की त्रासदी के सारे चिह्न पूरी तरह मिटा दिए गए हैं। अनजान आदमी तो यहाँ आकर कल्पना भी नहीं कर सकता कि पचास वर्ष पूर्व यहाँ सबकुछ खत्म हो चुका था।

अपनी दस दिवसीय जापान यात्रा के दौरान जो दो दिन हिरोशिमा में बिताए गए, यह निश्चित तौर पर सर्वश्रेष्ठ थे। मानव की दृढ़ इच्छाशक्ति और उसके असीम सामर्थ्य का अनुभव बिना किसी अतिरिक्त प्रयास के इस शहर में किया जा सकता है। ऐसा मेरा दावा है। विनाश की गर्त से उत्थान का मोती निकालना महज कल्पना न होकर एक हकीकत है, इसका एहसास यहाँ बखूबी होता है। कटु स्मृतियों को जड़ से मिटा देने के लिए प्रतिबद्ध जापानवासी अपने इरादों में किस हद तक सफल रहे हैं, इसका अंदाजा इससे लगाया जा सकता है कि पूरे हिरोशिमा में सिवाय दो स्थानों को छोड़कर अन्य कहीं भी 6 अगस्त, 1945 की विभीषिका का कोई चिह्न बाकी नहीं है। हिरोशिमा शैक्षणिक, औद्योगिक तथा राजनैतिक दृष्टि से आज जापान का सर्वप्रथम शहर बन चुका है। जो दो स्थान इस विभीषिका की याद दिलाते हैं उनमें से एक तो वह इस्पाती खंडहर है जो बम विस्फोट के बाद पूरे

हिरोशिमा शहर में एक मात्र स्थान पर खड़ा रह गया था। यह खंडहर राष्ट्रीय स्मारक है तथा मानवता के पुजारियों के लिए प्रेरणास्थली है। प्रतिवर्ष 6 अगस्त को देश-विदेश के राजनेता यहाँ आकर भावपूर्ण पुष्पांजलि अर्पित करते हैं। बताया जाता है कि दो हजार से अधिक नन्हे-मुन्ने बच्चों ने इस इमारत के मलबे में दबकर दम तोड़ा था। कठोर-से-कठोर हृदय के व्यक्ति की आँखों में भी इस स्थान पर आकर आँसू छलक आते हैं। जब मैं वहाँ पहुँचा तो उस समय इस त्रासदी के पचासवें वर्ष पर होनेवाले विशाल श्रद्धांजलि समारोह के आयोजन की तैयारियाँ चल रही थीं। इसके आसपास उन तमाम लोगों की स्मृति में स्मारक भी बने हुए हैं, जिन्होंने बम-विस्फोट के बाद राहत कार्यों के दौरान अपने प्राणों की आहुति दी।

दूसरा स्थान यह संग्रहालय है जहाँ इस त्रासदी को अत्यंत कलात्मकता के साथ चित्रित किया गया है। तीनमंजिला इस संग्रहालय में आधुनिकतम यंत्रों का इस्तेमाल कर दर्शकों को इस विभीषिका का प्रत्यक्ष अनुभव कराया जाता है। पहली मंजिल पर दो मॉडल रखे हैं। इनमें से एक मॉडल 6 अगस्त, 1945 की प्रातः सवा आठ बजे से पूर्व अर्थात् अणु बम विस्फोट के पहले का है, वहीं दूसरा मॉडल बम विस्फोट के तत्काल बाद का है। एक तरफ जहाँ खुशियों के नजारे थे, वहीं दूसरी ओर बरबादी का खौफनाक मंजर था। यहाँ टी.वी. स्क्रीन पर आठ विभिन्न भाषाओं के साथ आवश्यक जानकारी का प्रसारण किया जाता है, इनमें से एक भाषा 'हिंदी' भी है। यह भारत-जापान संबंधों की घनिष्ठता को दरशाने के लिए पर्याप्त है।

बहरहाल, जापानवासी इस त्रासदी को पूरी तरह भुला देने के लिए प्रयासरत हैं। नए हिरोशिमा की समृद्धि इसका प्रमाण है। एशिया पैसेफिक डेवलपमेंट काउंसिल के वाइस चेयरमैन तथा हिरोशिमावासी श्री वमूरा से इस संबंध में बात करने पर वे स्पष्ट करते हैं, "कटु बातों को लाश की तरह अपने सीने से लगाए रखने का क्या फायदा? हिरोशिमा त्रासदी हमारी शूरवीरता का परिचायक न होकर हमारी दुर्बलता का सूचक है। हमने इसे बदलने की मन में ठानी और पूरे जोर-शोर से जुट गए। नतीजा सामने है। हमारा यही विश्वास है कि इनसान अगर चाहे तो सबकुछ कर सकता है। हमने त्रासदी के सारे निशान इसलिए मिटा दिए, ताकि हमारी आनेवाली पीढ़ी इन निशानों को देखकर लज्जित न हो।"

फिर यह संग्रहालय और इमारत क्यों मौजूद है? पूछे जाने पर उन्होंने जापानी सोच को स्पष्ट किया, "यह इसलिए ताकि सब यह जानें कि युद्ध की विभीषिका के मायने क्या होते हैं? साथ ही यह भी समझ सकें कि युद्ध तो कोई लड़ता है,

लेकिन उसकी कीमत कोई और चुकाता है। वह कीमत ऐसी होती है, जिसकी भरपाई किसी के भी द्वारा संभव नहीं। हमने भी इमारतें, सड़कें तो दुबारा बना लीं, लेकिन जो जिंदगियाँ चली गई थीं, वे हम कहाँ वापस ला सके। इसीलिए हम सबकुछ जीतकर भी हकीकत में सबकुछ हार गए।'' यह कहते-कहते श्री तमूरा फफक-फफककर संग्रहालय में ही रोने लगे।

□

इनसानियत से बढ़कर तो जहाँ में कुछ भी नहीं

जज्बातों का ज्वार थमा तथा भारी मन से हम सब हिरोशिमा संग्रहालय से बाहर निकले। मध्याह्न भोज का होना-न-होना हमारे लिए बराबर था। बहरहाल अतीत की त्रासदी से रू-ब-रू होने के बाद अब हम वर्तमान की संपन्नता से साक्षात्कार करने जा रहे थे। इस संपन्नता का नाम था 'माजदा ऑटोमोबाइल फैक्टरी' सात वर्ग किलोमीटर के विशाल भू-भाग में फैली इस फैक्टरी में आठ विभिन्न प्रकार के वाहनों का उत्पादन होता है। कंपनी संचालकों ने फैक्टरी के अवलोकन के दौरान बताया कि वह अतिशीघ्र ऐसी कार का उत्पादन प्रारंभ करने जा रहे हैं, जो हाइड्रोजन गैस से चलेगी। चालीस फीसदी हिस्सा काँच से निर्मित इस कार का मॉडल देखना भी सुखद अनुभव था। यहाँ कार निर्माण की प्रक्रिया को भी एक संग्रहालय में आकर्षक तरीके से प्रदर्शित किया गया है। यह विशाल फैक्टरी भी पचास वर्ष में हिरोशिमा के पुनर्विकास की कहानी बयान करती महसूस हुई।

मानवता की रुग्ण अवस्था तथा इनसान की अनंत शक्ति के समन्वित साक्षात्कार से हृदय में उत्पन्न उद्विग्नता के इस प्रवाह को मैंने हिरोशिमा जूनियर चेंबर द्वारा आयोजित सभा में ठहराव दिया। इस यात्रा के दौरान हर मोड़ पर भारतीय जूनियर चेंबर के सेक्रेटरी जनरल एल्सटन पिमेंटा तथा सेक्रेटैरिएट मैनेजर बसंत गरोड़ की सलाहें बेहद उपयोगी सिद्ध हो रही थीं। जापानवासियों की मानसिकता के विषय में उक्त अधिकारीद्वय द्वारा मुझे दी गई जानकारी मेरे व्याख्यान को अपेक्षाकृत कहीं अधिक प्रभावी बना देती थी। अच्छा वक्ता वही है जो सामने बैठे श्रोता की मानसिकता का आकलन कर अपनी बात उसके अंदाज में कहे। मैंने अनेक मरतबा

यह अनुभव किया है कि तमाम अच्छे तर्क अथवा सिद्धांत सभा में जनसमर्थन से महज इसलिए वंचित रह जाते हैं, क्योंकि वक्ता द्वारा उनका उल्लेख श्रोताओं की मनोदशा तथा मानसिक स्तर के अनुरूप नहीं किया जाता है।

बहरहाल यह व्याख्यान हमारा हिरोशिमा में आखिरी कार्यक्रम था।

अगले दिन प्रात: 10.40 बजे हम वायुयान द्वारा टोकियो के लिए रवाना हो लिये, जहाँ अपराह्न ढाई बजे हमारा मुख्य व्याख्यान था। इस व्याख्यान को सुनने के लिए पूरे जापान से तकरीबन तीन सौ विशिष्ट हस्तियाँ विशेष तौर पर उपस्थित रहनेवाली थीं। मध्याह्न बारह बजे हमारा विमान टोकियो के हेनिडा विमानतल पर उतरा। विमानतल से हम अपनी मंजिल अर्थात् जापान जूनियर चेंबर के मुख्यालय की ओर रुख कर गए, क्योंकि हमारे पास होटल जाने के लिए वक्त नहीं था। स्मरण रहे कि वक्त की पाबंदी हर जापानी का मौलिक गुण है। एक बार घड़ी समय बताने में गड़बड़ कर सकती है, लेकिन जापानियों द्वारा दिए गए समय में कोई घट-बढ़ संभव नहीं है। जापान की रेलगाड़ियों और समय के मध्य सामंजस्य इतना है कि आप अपनी घड़ी बेहिचक रेल के आने-जाने के साथ मिला सकते हैं। सोहबत का ही असर था कि यदि जापान जूनियर चेंबर के पदाधिकारी हमें आठ बजे होटल की लॉबी में मिलने के लिए कहते थे तो हम 7.55 पर ही हॉबी में पहुँच जाते थे।

खैर, अब हम जापान जूनियर चेंबर के मुख्यालय में थे तथा सभा प्रारंभ होने में आधा घंटे का समय शेष था। यह समय विचार करने का था कि आखिर आधे घंटे बाद आपको कहना क्या है? मुझे यह भी निर्णय करना था कि भाषण यहाँ किस भाषा में देना है। मूलत: हिंदीभाषी वक्ता होने के कारण मेरे सम्मुख यह प्रश्न खड़ा होना तय था। ऐसी दुविधा की स्थिति में पूर्व उल्लेखित सिद्धांत निर्णय काम आया और मैंने अंग्रेजी भाषा में अभिभाषण देने का इरादा कर लिया। सिर्फ इतना करना ही पर्याप्त नहीं था, मुझे अपने भाषण का संक्षिप्त स्वरूप साथी अनुवादक को समझाना भी पड़ा, क्योंकि सभा में उपस्थित अधिकांश श्रोताओं का अंग्रेजी भाषा ज्ञान न के बराबर था। यही सबकुछ मेरी साथी वक्ता पूजा बारने को भी करना पड़ा। समय हो चुका था और हम मुख्यालय की चौथी मंजिल पर स्थित सभागार में दाखिल हो रहे थे।

सभागार में परंपरा अनुसार तालियों की गड़गड़ाहट के साथ हमारी अगवानी श्रोताओं द्वारा की गई। जापान जूनियर चेंबर के राष्ट्रीय अध्यक्ष जियू यामामोटो से परिचय के आदान-प्रदान के बाद अब बारी व्याख्यान की थी। मेरी साथी वक्ता पूजा

बारने ने अपने गरिमापूर्ण उद्बोधन में जापान यात्रा को अविस्मरणीय अनुभव बताते हुए कहा कि "मैं जापान की परंपराओं, कला, संस्कृति से बेहद प्रभावित हूँ। मैंने यहाँ जो कुछ भी देखा है, यह अप्रतिम है। मेरा देश भी वह है जहाँ गंगा है, हिमालय है और गौतम, चाणक्य, गांधी जैसी हस्तियाँ हैं। मेरी तमन्ना है कि आनेवाले समय में हर भारतवासी जापान देख सके और हर जापानी भारत आ सकें।"

मेरे व्याख्यान का संक्षिप्त अंश इतना है कि "मैं आज आप सब के समक्ष जिस गौरवशाली राष्ट्र का प्रतिनिधित्व कर रहा हूँ उसे 'भारत' कहते हैं। आप प्रश्न कर सकते हैं कि भारत माने क्या? तो भारत का अर्थ है शांति, प्रेम, त्याग, तपस्या, ज्ञान तथा संबंध। मैं आपके राष्ट्र में महज एक पर्यटक की हैसियत से घूमने-फिरने नहीं आया हूँ। मैं आपके समक्ष भारतीय दर्शन प्रस्तुत करने तथा आपकी अल्पनीय भौतिक प्रगति के कारणों को जानने के लिए आया हूँ। हमारा भारतीय दर्शन कहता है कि राष्ट्रीयता एक अनिवार्य तत्त्व है, लेकिन मानव की बंधुत्व भावना राष्ट्रों की सीमितता से ऊपर है। हम सब जापानी, भारतीय, अमेरिकन बाद में हैं, इनसान पहले हैं। 'वसुधैव कुटुंबकम' अर्थात् 'संपूर्ण विश्व एक परिवार है' का भाव ही मेरे राष्ट्र का हृदय है।" आगे मेरा व्याख्यान इसी विचारधारा का विस्तृत रूप था। ये दोनों ही अभिभाषण के साथ-साथ अंग्रेजी से जापानी में अनूदित होते जा रहे थे। अभिभाषण के दौरान समय-समय पर सभागार में गूँजती तालियाँ हमारी यात्रा को सार्थकता प्रदान कर रही थीं, ऐसा मेरा मानना है।

जापान जूनियर चेंबर मुख्यालय में व्याख्यान के तत्काल बाद हम भारतीय दूतावास के लिए रवाना हो गए। राजदूत के उस समय भारत में होने के कारण दूतावास अधिकारी श्री कुलकर्णी ने उनकी जिम्मेवारियों का निर्वहन किया। भारतीय दूतावास के प्रवेश-द्वार पर ही रखी विघ्न विनाशक गणपति की आदमकद कांस्य प्रतिमा से ही भारतीय संस्कृति के दर्शन हो जाते हैं। चंद औपचारिक का भविष्य के प्रति शुभकामनाओं के अलावा कुछ खास उल्लेखनीय नहीं था। यात्रा के दो दिन सही अर्थों में अब मात्र सैर-सपाटे, घूमने-फिरने, मजा करने के थे।

दुनियाभर में मशहूर टोकियो की शामों का हमने भी पूरा लुत्फ उठाया। तिरपनवीं मंजिल पर बने 'मूविंग सी' से जापान की समृद्धि गाथा कहते टोकियो को निहारना बेहद मनोहारी था। बीस मंजिल पर बना रेस्तराँ तिरपन मिनट में सौ बार साठ डिग्री के कोण से घूम जाता है। इसके अलावा गिंजा स्ट्रीट पर चहलकदमी करने का अपना अलग मजा है। अगले दिन हम एकसूत्रीय और आखिरी कार्यक्रम टोकियो में बने डिजनीलैंड में घूमकर सुबह नौ बजे से रात के नौ बजे तक कुल जमा

बारह घंटों का यह डिजनीलैंड एक अलग अनुभव था। झूलों के प्रति विशेष दिलचस्पी न होने के बावजूद डिजनीलैंड में आनंद का अनुभव न करना इस सार्थकता को दरशाता है। मैंने अमेरिका में डिजनीलैंड को नहीं देखा है, लेकिन लोगों का कहना है कि जापान का डिजनीलैंड अपेक्षाकृत ज्यादा बेहतर है। बहरहाल समय हो चुका था हमारी जापान से स्वदेश रवानगी का। जापानी समय के अनुसार आठ बजे हमने अपने सामान के साथ नैरिटा एयरपोर्ट के लिए रुख किया। जापान यात्रा के बाद एयरपोर्ट पर सिंगापुर एयरलाइंस की ओर हमने रुख किया। संक्षिप्त औपचारिकताओं के बाद मध्याह्न बारह बजे मैं और पूजा, जापान जूनियर चेंबर के पदाधिकारियों तथा उगते सूरज के देश अर्थात् जापान को 'अलविदा' कह विमान की सीढ़ी चढ़ रहे थे। चंद मिनट बाद ही हमारा विमान जापान की धरती को छोड़ आकाश में उड़ान भरने लगा, इस यात्रा के अनुभव-निष्कर्षों के मोती निकालने के लिए।

□

थाईलैंड

आधुनिकता-परंपराओं की संगम स्थली

प्रसिद्ध लेखक और स्तंभकार खुशवंत सिंह ने अपने कॉलम में जिसका कभी खुली जंघाओं का देश कहकर जिक्र किया था, उसके साथ सदियों पूर्व से भारत के सांस्कृतिक संबंध हैं। मूलत: बौद्ध धर्म को अपना चुका थाईलैंड कृषि प्रधान देश है। यहाँ अनेक खनिज भी पाए जाते हैं, परंतु उसकी सर्वाधिक ख्याति पर्यटन के कारण है। इसके मनोरम समुद्री तटों और भोग-विलास पर आधारित पर्यटन का आनंद लेने दुनिया के हर कोने से यहाँ लोग चले आते हैं। पटाया, फुकेट और खाओ लाक इसके जगप्रसिद्ध समुंदर किनारे व पर्यटन केंद्र हैं जहाँ बड़ी तादाद में सैलानी सारे साल डेरा डाले रहते हैं।

वर्जनाओं को तोड़नेवाला इसका चरित्र चाहे सर्वाधिक चर्चित हो, परंतु अपनी आंतरिक सामाजिक संरचना में अब भी यह एक धर्मप्रधान और परंपरावादी समुदाय है। कहते हैं कि थाईलैंड 'ताई' शब्द से बना है, जिसका एक मतलब स्थानीय अर्थ में होता है—स्वतंत्र। कुछ के अनुसार इसका एक अर्थ जनता भी है।

चार ओर से बर्मा, लाओस, कंबोडिया और मलेशिया तथा एक तरफ मनोहारी समुद्र से घिरे इस देश को जून 1939 तक स्याम देश कहा जाता था। इसका नाम बदलकर थाईलैंड हुआ, पर एक राजनैतिक निर्णय द्वारा इसे 1945 ई. से 1949 ई. तक फिर स्याम देश कहा जाने लगा। एक अन्य सियासी करवट ने इसका पुन: थाईलैंड नामकरण किया। राजतंत्र के बावजूद यहाँ लोकतांत्रिक शासन प्रणाली है। करीब सवा पाँच लाख वर्ग किलोमीटर क्षेत्रफल और लगभग साढ़े छह करोड़ नागरिकोंवाला संपूर्ण दक्षिण-पूर्व एशिया का यह एकमेव देश है जो कभी भी किसी देश का उपनिवेश नहीं रहा। यहाँ 75 फीसदी थाई लोग हैं, जबकि 14 प्रतिशत चीनी व 3 फीसदी मलायी मूल के नागरिक।

□

अपने मुल्क से दूर अपनत्व का एहसास!

जब घड़ी की सुइयाँ थाईलैंड के समयानुसार रात्रि के 11.43 बजा रही थीं, थाई एयरवेज की फ्लाइट क्रमांक टीजी-313 के विमान के पहिए थाईलैंड की सरजमीं से संपर्क तोड़ आकाश का रुख कर रहे थे। एक ठंडी साँस के साथ हमने अपना सिर सीट के साथ सटाकर आँखें बंद कर लीं। इसी के साथ शुरू हुआ बीते पाँच दिन और चार रातों के अनगिनत दृश्यों का चलचित्र की तरह जेहन में गुजरने का सिलसिला। 3 अगस्त को कृत्रिम प्रकाश की रोशनी से नहाई थाईलैंड की राजधानी बैंकॉक में छत्तीसगढ़ के पत्रकारों के दल को लिए थाई एयरवेज का विमान जब उतरने की तैयारी कर रहा था, तो उस समय ऐसा बोध हो रहा था, जैसे कोई जौहरी हीरों के हार में माणिक जड़ने जा रहा हो। कोलकाता से बैंकॉक तक की कुल जमा यात्रा थी तो महज दो घंटे पाँच मिनट की, लेकिन इस यात्रा के लिए दल के सभी सदस्यों को पूरी रात ही जागना पड़ा था। लिहाजा वहाँ के समयानुसार प्रात: साढ़े पाँच बजे जब हम सभी बैंकॉक हवाई अड्डे पर उतर रहे थे, तो कदम बोझिल, आँखें थकी हुई थीं, लेकिन मन एक नए प्रदेश के प्रति उत्साह एवं उत्सुकता से भरा हुआ था। पर्यटकों के प्रति सकारात्मक दृष्टिकोण का एहसास हमें तभी हो गया, जब वीसा जैसे जटिल कार्य आधे घंटे से भी कम समय में हमने सहजता के साथ होते देखा। दल में ग्यारह सदस्य ऐसे थे जिनका वीसा भारत में नहीं बन पाया था, क्योंकि उनके पासपोर्ट आखिरी समय में तैयार हो पाए थे। पर्यटन को बढ़ावा देने की थाईलैंड सरकार की नीति के चलते वहाँ यह व्यवस्था है कि विदेशी एयरपोर्ट पर भी वीसा प्राप्त कर सकते हैं। यह हम सभी के लिए अत्यंत आश्चर्यजनक था,

क्योंकि कुछ घंटे पहले कोलकाता एयरपोर्ट पर 'इमीग्रेशन' के दौरान जैसा बरताव यात्रियों के साथ वहाँ के कर्मचारी कर रहे थे, वह कमोबेश थाने में थानेदार द्वारा मुजरिम के साथ किए जाने जैसा था। 'इमीग्रेशन' के लिए बैंकॉक एयरपोर्ट पर तीन प्रकार के काउंटर क्रमशः राजनयिक अथवा वी.आई.पी., विदेशी नागरिक एवं थाई नागरिकों के लिए बने हुए थे। हम सभी 'इमीग्रेशन' के लिए कतार में खड़े हो गए। हमारी कतार काफी लंबी थी, जबकि अन्य काउंटर पर संख्या काफी कम थी। कुछ ही देर में वी.आई.पी. एवं थाई नागरिकों के काउंटर पर लगी कतार खत्म हो गई। तुरंत एयरपोर्ट अधिकारी ने बहुत सौम्यता व सम्मान के साथ हमें उन काउंटरों पर ले जाकर 'इमीग्रेशन' की औपचारिकता को पूरा करा दिया। स्मरण रहे कि उन्होंने यह कार्य इसलिए नहीं किया कि हम पत्रकार थे। उन्हें तो यह पता ही नहीं था, वस्तुतः यह रवैया विदेशी आगंतुकों के प्रति उनके सकारात्मक दृष्टिकोण के रहते था। पूरी प्रक्रिया के दौरान स्थानीय देव ट्रैवल्स के संचालक भरत मिश्रा सभी सदस्यों को गाइड करते रहे। यूँ शासकीय तौर पर दौरे का नेतृत्व तो संसदीय सचिव पूनम चंद्राकर कर रहे थे, लेकिन उनके लिए भी थाईलैंड की सरजमीं उतनी ही अनजान थी, जितनी हमारे लिए। लिहाजा दल का वास्तविक नेतृत्व भरत मिश्रा के हाथों में था, जिन्हें जनसंपर्क विभाग ने ट्रैवल एजेंट के रूप में चुना था। भरत पूर्व में कई बार थाईलैंड आ चुके थे, अतः यहाँ की आबोहवा से खासे परिचित थे। एयरपोर्ट से निकलने के पूर्व आपको बैंकॉक के इस हवाई अड्डे के विषय में बताना जरूरी है। यह थाईलैंड का इकलौता अंतरराष्ट्रीय हवाई अड्डा है। इसकी विराटता का एहसास आप इस बात से लगा सकते हैं कि यहाँ से एक साथ तीस फ्लाइटें उड़ान भर सकती हैं। इस हवाई अड्डे का एक बड़ा आकर्षण यहाँ मौजूद 'ड्यूटी फ्री शॉप' है जो अपनी विराटता, विशालता और विविधता से 'शॉपिंग कॉम्प्लेक्स' का बोध करा रही थी। पूरा परिसर नफासत, सुरुचिपूर्ण और वैभव का मुकम्मल एहसास कराता था। परिसर में थाईलैंड की विश्वप्रसिद्ध 'थाई मसाज' के भी दो सेंटर हैं, जो फ्लाइट का इंतजार करते यात्रियों के समय काटने का उत्तम साधन हैं। बहरहाल, अब हम सभी एयरपोर्ट की तमाम औपचारिकताएँ पूरी कर व अपनी आवश्यकतानुसार थाई मुद्रा 'भाट' को एक्सचेंज काउंटर से प्राप्त कर विमानतल परिसर से बाहर आ चुके थे। अब फिर एक नए सफर के लिए तैयार थे, जो करीब डेढ़ सौ किलोमीटर का था।

□

राजा राम, अयोध्या और श्रीकीर्ति

बैंकॉक हवाई अड्डे के बाहर हमारे अगले सफर के लिए वातानुकूलित बस तैयार खड़ी थी। हैरत की बात हमारे लिए यह थी कि इस आलीशान बस में यात्री न होते हुए भी चालक ने उसके एयरकंडीशनर चालू रखे हुए थे। कोलकाता में तो बस के ड्राइवर से सारे यात्री बैठने के बाद जब तीन बार मनुहार की गई थी, तब कहीं जाकर एयर कंडीशनर चालू किया था। खैर! बस के प्रवेश-द्वार पर दो थाई नवयौवनाएँ परंपरागत ढंग से हमारे स्वागत के लिए तैयार थीं, उन्होंने हम सभी को 'हारनुमा' कपड़े के रिबन पहनाए। हार से ये अलग इसलिए थे कि इसके दोनों सिरे परस्पर जुड़े हुए नहीं थे। बाद में यह स्वागत सभी को खासा महँगा महसूस हुआ, जिसका जिक्र मैं आपसे संभवत: समापन किस्त में करूँगा। स्वागत के दौरान थाई नवयौवना ने इस बात का पूरा ध्यान रखा कि कहीं किसी का स्वागत के दौरान फोटो खींचा न जाए।

बस में हम सभी की मुलाकात 'पीट' से हुई, जिसने प्रारंभ में अपना नाम शाहरुख खान बताया। 'पीट' थाई निवासी है और अब जब तक हमारा दल थाईलैंड में रहनेवाला था, वह हमारे साथ बतौर गाइड मौजूद रहेगा। 'पीट' यूँ तो थाई और अंग्रेजी भाषा का जानकार था, लेकिन वह कामचलाऊ हिंदी भी जानता था। उसका थाई लहजे में हिंदी बोलना सभी सदस्यों को खासा रास आता था। बस अब एयरपोर्ट से बाहर आ चुकी थी और बैंकॉक की विशाल सड़क पर सीना चीर हमारे पहले मुकाम 'पटाया' शहर की ओर रुख कर रही थी। हम सभी रात भर के जगे थे, लेकिन बैंकॉक की सड़क के दोनों ओर आकाश का आलिंगन करने को आतुर इमारतों के समूह को देख नींद आँखों का पता भूल चुकी थी। हम सभी इमारतों को निहार रहे थे, इसी दौरान मेरी नजर एक इमारत पर पड़ी, उस पर लिखा था 'बैंक ऑफ अयोध्या।'

मुझे नाम पढ़कर कौतूहल हुआ और 'पीट' से इस संबंध में पूछा। पीट ने जो बताया वह आश्चर्यजनक था, साथ ही भारत के अतीत में 'विश्व गुरु' होने के दावे की पुष्टि भी करता था। पीट के अनुसार, यह अयोध्या नाम भारत के जगप्रसिद्ध रामायण से ही जुड़ा हुआ है। थाईलैंड में भी अयोध्या नामक शहर हुआ करता था, और वह कोई छोटा-मोटा शहर नहीं, वरन् थाईलैंड की राजधानी था। पड़ोसी मुल्क बर्मा ने आक्रमण कर उसे नष्ट कर दिया। मजबूरन थाईलैंड के शासकों को अपनी राजधानी अयोध्या से स्थानांतरित करनी पड़ी। तब भी राजधानी बैंकॉक को न बनाकर यहाँ से करीब पैंतीस किलोमीटर उत्तर में स्थित एक शहर को बनाया गया था, लेकिन थाई शासक ने उस शहर को भी राजधानी के रूप में उपयुक्त नहीं महसूस किया। लिहाजा, उन्होंने नई राजधानी के निर्माण का निर्णय लिया। पंद्रह वर्ष बाद सन् 1782 वह ऐतिहासिक वर्ष था, जब बैंकॉक का अवतरण थाईलैंड की चौथी राजधानी के रूप में हुआ। जिस राजा ने इसे राजधानी के रूप में स्थापित किया, उसे इतिहास के पन्नों में 'रामा-प्रथम' के रूप में दर्ज किया गया। यहाँ रामा नाम भी रामायण के मुख्य पात्र राम से प्रेरित होकर ही धारण किया गया। अर्थात्, मर्यादा पुरुषोत्तम राम जैसा शासक। तब से थाईलैंड में राजा राम प्रथम···राजा राम द्वितीय के रूप में श्रृंखला चली आ रही है। वर्तमान में रामा-नवम् सत्तासीन हैं। यहाँ राजतंत्र बहुत कुछ जापान और इंग्लैंड की तर्ज पर है। पीट से हमारी चर्चा जारी थी और हम बैंकॉक को काफी पीछे छोड़ चुके थे। बस की रफ्तार काफी तेज थी और कहीं कोई थर-थर्राहट या दचके नहीं लग रहे थे। इसका सीधा अर्थ था कि सड़कों की दशा काफी बेहतर थी। बाद में पता चला कि अधिकांश थाई निवासी सड़क मार्ग से ही यात्रा करना पसंद करते हैं। रेलवे का भी विस्तार तो पर्याप्त है, लेकिन वह यातायात के साधन के रूप में पहली पसंद हरगिज नहीं है। सड़क के दोनों ओर खेत थे, जो फसल से लहलहा रहे थे। नहरें थीं, जिनमें पड़े जाल मछली पालन की स्वत: कहानी कह रहे थे और इन सबकी सुरक्षा के लिए लोहे की पाँच-पाँच फीट ऊँची जालियाँ सड़क के दोनों ओर लगी हुई थीं। ये जालियाँ करीब सवा सौ किलोमीटर लंबे मार्ग पर बेहद व्यवस्थित तरीके से लगी हुई थीं। दल के वरिष्ठतम और सम्मानित सदस्य रमेश नैयर से इस संबंध में हमने मौजूदगी और उपयोगिता के संबंध में काफी संवाद किया। हमारा सामूहिक निष्कर्ष अनुमान के आधार पर तो यह था कि यह व्यवस्था खेतों की सुरक्षा की दृष्टि से है, लेकिन, दुर्भाग्य से हम इसकी पुष्टि नहीं कर सके। महज 2 घंटे 7 मिनट में 147 किलोमीटर की लंबी दूरी बस द्वारा तय कर हम थाईलैंड के विश्वप्रसिद्ध पर्यटन

स्थल पटाया में थे। पटाया में हमारे ठहरने की व्यवस्था होटल 'रीजेंट मरीना' में की गई थी, जो समुद्र के ठीक सामने स्थित था। होटल पहुँचने के दौरान रास्ते में स्थान-स्थान पर एक महिला के अत्यंत सुंदर विभिन्न मुद्राओं में चित्र सुनहरे फ्रेम में मंडित दिखाई दे रहे थे। पूछने पर पता चला कि यह चित्र थाईलैंड की साम्राज्ञी श्रीकीर्ति का है जिनका आगामी 12 अगस्त को जन्मदिन है। स्थानीय थाई निवासियों से बातचीत के दौरान यह महसूस किया कि वहाँ राजपरिवार के प्रति अत्यंत सम्मान का भाव है। साम्राज्ञी की तसवीर महज शासकीय इमारतों अथवा रास्तों में ही नहीं थी, वरन् वे तसवीरें लोगों ने स्वयं के व्यय पर अपने व्यावसायिक प्रतिष्ठानों, मकानों आदि के सामने यथासंभव साज-सज्जा के साथ लगा रखी थीं। इस संबंध में वहाँ के निवासियों ने बताया कि वे यह फ्रेम स्थायी रूप से रखते हैं और चित्र बदलते रहते हैं। राजपरिवार के जिस भी सदस्य का जन्मदिन आता है, उसका चित्र फ्रेम में लगा दिया जाता है। होटल पहुँचने तक प्रातः के साढ़े दस बज चुके थे, लिहाजा सभी सदस्य अपने-अपने कमरे में पहुँच स्नान-ध्यान में जुट गए। होटल भव्य व स्तरीय था और वहाँ पीने का पानी भी मोल लेना पड़ता था। होटल की ओर से प्रति व्यक्ति एक बोतल (1 लीटर) पानी प्रतिदिन निःशुल्क उपलब्ध कराया जाता था। इसके बाद पानी मूल्य देकर ही मिलेगा। होटल स्तरीय था, इसलिए 1 लीटर पीने का पानी 107 भाट (करीब 125 रुपए) अदा करके मिलता था। काफी सदस्यों को इस कीमत की जानकारी तीन दिन बाद होटल छोड़ते समय हाथ में थमाए गए बिल को देखकर मिली। इनमें हमारे दल के मुखिया संसदीय सचिव पूनम चंद्राकर भी शामिल थे।

□

थाईलैंड : भारतीय गंध से रची-बसी धरती

होटल 'रीजेंट मरीना' भले ही बेहद भव्य एवं विशाल था, लेकिन उसके रसोईघर व रसोइयों में भारतीय भोजन बना पाने का बूता नहीं था। नतीजतन हमारे ट्रैवल एजेंट भरत मिश्रा ने भोजन व्यवस्था तकरीबन पाँच किलोमीटर दूरी पर स्थित 'कोहिनूर रेस्टोरेंट' में की हुई थी। इसका फायदा यह रहा कि हम होटल से रेस्टोरेंट आते-जाते 'पटाया' की सड़कों पर होती हलचलों को काफी नजदीक से देख पा रहे थे। होटल से रेस्टोरेंट तक की कुल जमा बारह-पंद्रह मिनट की यात्रा ने इस शहर की तबीयत और तासीर का काफी कुछ एहसास करा दिया था। रेस्टोरेंट की साज-सज्जा औसत दरजे की थी, लेकिन भोजन बेहद स्वादिष्ट था। पराये मुल्क में अपना देसी भोजन मिल जाए तो स्वर्ग की अनुभूति होती है। वहाँ भी सड़क पर जो नजारे हम देखते आए थे तो सारे साथी अपने आपको अभी स्वर्ग में ही होने का एहसास कर पा रहे थे। भरतजी ने इस दौरान बताया कि भारत से बड़ी संख्या में पर्यटक थाईलैंड आते हैं, लिहाजा यहाँ बड़ी संख्या में भारतीय रेस्तराँ मौजूद हैं।

'कोहिनूर रेस्तराँ' से हम अपराह्न तीन बजे बाहर आए और 'पीट' के अनुसार हमें अब 'नुंग नुच विलेज' की ओर रुख करना था। रेस्तराँ से 'नुंग नुच' की दूरी तकरीबन तीस मिनट की थी। ये तीस मिनट हमने 'पीट' से थाईलैंड की जानकारी हासिल करने में ही बिताए। थोड़ी-बहुत जानकारी हमने भोजन के उपरांत अपनी बस आने का इंतजार करने के दौरान वहाँ की दुकानों में घूमकर भी जुटाई। जो भी जानकारी हम हासिल कर पाए, वह हमारा उत्साह बढ़ानेवाली थी।

यकीनन छत्तीसगढ़ के पत्रकारिता जगत् को मुख्यमंत्री रमन सिंह, पूर्व जनसंपर्क आयुक्त विवेक ढाँड एवं मौजूदा जनसंपर्क आयुक्त सी.के. खेतान का शुक्रगुजार होना चाहिए, जिनकी दृढ़ इच्छाशक्ति ने वह कार्य हकीकत में कर दिखाया जो अब तक कल्पना में भी नहीं थी। शुक्रगुजार महज इसलिए नहीं कि उन्होंने पत्रकारों को विदेश की यात्रा करा दी, वरन् इसलिए कि उनके साथ-ही-साथ इस दौरे में हर कदम पर 'भारतीय' होने के गर्व का एहसास हुआ। इस यात्रा के अनुभव के आधार पर मेरी यह स्पष्ट मान्यता है कि जिस किसी को भारतीय कहलाने में लज्जा या हीनता का बोध होता हो, वह थाईलैंड अवश्य होकर आए। समूचा थाईलैंड कहीं-न-कहीं हमारी सभ्यता, संस्कृति एवं दर्शन के सहारे ही खड़ा दिखाई देगा। हम इस परिवेश को ज्यादा नजदीकी से इसलिए समझ पाए, क्योंकि राज्य शासन ने हमें किसी प्रकार की औपचारिकताओं में न उलझाकर स्वतंत्र रूप से अध्ययन का अवसर उपलब्ध कराया। यदि यही दौरा थाई अधिकारियों से मुलाकातों और उनके निर्देशन में होता तो शायद हम वही देख पाते, जो वे हमें दिखाना चाहते।

थाईलैंड की जनता का रोम-रोम भारत के प्रति कृतज्ञता में डूबा हुआ है, क्योंकि उनके जीवन में धर्म का पदार्पण भारत के द्वारा ही संभव हो सका। आज से करीब 2200 वर्ष पूर्व भारत के यशस्वी सम्राट् अशोक का पुत्र महेंद्र 'बौद्ध धर्म का अमृत कलश' लेकर थाईलैंड की धरती पर उतरा तो उसका स्वागत सदियों से सत्य को तलाशती थाईलैंड की जनता ने किया। महेंद्र के द्वारा 'अमृत कलश' से जो बौद्ध धर्म की धारा बही तो उस धारा से अपने जीवन की प्यास बुझाने का सिलसिला पीढ़ी-दर-पीढ़ी चलते हुए आज तक जारी है। यही कारण है कि छह करोड़ बीस लाख की आबादीवाले थाईलैंड की 95 प्रतिशत जनता 'भगवान् बुद्ध' को अपनी आस्था का केंद्र मान बौद्ध धर्म को धारण किए हुए है। कृतज्ञ इसलिए बना रहा हूँ कि तीन वर्ष पूर्व शाहरुख खान द्वारा निर्मित फिल्म 'अशोका' भारत में दर्शकों के नाम पर सूनी सीटें ही हासिल कर पाई, वहीं 'अशोका' जब थाईलैंड के सिनेमाघरों में रिलीज हुई तो नजारे 'हाउसफुल' के थे। खैर, अब हमारी बस 'नुंग नुच' के मुहाने पर थी।

अद्भुत! अनुपम! अद्वितीय! यही शब्द थे हमारी जुबाँ पर, जब 'नुंग नुच' विलेज के चार सौ एकड़ के विशाल परिसर में दाखिल हुए। 'विलेज' अर्थात् 'गाँव' के आधार पर हमारी कल्पना में था पक्की बनने को राह तकती कच्ची सड़कें, पानी की बाट जोहते खाली पड़े तालाब, कपड़ों का इंतजार करते धूल-मिट्टी में सने बच्चे। लेकिन यहाँ तो नजारा ही कुछ और था। जहाँ नजर घुमाते, वहीं दिखाई

देती सुदूर तक करीने से फैली हरियाली, खिलखिलाते बहुरंगी फूल और इनके मध्य परंपरागत थाई संस्कृति से सराबोर 'रंगशाला'। इस रंगशाला में एक साथ तकरीबन तीन हजार दर्शकों के बैठने की व्यवस्था है और जब हमारा दल वहाँ पहुँचा तो वह रंगशाला खचा-खच भरी हुई थी। इस रंगशाला में थाई संस्कृति और कला के विविध रूपों का मनमोहक तरीके से नाट्य-प्रदर्शन होता है। कुल पैंतालीस मिनट के कार्यक्रम में नृत्य, संगीत, मुक्केबाजी, तलवारबाजी, स्तुति आदि विधाओं का प्रदर्शन किया गया। लेकिन सर्वाधिक रोचक प्रस्तुति किले पर कब्जा करने के लिए प्रयासरत सैन्य अभियान की थी। इसके लिए मंच पर लगभग वास्तविक सा महसूस होता किले का सेट लगा था। हकीकत की तोप से बारूद दागा गया और उस समय तो दर्शकों के रोएँ ही खड़े हो गए, जब दो अलग-अलग हाथी पर सवार योद्धाओं ने अपने रणकौशल का प्रदर्शन किया। इस दौरान हाथियों की चिंघाड़, एक-दूसरे से सिर टकराना सभी कुछ तो वास्तविक युद्ध होने का भान करा रहा था। इस प्रकार का 'शो' यहाँ दिन में छह बार अलग-अलग समय पर होता है।

इसके बाद 'एलीफेंट शो' की बारी थी। टेनिस कोर्ट से लगभग दुगने बड़े खुले मैदान के चारों ओर हजारों बच्चे अपने अभिभावकों के साथ हाथियों के कला प्रदर्शन को देखने मौजूद थे। शो की शुरुआत हाथियों के आर्केस्ट्रा के मद्यदान में आगमन के साथ हुई। तेरह हाथी सुंदर लाल कपड़ों से सजे-सँवरे कतारबद्ध हो अपनी कला का प्रदर्शन कर रहे थे। सबसे आगे थाईलैंड का राष्ट्रीय ध्वज अपनी सूँड़ में थामे 'गजराज' मतवाली चाल से चला आ रहा था। उसके पीछे दो हाथी सूँड़ के द्वारा ड्रम पर एक लय में थाप देते चल रहे थे। इसी प्रकार अन्य हाथी भी अपने वाद्ययंत्र को निपुणतापूर्वक बजा रहे थे और हम सब चमत्कृत हो आँखें फाड़ बस ताली बजा रहे थे। इसके बाद शुरू हुआ हाथियों के कलाकौशल के प्रदर्शन का सिलसिला। क्या तो बॉस्केट बॉल का खेल और क्या ही फुटबॉल, हाथी सभी में माहिर थे। दो टाँग ऊपर उठाकर सूँड़ से निशाना साध हाथी सामने के गुब्बारे को फोड़ देता था, सूँड़ उठाकर दर्शकों को उसके द्वारा किया जानेवाला अभिवादन तो अभी भी बदन में गुदगुदाहट पैदा कर देता है। शो समाप्त होते ही पीट ने हमें यहाँ से चल देने का इशारा किया। परिसर बहुत बड़ा था, लेकिन समयाभाव के चलते हम इसे पूरी तरह घूम नहीं सके। वापसी के दौरान ज्ञात हुआ कि विशाल परिसर शासकीय संपत्ति न होकर निजी मिल्कियत है, जिसे तकरीबन तीस वर्ष पूर्व म्याँमार की महिला ने अपनी अभिरुचि के चलते विकसित किया था।

□

बाजार की रंगीनियाँ पर लहजा बाजारू नहीं

सनातन धर्म का अंतिम सत्य या लक्ष्य 'मोक्ष प्राप्ति' अर्थात् मुक्ति है। 'मोक्ष' वह स्थिति है जब हम विषय-वासना से मुक्त हो जाते हैं। यह 'भोग' से 'योग' तक की यात्रा है। यदि आप मोक्ष प्राप्ति के अभिलाषी हैं तो उसके लिए आप हिमालय की कंदराओं या मंदिरों में मारे-मारे फिरने के बजाय थाईलैंड होकर आइए। थाईलैंड में भी विशेषकर 'पटाया' अवश्य होकर आइए। यकीनन आपको मेरी सलाह अजीबोगरीब लग रही होगी, लेकिन अपना जो अनुभव आगे आपके साथ बाँटने जा रहा हूँ, उसके आधार पर यह निष्कर्ष संभवतः आपको भी सही लगेगा।

'नुंग नुच' विलेज से जब हमारी बस वापस पटाया की ओर रुख कर रही थी, तब सूर्यदेव का 'रश्मि रथ' रात्रि को पैर फैलाते देख अपने महल की ओर रुख कर चुका था। जब हम पटाया पहुँचे तब तक आसमान काला स्याह हो चुका था और पटाया का स्वप्निल संसार कृत्रिम प्रकाश के सहारे जगमग करता हुआ उसे मुँह चिढ़ा रहा था। आलीशान गाड़ियाँ चार लेन और छह लेन की सड़कों पर झाँय-झाँय करती गुजर रही थीं। सड़क के एक ओर अथाह समुंदर था तो दूसरी ओर बीयर बारों की लंबी शृंखला। रात जितनी चढ़ती जाती थी, सड़कों पर रंगीनी उतनी ही बढ़ती जाती थी। हर बीयर बार में चार से छह लड़कियों का समूह था, जो ग्राहकों को अपनी ओर स्वतः आकर्षित करता था। आर्केस्ट्रा था, जिस पर बजती धुन खुद-ब-खुद थिरकने पर मजूबर कर देती थी···और था हजारों सैलानियों का समूह, जिनमें से कुछ थे इस नजारे को देखनेवाले और बहुत थे इस

नजारे में डूब जानेवाले। यकीनन यह बाजार था, लेकिन यहाँ खड़ी लड़कियों का लहजा 'बाजारू' नहीं था। वे सड़क से गुजरते सैलानियों को आमंत्रण देती थीं, लेकिन उस आमंत्रण के तरीके में शालीनता थी, अश्लीलता नहीं। तन कलुषित भले ही हो पर मन उनके संस्कारित थे। तभी सड़क से कोई साल-दो साल का बच्चा गुजरता तो वह उसे दुलारना नहीं भूलती थीं। यह भोग की दुनिया थी। सड़क हो या समुंदर का किनारा, रेस्तराँ हो या शॉपिंग मॉल, लड़के हों या लड़कियाँ, कोई भी गज भर से ज्यादा कपड़ा अपने शरीर को पहनाने के लिए तैयार नहीं था। माहौल का असर इतना जबरदस्त था कि देखते-ही-देखते हमारे दल के भी नब्बे फीसदी सदस्यों की 'फुल पैंट' कब 'हाफ पैंट' में और पूरी बाँह की शर्ट कब 'बिना बाँह की टी शर्ट' में तब्दील हो गई पता ही नहीं चला। 'नुंग नुच' विलेज के बाद बस हमें पटाया के सबसे बड़े शॉपिंग मॉल 'लोटस' में ले आई थी। बमुश्किल दस लाख की आबादीवाले पटाया शहर में मौजूद 'लोटस शॉपिंग मॉल' के मुकाबले में इसके दसवें हिस्से के बराबर का भी कोई व्यावसायिक प्रतिष्ठान दो करोड़ की आबादीवाले छत्तीसगढ़ में मौजूद नहीं है। यह शॉपिंग मॉल स्वचालित दरवाजों और सीढ़ियों से युक्त था तथा सुई से लेकर कार तक विक्रय के लिए एक ही छत के नीचे उपलब्ध थीं। थाईलैंड की सरकार का रवैया व्यवसाय को बढ़ावा देने का है। इस रवैए के चलते शासन की व्यवस्था है कि जो सैलानी थाईलैंड प्रवास के दौरान पाँच हजार भाट से अधिक मूल्य का सामान क्रय करता है, वतन वापसी के समय उसे एयरपोर्ट पर सामानों पर लगे सेल्स टैक्स की समूची राशि वापस कर दी जाती थी। यह टैक्स 'वैट' के रूप में है और यह 7 प्रतिशत होता है। इस व्यवस्था के कारण थाईलैंड आनेवाले पर्यटक अधिकाधिक खरीद के लिए प्रेरित होते हैं। 'लोटस' के बाद बारी तफरीह की थी। यहीं से शुरुआत है 'भोग से योग' की यात्रा की। छत्तीसगढ़ के परिवेश में अब तक ढके जिस्म-खुले चेहरे देखने की आदी रही आँखें वस्त्ररहित जिस्मों को जहाँ-तहाँ घूमते देख रही थीं। इन जिस्मों पर निगाह बारंबार घूम जाती थी। 'क्या-क्या न देख लें' की हसरत के साथ तमाम साथी रात ढलने तक 'वाकिंग स्ट्रीट' पर घूम-घूमकर नजारे देखते रहे। लेकिन दो दिन के बाद जब तीसरी रात हुई तो लगभग सभी सदस्य रात के दस बजने तक होटल के अपने-अपने कमरों में दाखिल हो 'निद्रा देवी' की गोद में सिर रख चुके थे। यह हमारी 'योग' अवस्था में आने के लक्षण थे। पटाया में दो दिन गुजारने तक मन उस परिवेश के प्रति 'स्थितप्रज्ञ' की स्थिति में इस कदर आ चुका था कि जो मन पहले पहल महज 'स्लीवलेस बाँहें' देख हिलोरें लेने

लगता था, उसी मन में अब सामने से लगभग न के बराबर कपड़े पहनी हुई नवयौवना के गुजर जाने पर भी कोई सिहरन नहीं हो रही थी। यकीनन यदि पटाया में दो-चार दिन रुकना हो जाता तो सभी पैंतीस पत्रकार उस वैराग्य की अवस्था को प्राप्त कर जाते, जो तमाम तपस्वी वर्षों की तपस्या के बाद भी हासिल कर पाने में नाकाम रहते हैं। रात्रि का भोजन एक अन्य भारतीय रेस्तराँ 'अलीबाबा' में किया गया था। ट्रैवल एजेंट भरतजी ने 'अलीबाबा' का चुनाव किस आधार पर किया था, यह हम समझ नहीं पाए। क्योंकि दल की कुल संख्या पीट को शामिल करके चालीस जरूर हो गई थी, लेकिन भई हम सब 'चोर' नहीं थे। खबर, इसका नतीजा महज इतना हुआ कि अब 'भरत मिश्रा' का नामकरण 'अलीबाबा' कर दिया गया था और आगे पूरे सफर के दौरान सभी साथी उन्हें 'अलीबाबा' कहकर ही पुकार रहे थे। रात्रिभोज के बाद बस हमें वापस होटल 'रीजेंट मरीना' ले आई थी और यात्रा का पहला दिन अब अवसान की ओर था।

□

ऊँची उड़ान से कठिन अंतस की यात्रा

पटाया हर क्षण खूबसूरत है। हाँ, समय के साथ सुंदरता अपना स्थान जरूर बदलती रहती है। सौंदर्य की देवी रात्रि को जहाँ सड़कों पर अपने जलवे बिखेरती दिखती है तो प्रातः काल में नैसर्गिक प्रकार से नहा रहे समुद्र तट पर अपनी अठखेलियों से मदहोश करती जान पड़ती है। पटाया यात्रा के पहले ही दिन सबकुछ देख लेने की लालसा से घूमते रहे हम सभी साथी रात्रि में जो बिस्तर पर गिरे तो मानो घोड़े बेचकर ही सोए। अगली सुबह हमारी रवानगी 'कोरल आयलैंड' के लिए होनी थी, जहाँ बस या कार से नहीं सिर्फ मोटरबोट से ही जाया जा सकता है। किलोमीटर का तो पता नहीं लेकिन पटाया के समुद्री तट से सी आयलैंड तक पहुँचने में बीस मिनट का समय अवश्य लगता है।

हर सफर अपने आप में एक अनुभव होता है। मोटरबोट का सफर भी हमारे लिए एक विशिष्ट अनुभव रहा। मोटरबोट के संदर्भ में हमारा तर्जुबा फिल्मों तक ही था, जिसमें नायक-नायिका इश्क करते रहते हैं और मोटरबोट बिजली की गति से पानी पर साँय-साँय दौड़ती रहती है। उस दृश्य को जेहन में बसाए हम अपनी इच्छा से मोटरबोट में सबसे आगे बैठ गए। अब पानी और बोट के मध्य मुकाबला शुरू हुआ। कुछ ही क्षणों में हमें अपनी भूल का एहसास हो चुका था। समुद्र के पानी से उठती प्रचंड लहरों का प्रवाह बोट को तिनके के समान उठा देता था। पानी के उतार-चढ़ाव के दौरान जिस्म को लगते झटके मध्य प्रदेश के सड़कविहीन रास्तों की याद दिला रहे थे। 'हर झटका एहसास करा रहा था कि जो भी जिंदगी में हर कदम अव्वल रहने की कोशिश करता है, समय उसे ऐसे ही झटकों से रू-ब-रू कराता है।' जीवन का यह सार्वभौम सत्य समझ में आ चुका था,

लिहाजा वापसी में हम चालक के पीछे की सीट पर बैठे और अब हमारा सफर 'दचके व झटके विहीन' था।

कोरल आयलैंड बेहद मनोरम है और उसमें उपलब्ध विभिन्न सुविधाओं का उपभोग करना आपके आर्थिक सामर्थ्य पर निर्भर है। पैराशूट के सहारे आसमान से जमीन पर आते तो बहुतों ने देखा होगा, लेकिन पैराशूट के द्वारा जमीन से आसमान पर जाते नजारे कोरल आयलैंड में देखे जा सकते थे। आसमान में यदि आप खुद भी उड़ना चाहते हैं तो आपको ज्यादा कुछ नहीं महज तीन सौ भाट (तकरीबन साढ़े तीन सौ रुपए) खर्च करने होंगे। वहीं यदि आप गोताखोर बनकर समुद्र तल की गहराई को मापना चाहते हैं तो उसके लिए आपको बारह सौ भाट (पंद्रह सौ रुपए) अदा करने होंगे। मूल्य का यह अंतर भी एक सीख की शक्ल में था कि 'जीवन में ऊँचाई पाना सरल है, लेकिन जीवन की गहराई को जान पाना अत्यंत कठिन है।' यह तथ्य तुरंत साबित भी हुआ और दल के कमोबेश हर सदस्य ने पैराशूट के माध्यम से आसमान को छूने का प्रयास किया, लेकिन समुद्र की गहराई में उतरने का हौसला सिर्फ दो सदस्य ही जुटा सके। समय की सुई बढ़ने के साथ सूर्यदेव अपनी चमक बिखेरते जब हमारे शीश के ऊपर आए, तब तक हम अपने शरीर और जेब का यथासंभव सामर्थ्य समुद्रदेव और उनके सेवकों के हवाले कर चुके थे। कोरल आयलैंड से होटल वापसी के बाद का आयोजन हमारे 'अलीबाबा' ने 'अलीबाबा रेस्तराँ' में किया हुआ था। यहाँ से हमें 'जेम्स फैक्टरी' जाना था। जब पीट ने हमें 'जेम्स फैक्टरी' जाने के विषय में बताया तो अधिकांश सदस्यों ने इसे चॉकलेट फैक्टरी समझा। लिहाजा वे तमाम सदस्य जेम्स फैक्टरी पहुँचे तो उनका सामना चॉकलेट के स्थान पर पत्थरों से हुआ। यह बात दीगर है कि इन पत्थरों की कीमतें चॉकलेट की तुलना में कई गुना अधिक थीं। दरअसल यह 'रत्न कर्मशाला' थी। स्मरण रहे कि थाईलैंड विश्व के चुनिंदा रत्न उत्पादक देशों में शामिल हैं तथा यहाँ विश्व का अत्यंत दुर्लभ 'नीला पुखराज' पाया जाता है। 'जेम्स फैक्टरी' का पूरा परिवेश थाई परंपरा और विश्व-आधुनिकता का अनुपम संगम था। हमारी बस जब फैक्टरी के मुख्य प्रवेश-द्वार पर पहुँची तो हमारे स्वागत के लिए आधा दर्जन से अधिक थाई युवतियाँ परंपरागत थाईलिबास पहने सजीली मुसकान के साथ मौजूद थीं। पूर्ववर्ती किस्तों में जैसा कि मेरे द्वारा उल्लेख किया गया था कि थाईलैंड के कण-कण में भारत दिखता है, उसका एक और प्रमाण यहाँ मौजूद था। थाईलैंड में अभिवादन का तरीका हू-ब-हू भारत जैसा। हाथ मिलाने के विश्वव्यापी तरीके में उनका रत्ती भर विश्वास नहीं है। वहाँ परस्पर अभिवादन नमस्कार की मुद्रा में हाथ

जोड़कर और सम्मान में शीश झुकाकर ही करते हैं। फैक्टरी में सर्वप्रथम हमें सत्कार के तौर पर इच्छानुसार शीतल पेय सम्मान के साथ प्रस्तुत किया गया। इसके बाद सभी को विद्युतचलित रेलगाड़ी में बिठाया गया। फैक्टरी में बेहद खूबसूरती एवं वैज्ञानिक तरीके से रत्न की उत्पत्ति को उकेरा गया था, रेलगाड़ी के माध्यम से हम शृंखलाबद्ध रत्न उत्पत्ति की प्रक्रिया को देख पाए। छायाचित्र लेने की इजाजत न होने के कारण इसका छायांकन हम नहीं कर सके। इसके बाद हम सभी को रत्नशाला के उस कक्ष में ले जाया गया जहाँ रत्नों की सफाई, कटाई और जड़ाई का कार्य हो रहा था। कार्य के प्रति समर्पण का आलम यह था कि हम तमाम जन उनके सिर पर खड़े थे और कार्य में जुटे कारीगर हमारी उपस्थिति से अनजान बने हुए अपने काम में मगन थे। व्यावसायिक लहजे का अंदाज इस तथ्य से लगाइए कि कमोबेश दल के हर सदस्य के साथ एक विक्रय प्रतिनिधि तब तक साथ में बना रहा, जब तक हम फैक्टरी परिसर में रहे। फैक्टरी में निर्मित आभूषणों की परिसर में ही बिक्री की व्यवस्था थी। रत्नों की मुझे बहुत समझ नहीं, अत: यह बता पाना तो मुश्किल है कि उनका मूल्य कम था या अधिक, लेकिन उनकी गुणवत्ता प्रामाणिक अवश्य थी। भारतीय दृष्टिकोण से तो फैक्टरी का असल आनंद उनके प्रतीक्षालय में था, जहाँ शराब को छोड़कर हर पेय मुफ्त उपलब्ध था। थाईलैंड की धरती पर पानी जैसी चीज भी खरीदकर पीने को मजबूर पत्रकारों के लिए यह 'गोल्डन चांस' था, जिसे छोड़ना हममें से किसी को भी गवारा नहीं था। ऊपर से वहाँ सामग्री को परोसती थाई युवतियों का सम्मानपूर्ण रवैया संकोच की सारी हदों को खत्म कर दे रहा था। बहती गंगा में बंदे ने भी हाथ धोए और कोल्ड कॉफी व हॉट कॉफी के प्याले दस मिनट की अवधि में ही खाली कर दिए। अब साँझ ढलने लगी थी और पटाया की रंगबिरंगी सड़कें हमें बुलाने भी लगी थीं। सभी सदस्य 'जेम्स फैक्टरी' के स्वरूप और उनके सत्कार की 'वाह-वाह' करते हुए वहाँ से रुखसत हो लिये। इसके बाद हमें थाई परंपरा व संस्कृति को दरशाते 'अलकाजार शो' में जाना है, जो कि हमारे टूर ऑपरेटर के अनुसार पटाया में अधिकृत रूप से उसकी आखिरी जिम्मेदारी है। इसके बाद छत्तीस घंटे हम पटाया को अपनी इच्छानुसार देखने के लिए स्वतंत्र थे।

□

विलासस्थली को बाय-बाय कर कर्मस्थली की ओर

थाईलैंड हमारे अतीत के वैभव को आदर्श मान अपने वर्तमान को समृद्ध बना ले गया प्राचीनता का समन्वय 'सात्विक भावना' के साथ जब आधुनिकता के साथ किया जाता है तो इसका स्वरूप किस कदर मनोहारी एवं आकर्षक हो जाता है, इसका प्रत्यक्ष उदाहरण है पटाया का 'अलकाजार शो'। 'अलकाजार' वस्तुत: एक थिएटर का नाम है, जिसमें प्रतिदिन थाईलैंड की प्राचीनतम सभ्यता एवं संस्कृति को आधुनिकतम टेक्नोलॉजी व अनूठी प्रकाश व्यवस्था के माध्यम से अनगिनत कलाकारों द्वारा विभिन्न कार्यक्रम प्रस्तुत किए जाते हैं। रात्रि 8 बजे से 9.10 बजे तक अर्थात् कुल जमा सत्तर मिनट का शो वस्तुत: विदेशी पर्यटकों के ही लिए है। इस शो के माध्यम से पटाया यह जताने की कोशिश करता है कि आपकी नजर में भले ही यह जिस्म की मंडी हो, लेकिन सभ्यता और संस्कृति में आपसे कहीं कमतर नहीं है। शो के दौरान एक ही कलाकार द्वारा नायक-नायिका का संयुक्त नृत्य जब प्रस्तुत किया गया तो मुझे भारत में करीब पैंतीस वर्ष पूर्व बनी नवरंग फिल्म का वह गीत याद आ गया जिसमें नायिका अपने भाव-प्रवण नृत्य से पुरुष एवं महिला के पात्र को एक ही दृश्य में साकार कर देती थी। यह प्रस्तुति वस्तुत: उसी की नकल थी और उसमें आश्चर्य की क्या बात, थाईलैंड में तो हर कदम पर भारतीयता की छाप थी। 'अब यह बात दीगर है कि हम अपने अतीत के वैभव के गुण गाते-गाते वर्तमान को दीन-हीन बना बैठे, वहीं थाईलैंड हमारे अतीत के वैभव को आदर्श मान अपने वर्तमान को समृद्ध बना ले गया।'

अलकाजार का शो देखने के बाद अब हम सब सड़क पर थे। 'यूँ दुनिया में

हर कोई महलों में रहने का ख्वाहिशमंद होता है, लेकिन अगर बात पटाया की सड़कों की हो तो कोई भी रसिक इसकी खातिर 'व्हाइट हाउस' तक को ठोकर मार सकता है। दुनिया हो या जीवन, हर जगह इंतजार होता है भोर होने का, सुबह होने का, लेकिन पटाया वह जगह है जहाँ हर किसी को इंतजार होता है साँझ ढलने का, रात्रि के आगमन का। रात थी, रौनक थी और रंगीनियत थी पटाया की सड़कों पर। 'बार' भी खुले हुए थे और 'बाजार' भी।'

पटाया में कई शॉपिंग सेंटर ऐसे हैं, जो चौबीसों घंटे खुले रहते हैं। हमारे अधिकतर साथी तो सड़कों पर घूम-घूम शहंशाह के अंदाज में दाएँ-बाएँ हुए अपनी रियासत और प्रजा को निहार रहे थे, वहीं हम जैसे कुछ नीरस साथी शॉपिंग मॉल में घूम-घूमकर वहीं उपलब्ध सामान को उलट-पलट रहे थे। परस्पर संवाद के दौरान हमारे एक साथी ने पटाया की कानून व्यवस्था की सराहना करते हुए कहा कि यहाँ पुलिस तो दिखती ही नहीं है। क्राइम तो यहाँ है ही नहीं। अपने देश में तो यह संभव ही नहीं है। ऊपर से देखने में साथी की बात सही तो लगती थी, लेकिन हकीकत यह नहीं है। दरअसल हमारे देश में जितने भी काम अवैध व निषिद्ध हैं, थाईलैंड में अधिकतर वे जायज हैं। भारत में रात 12 बजे के बाद लाइसेंसधारी बार में भी शराब तो दूर बीयर पीना-पिलाना जेल भेज देने के लिए काफी है, वहीं थाईलैंड के बीच चौराहे पर आधी रात को व्हिस्की पीने की आजादी है। खैर, पटाया की सड़कों पर रात-रात भर घूम कुछ साथियों ने तो अपनी पिंडलियों को इस कदर सुजा लिया था कि पटाया की तीसरी और आखिरी रात को सड़क पर जाने के नाम से ही उन्होंने कान पकड़ लिये। पटाया प्रवास के दौरान ही हमारी आँखों के सामने देर रात एक बीयर बार में आग भी लगी। आग लगते ही अड़ोस-पड़ोस के अन्य दुकानों के संचालक अग्निशमन यंत्र लेकर उसे काबू करने में जुट पड़े। अग्निशमन दस्ता भी कुछ ही मिनटों में घटनास्थल पर पहुँच गया। बमुश्किल पैंतालीस मिनट में आग पर काबू पा लिया गया। इस दौरान सड़क पर यातायात निर्बाध गति से जारी रहा। यह पूरा घटनाक्रम थाईलैंड के कुशल आपदा प्रबंधन को दरशा रहा था। हर दुकान पर अग्निशमन यंत्र की मौजूदगी उनकी सामाजिक जागृति की ओर इशारा कर रही थी। यह घटना हमारे होटल से बमुश्किल तीन सौ मीटर की दूरी पर हुई थी। तीन सुनहरी रातें पटाया के स्वप्निल संसार में बिता 6 अगस्त को प्रातः 8.40 बजे हम सब 'रीजेंट मरीना होटल' के पोर्ट में खड़ी बस में बैठे 'बाय-बाय' कर रहे थे। अब हमारा मुकाम बैंकॉक था। वह बैंकॉक जो थाईलैंड की चौथी राजधानी होने के साथ थाई जनता की कर्मशीलता-उद्यमशीलता

का प्रतीक है। 'पटाया' जहाँ थाईलैंड की 'विलासस्थली' है, वहीं बैंकॉक की पहचान 'कर्मस्थली' के रूप में है। हम होटल से कुछ ही किलोमीटर आगे आए होंगे कि पता चला हमारे एक युवा सक्रिय साथी अपना भारत वापसी का टिकट होटल में ही छोड़ आए हैं। नतीजतन हमारी बस फिर होटल रीजेंट मरीना पहुँची। वहाँ से टिकट लेकर अब हम सब कई यादें व कई अनुभव अंतर्मन में लिये नए तजुर्बों से रू-ब-रू होने के लिए बैंकॉक के रास्ते पर बढ़े जा रहे थे।

□

जहाँ जानवरों का खाना इनसान चट नहीं करते

उमर के लिहाज से 222 वसंत देख चुके 'बैंकॉक' की जवानी अभी पूरे उफान पर है। शहर का चप्पा-चप्पा पटाया की विलासिता के ठीक विपरीत थाईवासियों की कर्मशीलता, उद्यमशीलता एवं प्रगतिशीलता की कहानी सुनाता जान पड़ता है। अपनी ऊँचाई से आसमान को बौना साबित करने पर आमदा असंख्य बहुमंजिला इमारतें, जमीन की कमी के चलते आसमान को रास्ते के तौर पर इस्तेमाल करने की मंशा से पुलों की एक के ऊपर एक अनगिनत शृंखलाएँ, चिकनी-रपटीली सड़कों का सुदूर तक विस्तार और उन पर दौड़ती बेशकीमती वातानुकूलित गाड़ियों की खत्म न होनेवाली कतारें—सभी कुछ तो थाईलैंड के वैभव की कहानी चीख-चीखकर सुना रहे थे।

बैंकॉक लेकिन अभी हमारी पहुँच से दूर था। निर्धारित कार्यक्रम के अनुसार हमारी बस ने बैंकॉक से कुछ किलोमीटर की दूरी पर स्थित 'सफारी वर्ल्ड' में ठीक 11.30 बजे प्रवेश किया। 'सफारी वर्ल्ड' को अगर आप सही अर्थों में समझना चाहें तो इसे भारत के चिड़ियाघर और सर्कस का मिला-जुला रूप मान सकते हैं। फर्क है तो सिर्फ इतना कि यहाँ जानवरों के हिस्से का खाना जानवर ही खाते हैं, हमारे यहाँ जैसे नहीं कि इनसान ही सबकुछ चट कर जाया करते हैं। जानवरों की सेहत से ऐसा प्रतीत होता था। 'सफारी वर्ल्ड' एक थाई उद्योगपति द्वारा व्यावसायिक दृष्टि से किया गया अनूठा प्रयोग है। तकरीबन 220 एकड़ के विशाल भू-भाग में बसे इस परिसर में दक्षिण अफ्रीका से विभिन्न जानवरों को बसाया गया है। परिवेश को इन जानवरों के लिहाज से किस कदर अनुकूल बनाया

गया है, इसका अंदाजा वहाँ मौजूद विभिन्न जानवरों के रहन-सहन को देखकर आसानी से लगाया जा सकता था। संयोग से हम कोलकाता में जिस होटल में थाईलैंड रवाना होने से पहले रुके थे, उसके ठीक सामने वह चिड़ियाघर था, जिसे देश के सर्वश्रेष्ठ चिड़ियाघरों में से एक माना जाता है। बड़ी उत्कंठा से हम उसे देखने गए थे और वहाँ हमने जानवरों के नाम पर आधे से अधिक पिंजरे खाली पाए थे तथा जो जानवर मौजूद थे, उनकी दुर्दशा को बयान कर पाना काफी कठिन है। फर्क आप सिर्फ इतने से समझिए कि कोलकाता पिंजरे में बंद शेर की हालत बिल्ली की माफिक थी और यहाँ थाईलैंड के सफारी वर्ल्ड में बिल्ली भी शेर जैसी दिखाई दे रही थी। वैसे दिलेरी हमारे साथियों में भी कम नहीं थी। हमारे दल के वरिष्ठतम एवं सम्मानित सदस्यों में से एक प्राण चड्ढा अपने वन्यप्रेमी होने का सबूत देने के लिए शेर के बच्चे के मुँह में उँगली और चिंपैंजी को सिर पर बिठा फोटो खिंचाते हमें दिखे। सफारी वर्ल्ड सचमुच में अद्‌भुत है। बाँधवगढ़ में हम एक शेर की झलक मात्र के लिए पूरा दिन गँवा देते थे और यहाँ हमारी बस से बमुश्किल पंद्रह फीट की दूरी पर शेर टाँग उठाए तीन शेरनियों के साथ बेपरवाह आराम फरमा रहा था। यहाँ शेर, बाघ, जिराफ, जेब्रा, गेंडा, हिरण, हाथी आदि जानवर स्वच्छंद भाव से विचरण करते दिखते हैं। सफारी वर्ल्ड में साथ-ही-साथ कई तरह के शो भी आयोजित किए जाते हैं। हम समय की सीमितता के चलते 'काऊ ब्वॉय शो' और 'डॉलफिन शो' ही देख सके।

काऊ ब्वॉय शो किसी भी एक्शन अंग्रेजी फिल्म का प्रत्यक्ष दृश्यांकन था, वहीं 'डॉलफिन शो' अपनी समझदारी पर इतराती इनसानी बिरादरी को पानी-पानी कर देने का मछलियों द्वारा किया गया प्रयास था। डॉलफिन शो के दौरान मछलियों के द्वारा दिखाया जानेवाला हर करतब दाँतों तले उँगली दबाने को मजबूर कर देता था। शो के दौरान डॉलफिन मछलियों को हर करतब के बाद उनके उस्ताद भोजन देते थे। कुल जमा कहानी यही कि इनसान हो या जानवर, सभी जीते पापी पेट के लिये ही हैं। सफारी वर्ल्ड से हम दोपहर तीन बजे बैंकॉक स्थित अपने होटल के लिए निकल लिए थे। इस दौरान हमें पहली बार थाईलैंड में यातायात की समस्या का एहसास हुआ। अनगिनत पुल और बेहद चौड़ी सड़कों के बावजूद बैंकॉक में मौजूद वाहनों के बोझ से सड़कें कराह रही थीं। यातायात का जिक्र आने पर इससे जुड़े कुछ तथ्यों को आप अवश्य जानें। थाईलैंड में पेट्रोल और डीजल अरब देशों से ही आते हैं और वे 15 से 20 रुपए लीटर की दर पर बिक्री के लिए उपलब्ध होते हैं। यकीनन उनके ऊपर उत्पादन कर संबंधी तमाम बोझ वहाँ की सरकार नहीं

डालती। टैक्सी के तौर पर वहाँ वे गाड़ियाँ चलती हैं जो अभी हमारे देश के उच्च वर्ग में भी विचार का ही विषय रहती हैं। इनमें टोयटा कोरोला, होंडा एकार्ड जैसी गाड़ियाँ शामिल हैं, जिनमें बैठकर आप रायपुर रेलवे स्टेशन से मंत्रालय तक की दूरी मात्र 35 रुपए में तय कर सकते हैं। इतने में तो रायपुर का ऑटोवाला अपना वाहन स्टार्ट भी नहीं करता है। बैंकॉक में दौड़ती गाड़ियाँ उनके मालिकों के दूरदर्शी रवैए का भी एहसास करा रही थीं। आधी से अधिक गाड़ियाँ ऐसी थीं जो आदमी के साथ-साथ सामान को भी ढोने में उपयोग में लाई जा सकती थीं। ये गाड़ियाँ टाटा सफारी और महिंद्रा यूटीलिटी का संयुक्त संस्करण प्रतीत होती थीं। इन्हीं तमाम विशेषताओं को निहारते-समझते हम तकरीबन साढ़े चार बजे 'होटल अमारी' की लॉबी में थे। यह पंचसितारा व 25 मंजिला होटल था, जिसमें स्वीमिंग पूल भी चौथी मंजिल पर था। अब थाईलैंड में हमारे रहने की अवधि कुल जमा 30 घंटे शेष रह गई थी और हमें घड़ी की सुइयाँ कुछ ज्यादा ही तेज गति से भागती महसूस होने लगी थीं।

□

बाजारों की चटक से अधिक दमकते बुद्ध

जब सिद्धार्थ ने स्वर्ण सिंहासन को ठोकर मार जन कल्याण को अपने जीवन का ध्येय बनाया तो वे 'गौतम बुद्ध' कहलाए और विधि का विधान देखिए कि उस 'स्वर्ण त्यागी-सर्वस्व त्यागी' सिद्धार्थ के अनुयायी उनकी स्वर्णमूर्ति बना यत्र-तत्र-सर्वत्र उपासना में रत हैं। कहने का आशय महज इतना है कि जो जीवन में अपना मन सोने का कर लेता है, उसका तन स्वमेव युग-युगांतर के लिए सोने का हो जाता है। यदि मेरे कहे पर आपको यकीन नहीं तो थाईलैंड में बैंक होकर आइए।

थाईलैंड प्रवास के अंतिम दिन को हम बैंकॉक के जिस बुद्ध मंदिर में खड़े साधनालीन गौतम बुद्ध की प्रतिमा को निहार रहे थे, वह शत-प्रतिशत सोने की थी तथा उसका वजन पचपन सौ किलो अर्थात् 5.5 टन था। संभवतः यह विश्व में शुद्ध स्वर्ण की सबसे वजनी प्रतिमा है। स्वर्ण प्रतिमा अमूल्य थी, लेकिन उसके इर्द-गिर्द न तो सुरक्षा के नाम पर कोई ताम-झाम था और न छायाचित्र लेने के संबंध में कोई रोक-टोक ही थी। सबकुछ बेहद सहज सा था, शायद उतना ही सरल जितना बुद्ध अपने जीवनकाल में सहज रहे होंगे।

बैंकॉक में अनगिनत बौद्ध मंदिर हैं, लेकिन हम सिर्फ दो ही मंदिरों में जा सके। ये दोनों ही मंदिर अपने में अनूठी विशेषता लिये हुए थे। जहाँ पहले मंदिर में शुद्ध स्वर्ण की प्रतिमा थी, वहीं दूसरे मंदिर में गौतम बुद्ध की अवस्था में 45 मीटर लंबी तथा 15 मीटर ऊँची प्रतिमा स्थापित थी। दोनों ही प्रतिमाओं के माध्यम से थाईलैंड की जनता गौतम बुद्ध के प्रति अपनी अगाध श्रद्धा को व्यक्त करती जान

पड़ती थी। अब बारी बैंकॉक के बाजार की है। भारतीय पर्यटक बड़ी संख्या में बैंकॉक आते हैं और आदत के मुताबिक खरीददारी पर टूट पड़ते हैं। 'इंदिरा मार्केट' भारतीयों की खरीददारी के लिए मशहूर है। यह करीब-करीब रायपुर के पंडरी मार्केट जैसा ही है और यहाँ के दुकानदार मोल-तोल में पूरा यकीन रखते हैं। स्तर की दृष्टि से यह सी ग्रेड मार्केट माना जाता है। इंदिरा मार्केट के उमस भरे वातावरण से निजात पाने के लिए हम बैंकॉक के विश्वप्रसिद्ध बाजार 'इंटरनेशनल ट्रेड सेंटर' पहुँचे। यह तकरीबन दो एकड़ के विशाल भू-भाग में छह मंजिला पूर्णतया वातानुकूलित भव्य इमारत है। यदि आप हर हिस्से में घूमना चाहें तो कम-से-कम तीन दिन का समय लगेगा और अब हमारे पास तो तीन घंटे भी नहीं रह गए थे। एक सरसरी सी निगाह डाल हम वापस अपने होटल पहुँच गए। होटल की लॉबी में सभी साथियों का सामान इकट्ठा हो रहा था और देखने में आ रहा था कि सब साथी जब आए थे तो उनके पास एक-एक सूटकेस था और वापसी में सब-के-सब दो या उससे अधिक सूटकेस के स्वामी थे। इसकी वजह यह थी कि थाईलैंड की सरकार का रवैया बेहद दूरदर्शी एवं व्यापक दृष्टिकोणवाला है। आपको जानकर हैरत होगी कि थाईलैंड में रहनेवाले व्यक्ति के मुकाबले विदेशी को सस्ता सामान उपलब्ध कराने की व्यवस्था वहाँ की सरकार ने की हुई है। थाईलैंड में समान कर व्यवस्था के तहत 'वैट' लागू है। इसकी दर सात प्रतिशत है। अर्थात् थाईलैंड में कोई भी वस्तु खरीदने पर ग्राहक को वस्तु के मूल्य का सात प्रतिशत बिक्री कर के रूप में अदा करना होता है। यदि ग्राहक पर्यटक है और उसकी खरीद पाँच हजार भाट से अधिक है तो दुकानदार उसके पासपोर्ट के आधार पर एक फॉर्म भरकर उसे दे देगा। वह यह फॉर्म स्वदेश वापसी के समय एयरपोर्ट पर कस्टम ऑफिस में जमा कराएगा तो वहाँ सात प्रतिशत की राशि का नकद भुगतान उसको छूट के रूप में कर दिया जाएगा। इस व्यवस्था के चलते पर्यटक थाईलैंड आकर अपनी जेब खाली करने में संकोच नहीं करते। अब यदि हम अपने देश के संबंध में विचार करें तो ताजमहल में भारतीय पर्यटक दस रुपए का टिकट लेकर दाखिल हो जाएगा, वहीं विदेशी पर्यटक के लिए टिकट की दर डेढ़ सौ रुपए रखी गई है। बैंकॉक एयरपोर्ट पर हम रात्रि नौ बजे पहुँच चुके थे। फ्लाइट सवा ग्यारह बजे थी। चेक इन के काउंटर इतने ज्यादा थे कि कुछ ही समय में हम सारी औपचारिकताओं से फुरसत हो लिए थे। अब जिसकी जेब में जितने नोट बचे थे, सब उन्हें ड्यूटी फ्री शॉप में ठिकाने लगाने में जुटे थे। घड़ी की सुइयाँ कब ग्यारह बजाने लगीं और फ्लाइट के लिए घोषणा होने लगी, पता ही नहीं चला। ठीक वैसे ही जब से

हमारा विमान दो घंटे पाँच मिनट का समय आसमान में बिताकर कोलकाता के नेताजी सुभाषचंद्र बोस हवाई अड्डे के रनवे पर दौड़ने लगा था, हमें पता नही चला। कुल जमा यात्रा अपने में अविस्मरणीय अनुभव थी, जिसके लिए छत्तीसगढ़ शासन के प्रति संपूर्ण पत्रकार बिरादरी आभारी थी। इस यात्रा के दौरान एक व्यक्ति का चेहरा मेरे जेहन में बार-बार आता रहा और वह शख्स था भारतीय जनता पार्टी के प्रदेश संवाद प्रमुख रसिक सिंह परमार, जिन्होंने सर्वप्रथम पत्रकारों के दल को विदेश भेजने का सुझाव मुख्यमंत्री के समक्ष रखा था। यकीनन, इस यात्रा के जनक और मुख्यमंत्री के इस विश्वास के प्रेरक रसिक ही थे कि जब पत्रकार भारत से रवाना हुए तो चालीस थे, परंतु जब लौटे तो एक हैं। सभी के प्रति विनम्र आभार।

पूनम ने भी चुकाई हार की कीमत

बैंकॉक एयरपोर्ट पर दल के साथियों का हार पहनाकर स्वागत किया गया था, जिसका जिक्र मैंने शुरुआती दौर में किया। थाईलैंड प्रवास के दौरान हम जब अंतिम रात्रि भोजन के लिए होटल के भोजन कक्ष में जाने लगे तो प्रवेश-द्वार पर एक थाई युवती पहरेदार की मुद्रा में थी। दल का जो भी सदस्य आता वह उसे हाथ बढ़ाकर रोकती और कई सारे फोटो थमा देती। हमारे साथी अपना छायाचित्र पहचानकर हाथ में लेते, वहाँ से ही वह युवती बाकी फोटो अपने एक हाथ में लेकर दूसरा हाथ आगे बढ़ाकर बोलती 'इंड्रेड भाट'। बमुश्किल बीस रुपए की फोटो के बदले एक सौ बीस रुपए वसूले जा रहे थे और हद यह कि सभी शरमा-शरमी में दिए भी जा रहे थे। हद तो यह रही कि संसदीय सचिव पूनम चंद्राकर ने भी माला पहनने के एवज में सौ भाट अदा किए। अपने समूचे राजनीतिक जीवन में श्री चंद्राकर का संभवतः पहला अनुभव रहा होगा जब उन्होंने माला पहनने की कीमत अदा की होगी। निःसंदेह थाईलैंड में स्वागत भी महँगा था।

□

अमेरिका

विश्व नेतृत्व का गुरूर

पहले और दूसरे महासमर के दौरान जो सामरिक ताकत अमेरिका ने बटोरी, वह औद्योगीकरण और नई अर्थव्यवस्था के दौर में भी उसने बरकरार रखी।

सत्रहवीं शताब्दी के पूर्वार्द्ध में मूलत: उत्तरी अमेरिका में बसी हुई ब्रिटिश कॉलोनियों को मिलाकर गठित संयुक्त राज्य अमेरिका एक संघीय गणतंत्र है, जिसमें 50 राज्य शामिल हैं। हवाई द्वीप को छोड़कर अन्य सभी राज्य मुख्य भूमि पर स्थित हैं। लगभग 94 लाख वर्ग किलोमीटर क्षेत्रफलवाला यू.एस.ए. विश्व की सबसे समृद्ध अर्थव्यवस्थावाला देश है, जो सोवियत संघ के पतन के बाद बिना किसी चुनौती के लगभग हर देश के आर्थिक मुद्दों से लेकर सैन्य मामलों तक में दखल की हैसियत रखता है। सच्चे मायनों में लोकतंत्र को व्यावहारिक धरातल पर क्रियान्वित करने का श्रेय भी इसे जाता है, परंतु अपनी कूटनीतिक महत्त्वाकांक्षा और विश्व नेतृत्व के जुनून ने आधे से ज्यादा विश्व को इसका दुश्मन भी बना दिया है।

जार्ज वाशिंगटन के नेतृत्व में सन् 1776 में वह स्वतंत्र हुआ, वहीं अब्राहम लिंकन के नेतृत्व में एकीकृत संयुक्त राज्य अमेरिका का निर्माण हुआ। विश्व के श्रेष्ठतम नेताओं में से एक माने जानेवाले लिंकन ने ही देश को दास प्रथा से मुक्ति दिलाने के लिए गृहयुद्ध का सफल नेतृत्व किया। जॉन एफ. कैनेडी, ड्वाईट डी. आइजनहावर, थॉमस हैरिसन, वुडरो विल्सन, फ्रेंकलिन डी. रूजवेल्ट, जेराल्ड फोर्ड सरीखे महान् राष्ट्रपतियों ने देश को मजबूत किया। यहाँ के मार्टिन लूथर किंग को नस्लीय एकता के सर्वाधिक सम्माननीय नेताओं में से एक माना जाता है।

अंतरिक्ष अभियानों में अग्रणी भूमिका निभानेवाले यू.एस.ए. में विश्व की श्रेष्ठतम शिक्षा-व्यवस्था, बेहतरीन शोध सुविधाएँ और महत्त्वपूर्ण आविष्कार होने के कारण दुनिया भर की प्रतिभाएँ इसकी ओर खींची चली आती हैं। लगभग सारे देशों के नागरिक यहाँ बसे हैं। यहाँ रहनेवाले भारतीयों ने अपनी प्रतिभा, क्षमता व मेहनत से खूब नाम कमाया है। □

भारत भविष्य में विश्व की बड़ी शक्ति

वैसे तो पूरी दुनिया भारत का लोहा मान रही है, लेकिन देश की तेज रफ्तार विकास दर को लेकर अमरीकी सांसद जेम्स वेराड़ आश्चर्य व्यक्त करते हैं। उनका कहना है कि भारत भविष्य की बड़ी शक्ति है। सोमवार को जब एशिया महाद्वीप के सात सदस्यीय अध्ययन दल ने कैपिटल भवन में उनसे मुलाकात की तो यह जानकर बड़ा सुखद लगा कि वे भारत और अमरीका के बीच बेहतर संबंधों के पक्षधर भी हैं।

वेराड़, जो वहाँ की परिवहन समिति में पिछले दस साल से सदस्य हैं, उन्होंने हमें अमेरिकी यातायात की चुस्त-दुरुस्त व्यवस्था के बारे में जानकारी दी। श्री वेराड़ ने माना कि परिवहन संचालन के लिए जो कमेटी बनाई गई है, उसमें वह बात अब नहीं है जो पहले थी। कार्यालयीन सहयोगियों, समिति के स्तर व अन्य सदस्यों की क्षमता में गिरावट आई है। श्री वेराड़ के मुताबिक उनके यहाँ 19 स्थायी समितियाँ हैं और हर समिति में योग्यता, क्षमता और लोगों के कामकाज के तौर-तरीकों को महत्त्व दिया जाता है। उन्होंने बताया कि अमेरिकी व्यवस्था में शक्ति संतुलन का विशेष महत्त्व होता है। सीनेट, कांग्रेस और प्रेसीडेंट के बीच सत्ता का विभाजन इस तरह से है कि कोई एक प्रमुख नहीं होता। शक्ति संतुलन की वजह से अमेरिका के आम लोगों के कामकाज बेहतर ढंग से संपादित होते हैं। भारत जैसे सबसे बड़े प्रजातांत्रिक देश में जहाँ जनप्रतिनिधि पाँच साल के लिए चुने जाते हैं, अमेरिका में ऐसा नहीं होता। अमेरिकी कांग्रेस का कार्यकाल दो साल का रहता है, फलस्वरूप ज्यादातर सांसद चुनाव के मूड में ही रहते हैं। वेराड़ मानते हैं कि इस व्यवस्था से कामकाज के स्वरूप में अच्छा-खासा फर्क पड़ता है। अमेरिकी सांसद ने बताया कि भारत की विकास दर आश्चर्य में डालती है। यदि यही तेजी रही, तो

भविष्य भारत का ही है। उन्होंने बताया कि अमेरिका भारत के विकास पर लगातार निगाह रखे हुए है। दल के सदस्य हिंदुस्तान टाइम्स, कोलकाता के आलोक बनर्जी, कर्नाटक विश्वविद्यालय के डॉक्टर हरीश रामा स्वामी, मुंबई विश्वविद्यालय की प्रीता निलेश, पाकिस्तान के प्रशासनिक अफसर उस्मान खान, मुज्जफर अली और कराची नगर निगम की सदस्य अकीला इनाम ने भी श्री वेराड़ से विभिन्न मुद्दों पर लंबी चर्चा की।

□

भारत पिछलग्गू देश नहीं

भारत पिछलग्गू देश नहीं है, उसकी अपनी मौलिक सोच है। शायद यही एक वजह है कि यहाँ विकास की रफ्तार बेहद तेज है। उत्तरोत्तर विकास के चलते भारत में जो कुछ भी घट रहा है, उसके बारे में जानकर लगता है कि यह देश आनेवाले दिनों में एक बड़ी आर्थिक शक्ति के रूप में अपनी पहचान बनानेवाला है। यह कहना है जे. हावर्ड का। श्री हावर्ड अमेरिका के विदेश-विभाग में भारतीय मामलों के वरिष्ठ अधिकारी हैं। अध्ययन यात्रा के सिलसिले में गए दल के सदस्यों ने जब उनसे मुलाकात की, तो उन्होंने माना कि अमेरिका और भारत के रिश्ते पहले के मुकाबले अब ज्यादा बेहतर हैं।

ट्रिव्हमेंट भवन के चौथे माले पर स्थित दफ्तर में चर्चा के दौरान श्री हावर्ड ने कहा कि भारत और अमेरिका के रिश्ते तीन दौर में अलग-अलग रहे हैं। एक दौर शीतयुद्ध के पहले का था, जिसमें कई तरह की दिक्कतें सामने आई थीं। दूसरा दौर सन् 2001 में अपनाई गई नई आर्थिक नीति के साथ शुरू हुआ था। यह समय ऐसा था जब दोनों देशों के पारस्परिक संबंध घनिष्ठ होने के करीब हुए थे, लेकिन 11 सितंबर, 2001 को वर्ल्ड ट्रेड सेंटर पर हुए हमले के बाद भारत और अमेरिका के रिश्तों में गर्मजोशी आई। अभी हाल ही में जो परमाणु समझौता हुआ, वह परस्पर संबंधों के बेहतर होने का ही नतीजा है। श्री हावर्ड ने रिश्तों की बेहतरी तो मानी, लेकिन यह भी कहा कि आज भी भारत के मुकाबले पाकिस्तान और चीन से अमेरिका के रिश्ते ज्यादा समझ भरे हैं। ऐसा क्यों है, पूछे जाने पर उन्होंने अध्ययन दल के सदस्यों को बताया कि भारत का अपना स्वयं का एजेंडा है। भारत को पता है कि उसे क्या चाहिए और क्या नहीं? लेकिन अमेरिका का भारत की अपेक्षाओं के संदर्भ में बहुत स्पष्ट एजेंडा नहीं है। श्री हावर्ड ने कहा कि भारत बैठकों में समय

खराब करने का पक्षधर नहीं है। विदेश मामलों की बैठकों के दौरान वह तुरंत निर्णय चाहता है और तुरंत निर्णय ही अमेरिका की परेशानी है। विदेश के मामलों में तुरंत निर्णय कर पाने में दिक्कत पेश तो आती है। हावर्ड ने कहा कि अमेरिका भारत के लिए बहुत कुछ करना चाहता है, लेकिन वह मदद नहीं लेना चाहता। जब इस देश के एक बड़े हिस्से में सुनामी आया था, तब भी मदद की पेशकश की गई थी, किंतु यह मदद भी नहीं ली गई। उत्तर-पूर्वी राज्यों के लिए 9 मिलियन डॉलर का एक कार्यक्रम बनाया गया है। इस योजना के बारे में भारत की तरफ से कोई सकारात्मक जवाब नहीं मिला। बावजूद इसके हम भारत के साथ अपने संबंधों को बेहतर रखना चाहेंगे। चर्चा के दौरान हिंदुस्तान टाइम्स, कोलकाता के आलोक बनर्जी, कर्नाटक विश्वविद्यालय के डॉक्टर हरीश रामा स्वामी, मुंबई विश्वविद्यालय की प्रीता निलेश, पाकिस्तान के प्रशासनिक अफसर उस्मान खान, मुज्जफर अली और कराची नगर निगम की सदस्य अकीला इनाम भी मौजूद थीं।

□

धरती बाँटी, अंबर बाँटा, मत बाँटो इनसान को

अन्याय के खिलाफ किसी घर के सामने किसी मुन्ना भाई का शांतिपूर्वक धरना-प्रदर्शन का कार्यक्रम तो भारत में अब जाकर शुरू हुआ है, लेकिन अमेरिका में एक शख्स पिछले 26 सालों से व्हाइट हाउस के सामने अपना तंबू सिर्फ इसलिए ताने बैठा है, क्योंकि वह धरती, अंबर और इनसान को बाँटे जाने का पक्षधर नहीं है।

वैसे तो जो कोई भी संवेदनाओं से भरा होगा, वह इस तरह के विभाजन को गलत बताएगा, लेकिन कब तक? एक दिन, दो दिन, दो या दस साल··· लेकिन नहीं, विलियम थामस नामक इस शख्स ने अपनी जिंदगी के बेशकीमती 26 साल व्हाइट हाउस के सामने व्यतीत कर दिए हैं। विलियम ने अमेरिका के राष्ट्रपति को कभी यह नहीं बताया कि वह यहाँ क्यों खड़ा है? उसका उद्देश्य क्या है? किंतु वह देश-दुनिया से व्हाइट हाउस देखने आनेवाले लोगों को यह बात जरूर बताता है कि अमेरिका धरती और लोगों के विभाजन में लगा हुआ है। आँधी-तूफान और बर्फीली हवाओं को झेलनेवाले विलियम का हौसला देखकर हर कोई भौंचक रह जाता है। विलियम कहता है—जब वह इस साम्राज्यवादी शक्ति को अकेले चुनौती दे सकता है, तो सब मिलकर अमेरिका को क्यों नहीं ललकार सकते? विलियम के संघर्ष की दास्तान काफी प्रेरणादायी है? मैक्सिको में ज्वेलरी का व्यवसायी विलियम तीन कार, एक घर, शानदार बैंक बैलेंस का मालिक था। अपनी खूबसूरत पत्नी और बेटी के साथ वह अच्छे ढंग से गुजर-बसर कर रहा था। बाइविल का नियमित अध्ययन करने के दौरान एक दिन उसे यह आभास हुआ कि जीवन दो

तरह का है। पहला वह है जो आमोद-प्रमोद में बिताया जाता है, जबकि दूसरा जीवन आध्यात्मिक होता है। आध्यात्मिक ज्ञान की प्राप्ति होते ही एक रोज विलियम सबकुछ छोड़कर न्यूयॉर्क चला आया। यहाँ उसने जमीनी हकीकत से वाकिफ होने के लिए बढ़ई का काम शुरू किया। कुछ दिनों बाद उसने यह काम छोड़कर कैसाब्लान (विजिप्ट स्थित) की छह महीनों तक पैदल यात्रा की। यात्रा के दौरान उसके पास मात्र एक कंबल और दो जोड़ी कपड़े थे। विलियम चलता रहा। जो लोग रास्ते में मिलते, वे यह जरूर पूछते थे कि कहाँ जा रहे हो? क्यों जा रहे हो? लेकिन यह नहीं कहते थे कि क्या चाहिए? वह न्यूयॉर्क वापस आ गया। विलियम ने एक बार लंदन की यात्रा भी की। इस दौरान उसकी वीजा अवधि समाप्त हो गई, तो वहाँ के अफसरों ने उसे जबरिया अमेरिका भेज दिया। अपनी जबरिया वापसी उसे बेहद चुभी। उसे लगा कि जब ईश्वर ने सारी धरती बनाई है तो चंद इनसानों को क्या हक है कि वह उसे टुकड़ों में बाँटें। धरती-अंबर के बँटवारे से परेशान विलियम ने अपना पासपोर्ट हाइट पार्क लेक (वहाँ स्थित एक नदी) में फेंक दिया। ऐसा करने के पीछे विलियम की सोच यही थी कि जब तक पासपोर्ट रहेगा, वह अमेरिका का नागरिक कहलाएगा, लेकिन जब पासपोर्ट नहीं रहेगा, तो उसे पूरी धरती का बाशिंदा होने से कोई नहीं रोक सकता। पूरी दुनिया को अपना मानकर विलियम एक बार फिर अपनी यात्रा पर निकल पड़ा। उसकी इच्छा इजरायल स्थित येरूशलम जाने की हुई, जहाँ ईसा मसीह का जन्म हुआ था। सन् 1979 में उसने स्वेज नहर को पार किया और मीलों तक फैले तपते रेगिस्तान में अपने तलुओं को जलाया। लेकिन यहाँ भी अफसरों ने उसे पकड़ लिया, चूँकि उसके पास पासपोर्ट नहीं था, फलस्वरूप उसे जासूस मान लिया गया। कड़ी पूछताछ के बाद उसे एक बार फिर अमेरिका भेज दिया गया। बार-बार अमेरिका पटके जाने से नाराज विलियम को लगा कि यही वह देश है जो धरती को विभाजित करने का काम कर रहा है। दु:खी विलियम ने 2 जून, 1981 को व्हाइट हाउस के सामने धरना देना शुरू किया। यह धरना निर्बाध तरीके से जारी है। धरने में उसकी पत्नी पूरी ईमानदारी और प्रतिबद्धता के साथ मौजूद रहती है। इसके अलावा विलियम ने एक कुतिया भी पाल रखी है। चर्चा के दौरान विलियम कहता है—आदमी ही आदमी के बीच वैमनस्यता फैलाता है। एक कारण गरीबी भी है। कुछ लोग यह सोचते हैं कि वे न्याय करने के लिए बनाए गए हैं, लेकिन ऐसा नहीं है। न्याय करने का हक केवल ईश्वर को है। विलियम पूरी दुनिया में शांति चाहता है। उसकी इच्छा है कि एक इनसान दूसरे इनसान को घृणा और

हिकारत की नजर से न देखे। विलियम को देखकर और सुनकर यह भरोसा तो होता ही है कि कोई रूह तो ऐसी है जो प्यार की वकालत करती है। कोई देश परमाणु के सहारे शक्तिशाली तो हो सकता है, लेकिन प्यार से ज्यादा ताकतवर नहीं है। प्यार आदमी तो क्या देश को भी बड़ा बनाता है।

□

भारत दक्षिण एशिया का बिग ब्रदर

भारत अपने आकार की वजह से ही नहीं, बल्कि अपनी क्षमता की वजह से भी दक्षिण एशिया के देशों के बीच बिग ब्रदर की भूमिका निभा सकता है। यह कहना है श्रीलंका से अमेरिका में राजदूत रहीं श्रीमती टी. शेफर का। सेंटर फॉर स्ट्रेटीजिक एंड इंटरनेशनल स्टडीज के चौथे माले पर सात सदस्यीय अध्ययन दल ने श्रीमती शेफर से दक्षिण एशिया के संबंध में अमेरिका की विदेश नीति विषय पर चर्चा की।

दस भाषाओं की जानकार 59 वर्षीय श्रीमती शेफर ने चर्चा के दौरान कहा कि पाकिस्तान और चीन लगातार इस बात की चिंता करते रहते हैं कि आखिरकार भारत अपनी शक्ति का इजाफा किस तरह से कर रहा है? खासतौर पर चीन भारत की आणविक शक्ति में बढ़ोतरी को लेकर आशंकित दिखाई देता है। गैर-लोकतांत्रिक सरकारों से अमेरिका के बेहतर संबंधों के विषय पर श्रीमती शेफर का मानना है कि जहाँ प्रजातंत्र नहीं है, वहाँ अमेरिका अपने संबंध इसलिए ज्यादा अच्छे रखता है, ताकि वहाँ प्रजातंत्र की स्थापना हो सके। लगभग तीस सालों तक अमेरिका में विदेश-विभाग में कार्यरत रहीं श्रीमती शेफर ने अपना अनुभव बताते हुए कहा कि लोकतांत्रिक सरकारों के मुकाबले गैर-लोकतांत्रिक सरकारें किसी भी मसले पर जल्दी निर्णय लेना जानती हैं, चाहे मसला कितना कठिन क्यों न हो? भारत और पाकिस्तान का अमेरिका से रिश्तों के संदर्भ में चर्चा करते हुए श्रीमती शेफर ने कहा कि अमेरिका के लिए दोनों देश महत्त्वपूर्ण हैं। पाकिस्तान यदि सैन्य कारणों से महत्त्वपूर्ण है, तो भारत आर्थिक कारणों से। कश्मीर मसले पर उन्होंने कहा कि निश्चित रूप से यह भारत और पाकिस्तान का आपसी मामला है, लेकिन विश्वहित में अमेरिका संयुक्त राष्ट्र संघ के दायरे में रहकर दोनों देशों के बीच मध्यस्थता

करने को तैयार है। विश्व में बड़ी तेजी से पनपे आतंकवाद को लेकर उन्होंने अपनी स्पष्ट राय दी कि इसका खात्मा कोई एक देश नहीं कर सकता। आतंकवाद के सफाए के लिए दुनिया के सभी देशों को लामबंद होकर साझा प्रयास करना होगा। श्रीमती शेफर से चर्चा के दौरान हिंदुस्तान टाइम्स, कोलकाता के आलोक बनर्जी, कर्नाटक विश्वविद्यालय की प्रीता निलेश, पाकिस्तान के प्रशासनिक अफसर उस्मान खान, मुज्जफर अली और कराची नगर निगम की सदस्य अकीला इनाम भी मौजूद थीं।

□

16 जून, वाशिंगटन
हर मामले में अमेरिकी हस्तक्षेप ठीक नहीं : ब्लास

विश्व के हर मामले में अमेरिका हस्तक्षेप करे, इसे उचित नहीं माना जा सकता। यह कहना है 'द पॉलिटिको' के वरिष्ठ संपादक एंट्रीयु ब्लास का। श्री एंट्रीयु ने सात सदस्यीय अध्ययन दल से चर्चा के दौरान कहा कि वे इस बात को समझ नहीं पाते कि उनकी सरकार दूसरे देशों के मामले में ज्यादा हस्तक्षेप क्यों करती है?

श्री ब्लास जो गत चालीस वर्षों से पत्रकारिता के क्षेत्र में सक्रिय हैं, उनका मानना है कि पत्रकारिता का अब वह स्तर नहीं रहा जो पहले कभी हुआ करता था। इस क्षेत्र में गिरावट चिंता का विषय है। उन्होंने कहा कि केवल यही एक क्षेत्र ऐसा नहीं है, जहाँ गिरावट आई हो, बल्कि हर क्षेत्र में गिरावट देखने को मिल रही है। खासकर राजनीति में। अमेरिका में तो राजनीति सेवा का माध्यम न बनकर धनाढ्य वर्ग का क्लब बनकर रह गई है। श्री ब्लास ने कहा कि अमेरिकी समाज में पत्रकारों का सम्मान है, क्योंकि यहाँ के पत्रकार न केवल राज्य व जनता के बीच संवाद का काम करते हैं, बल्कि लोगों की आवाज और जरूरत को सत्ता के नुमाइंदों तक बेहतर ढंग से पहुँचाते भी हैं। यहाँ के पत्रकार अच्छे-बुरे सभी कामों को जनता के समक्ष रखते हैं और मुद्दों पर प्रतिक्रिया भी हासिल करते हैं। अमेरिका के लोकप्रिय टी.वी. चैनल 'एट' के द्वारा प्रकाशित 'द पॉलिटिको' के वरिष्ठ संपादक श्री ब्लास ने अपने अखबार के संबंध में बताया कि यह अखबार

सत्ता के नुमाइंदों को दशा और दिशा देने का काम करता है। वे मानते हैं कि आज के दौर में अखबार को केवल सूचनाओं का आदान-प्रदान करने का जरिया बनकर ही नहीं रह जाना चाहिए। श्री ब्लास का मानना है कि एक अखबार की जिम्मेदारी समाज और सत्ता को सही दिशा देने की है। दुर्भाग्य से ज्यादातर अखबारों में यह माद्दा खत्म हो गया है।

श्री ब्लास कहते हैं कि अमेरिका में लोकतंत्र का स्वरूप बिखरता चला जा रहा है, क्योंकि यहाँ एक संसद् सदस्य के चुनाव में बहुत खर्च होता है। एक-एक सीनेटर पाँच-पाँच, सात-सात बार चुनकर आता है। वह लगातार संसद् में पहुँच रहा है। जिस तरह से धन का प्रभाव बढ़ा है, उससे संस्कृति को खतरा उत्पन्न हो गया है। अमेरिका की आंतरिक और बाह्य चुनौतियों के बारे में पूछे जाने पर श्री ब्लास ने बेबाकी से कहा कि हम यह नहीं समझ पाते कि हमारी सरकार दूसरे देशों के मामलों में हस्तक्षेप क्यों करती है? उन्होंने बताया कि कई मामलों में अनुभव कड़वे रहे हैं, विशेषकर इराक के मामले में। अमेरिका की प्राथमिक शिक्षा को लेकर श्री ब्लास ने कहा कि उसमें काफी गिरावट आई है। यह देश के लिए ठीक नहीं है। ऐसा क्यों हुआ, पूछे जाने पर श्री एंट्रीयू ने कहा कि विभिन्न राज्यों और संघीय सरकारों के बीच इस संदर्भ में एकरूपता का अभाव है। उनकी नजर में यही महत्त्वपूर्ण है। अमेरिका की भावी राष्ट्रपति क्या एक महिला होगी, इस सवाल पर श्री ब्लास ने कहा कि अभी कुछ भी कहना जल्दबाजी होगी। लेकिन वे इतना जरूर कह सकते हैं कि फिलहाल अमेरिका का जनमानस किसी महिला को राष्ट्रपति पद पर स्वीकार करने को तैयार नहीं है।

□

सद्दाम गलत तो था : मार्क

चाहे कोई कुछ कहे, लेकिन सद्दाम हुसैन गलत तो था ही, उसका खत्म होना विश्व शांति के लिए बेहद जरूरी था। यह कहना है द कांग्रेसनल इंस्टीट्यूट के अध्यक्ष मार्क स्ट्रेंड का। दक्षिण एशिया के सात सदस्यीय अध्ययन दल ने जब उनसे एलेक्जेंड्रिया स्थित कार्यालय में मुलाकात की, तो स्ट्रेंड ने कहा कि सद्दाम मामले में लोग हमारे तरीके को गलत बताते हैं, लेकिन हमारा उद्देश्य सही था।

रिपब्लिकन पार्टी से संबद्ध श्री स्ट्रेंड कांग्रेसनल इंस्टीट्यूट के जरिए न केवल जनप्रतिनिधियों को प्रशिक्षण देने का काम करते हैं, बल्कि उनकी संस्था कई महत्त्वपूर्ण विषयों पर शोध-कार्य भी करती है। संसदीय कार्यों का लंबा अनुभव रखनेवाले श्री स्ट्रेंड का मानना है कि इन दिनों जार्ज बुश सबसे अलोकप्रिय व्यक्ति हैं, लेकिन मूलत: वे आदमी अच्छे हैं। उनकी सबसे बड़ी मुश्किल उनके सलाहकार हैं। मार्क कहते हैं कि अमेरिका विश्व की बड़ी शक्ति जरूर है, किंतु इराक युद्ध में हम फेल हो गए। इराक से युद्ध विश्व राजनीति और आर्थिक परिदृश्य के लिहाज से एक बड़ी गलती थी। कई बार युद्ध अनिवार्य होता है, लेकिन हमें यह ध्यान रखना होगा कि वह परिणाममूलक हो। इराक के साथ युद्ध में हम अपेक्षित परिणाम हासिल नहीं कर पाए। हमारा गुप्तचर विभाग कमजोर साबित हुआ और हमारी अपेक्षाओं पर खरा नहीं उतर पाया। अमेरिका और भारत के रिश्तों को लेकर श्री स्ट्रेंड ने कहा कि वहाँ की विविधताओं के साथ तालमेल बिठाना उतना आसान नहीं है जितना दिखाई देता है। उन्होंने कहा कि भारत एक मुश्किल जगह है। जब उनसे यह पूछा गया कि क्या आप अपनी संस्था में डेमोक्रेटिक पार्टी के लोगों को प्रशिक्षण देना चाहेंगे? तो श्री स्ट्रेंड ने साफ कहा कि उन्हें कोई एतराज नहीं है, बशर्ते वे लोग प्रशिक्षण लेना चाहें।

समर्थन के लिए खर्च, बड़ी बात नहीं : अध्ययन दल में शामिल कर्नाटक विश्वविद्यालय के हरीश रामास्वामी ने जब यह जानना चाहा कि क्या इराक युद्ध के पक्ष में जनमत जुटाने के लिए अमेरिका ने मीडिया पर 59 करोड़ डॉलर खर्च किए हैं? तो मार्क स्ट्रेंड ने कहा कि इसकी उन्हें जानकारी तो नहीं है, लेकिन यदि यह सही भी है, तो इतना धन खर्च करना अमेरिका के लिए बड़ी बात नहीं है।

□

अमेरिका में अब भी मौजूद है नस्लभेद

ज्ञान, विज्ञान और भी तमाम तरह की प्रगति का द्योतक अमेरिका हर तीसरे रोज अपनी दस्तक अंतरिक्ष में देता रहता है। बावजूद इसके अब भी वहाँ नस्लभेद कायम है। यहाँ ऐसे कई संस्थान हैं जहाँ गोरी चमड़ीवालों के मुकाबले काले लोगों को कम वेतन मिलता है। यह कहना है सिटीजन कमीशन ऑन सिविल राइट्स के प्रमुख विलियम टेलर का।

श्री टेलर की संस्था अमेरिकी सरकार द्वारा नागरिकों को दिए जानेवाले अधिकारों के संरक्षण के लिए काम करती है। 75 वर्षीय श्री टेलर का नागरिक व मानव अधिकारों के संबंध में गहरा अनुभव है। दक्षिण एशिया के सात सदस्यीय अध्ययन दल ने जब उनसे मुलाकात की, तो श्री टेलर ने माना कि जिस तरह महात्मा गांधी ने अश्वेतों के साथ दुर्व्यवहार को लेकर दक्षिण अफ्रीका में संघर्ष किया था, ठीक वैसे ही कुछ हालात यहाँ अब भी कायम हैं। कई जगहें ऐसी हैं जहाँ काले लोगों को अपमानित होना पड़ता है। यदि एक काला आदमी सड़क पर टैक्सी की बाट जोह रहा है, तो उसे गोरी चमड़ीवाला ड्राइवर अपनी गाड़ी में बिठाने में हिचकिचाता है। काले लोगों को देखकर गाड़ी इसलिए भी नहीं रोकी जाती, क्योंकि अश्वेतों को नीचा दिखाने का यह एक तरीका भी है। श्री टेलर का मानना है कि द्वितीय विश्वयुद्ध की समाप्ति के बाद अमेरिका में रह रहे लोगों में अपने अधिकारों के प्रति जागरूकता पैदा हुई है। इस जागरूकता की वजह से नागरिक अधिकारों के लिए आंदोलन की परिणति भी सामने आई है। आंदोलनों से आम नागरिक को यह विश्वास हासिल हुआ है कि यदि राज्य नागरिक हितों के खिलाफ कोई नीति बनाता है या कदम उठाता है, तो उसका विरोध किया जा सकता है। श्री टेलर ने कहा कि अमेरिकी समाज

के भीतर मौजूद नस्लभेद और पक्षपातपूर्ण व्यवहार ने आंदोलन को और अधिक मजबूत बनाने का काम किया है।

जब उनसे नागरिक अधिकारों के साथ-साथ मानव अधिकारों के बारे में पूछा गया, तो उन्होंने कहा कि दोनों अलग-अलग हैं। 'सिविल राइट्स' एक राज्य के द्वारा नागरिकों को सम्मानजनक तरीके से जीवन जीने के लिए दी गई व्यवस्था है। वहीं 'मानव अधिकार' देश-प्रदेश की सीमाओं से परे सभ्य समाज में मानवता के प्रति किया जानेवाला सम्मान है। उन्होंने स्वीकार किया कि मानव अधिकारों के लिहाज से अमेरिका का रिकॉर्ड बहुत अच्छा नहीं है। उन्होंने बताया कि अब भी ग्वातानामा और बे में इराकी युद्धबंदियों तथा तथाकथित आतंकवादियों को बंदी बनाकर रखा गया है। इसे ठीक नहीं कहा जा सकता। श्री टेलर ने माना कि भूमंडलीकरण नागरिक अधिकारों को संरक्षित करता है, क्योंकि इसमें नागरिक इतने अधिक मजबूत हो जाते हैं कि वे सरकार को वाजिब हक देने के लिए बाध्य कर सकते हैं। लेकिन श्री टेलर ने यह भी जोड़ा कि अधिकारों की बात करने के दौरान लोगों को अपने कर्तव्य का भी ध्यान रखना चाहिए। श्री टेलर ने अध्ययन दल के सदस्यों से भारत के संदर्भ में जानकारी चाही। जब उन्हें बताया कि हाल ही में सूचना का अधिकार और रोजगार गारंटी जैसी योजना लागू की गई, तो उन्होंने कहा कि ऐसी योजनाएँ किसी भी देश की मजबूत व्यवस्था के लिए मील का पत्थर साबित होंगी।

□

लेनिन को बेचने की तैयारी, लेकिन...

साम्राज्यवादी देश के रूप में अपनी पहचान रखनेवाले अमेरिका में लेनिन के एक आदमकद बुत को बेचने की तैयारी गत कई सालों से चल रही है, लेकिन शायद लेनिन के विचारों की जो कीमत सोवियत संघ ने चुकाई है, उसे देखते हुए कोई भी शख्स बुत खरीदने के लिए तैयार नहीं है।

बोइंग विमान और माइक्रोसॉफ्ट निर्माण के लिए मशहूर शहर सिएटल में लेनिन का बुत ठीक वैसे ही खड़ा है जैसे हिंदुस्तान के चौराहे पर महान् नेताओं का बुत खड़ा रहता है। बस लोग आते हैं, बुत की तारीफ करते हैं और भविष्य में कभी एलबम के जरिए यादों की जुगाली करनी पड़ेगी, यह सोचकर फोटो खींचकर चलते बनते हैं। लगभग सात टन वजनी लेनिन की कांस्य प्रतिमा को लुईस कॉरपेंटर नामक एक कलाकार ने डेढ़ लाख डॉलर में अपना घर बेचकर खरीदा था। बेहद आकर्षक इस प्रतिमा को स्लेविक में रहनेवाले एमिल बेनको ने दस वर्षों की अथक मेहनत के बाद तैयार किया था।

लुईस प्रतिमा को बेचने के लिए प्रयास करता रहा, लेकिन वह सफल नहीं हो पाया और अंततः सन् 1994 में उसने दुनिया को अलविदा कह दिया। लुईस के देहांत के बाद उसके परिजनों ने बुत को बेचने की कोशिश बंद नहीं की है। लुईस के परिजनों को भरोसा है कि जब कभी भी प्रतिमा बिकेगी तो उसकी अच्छी कीमत मिलेगी। लुईस के परिवारवालों ने शायद इसी वजह से बुत की कीमत ढाई लाख डॉलर रखी है, लेकिन लोग आते और प्रतिमा को देखकर चले जाते हैं। आने-जाने वालों को कई बार तो यह लगता है कि बुत को अमेरिकी सरकार ने तो खड़ा नहीं किया? यदि कभी लेनिन का बुत बिक भी गया तो क्या लेनिन का विचार भी बाजारवाद की भेंट चढ़ जाएगा? कुछ इस तरह की बात भी हवा में तैरती रहती है। □

अँगूठे से दबाया नहीं जा सकता राज्य

एक मजबूत राष्ट्र के लिए मजबूत संघीय सरकार का होना बेहद जरूरी है। यदि ऐसा होता है, तो कभी भी राज्य को अँगूठे के नीचे नहीं दबाया जा सकता। यह कहना है काउंसिल ऑफ स्टेट गवर्नमेंट के अंतरराष्ट्रीय मामलों के निदेशक कृष वेटली का। श्री वेटली तथा उनकी संस्था से जुड़े लोग राज्य तथा संघीय सरकार के बीच सेतु निर्माण के काम में गत कई सालों से लगे हुए हैं।

सन् 1938 में स्थापित इस संस्था का मूल काम देश की राजधानी में रहकर विभिन्न राज्यों एवं स्थानीय निकायों के हितों का संरक्षण करना है। सात सदस्यीय अध्ययन दल ने जब श्री वेटली से वाशिंगटन डी.सी. के नॉर्थ कैपिटल स्थित उनके कार्यालय में चर्चा की, तो उन्होंने कहा कि 9 सितंबर, 2001 की घटना के बाद से अमेरिका की सत्ता में अभूतपूर्व परिवर्तन आया है। केंद्र शासन ने राज्य पर अकुंश लगाने का काम किया। केंद्र के इस तरह के प्रयासों को राज्य सरकारें अपने अधिकारों पर अतिक्रमण मानती हैं। श्री वेटली ने कहा कि नियंत्रण के बजाय आदान-प्रदान के सुलझे हुए रिश्तों से ही संघीय ढाँचे में मजबूती लाई जा सकती है। राज्य और स्थानीय निकायों की जरूरतों के अनुरूप अपेक्षित मदद जुटाने में सहयोग करनेवाली संस्था के निदेशक कृष वेटली से जब यह पूछा गया कि देश में मौजूद संसद् सदस्यों के बावजूद आपकी संस्था की आवश्यकता क्यों है? तो उन्होंने कहा कि संसद् सदस्यों पर भी अपने इलाकों और संसदीय कामों का जरूरत से ज्यादा दबाव रहता है, लिहाजा उनकी संस्था एक अहम भूमिका का निर्वाह करती है। संस्था के जरिए राज्य यह महसूस करते हैं कि वे केंद्र के सम्मुख अपनी बात बेहतर ढंग से रख रहे हैं।

□

तो अमेरिकी डस्टबीन होगा भारत : सुसेन डेनेवर

घरेलू उत्पादन के लिए परमाणु तकनीक का उपयोग किया जाना न केवल अनुचित, बल्कि खतरनाक भी है। भारत-अमेरिका परमाणु समझौते के सवाल पर उनका कहना है कि यह समझौता किसी भी दृष्टि में उचित नहीं है। यदि ऐसा होता है तो भारत अमेरिका के कचरों का 'डस्टबीन' साबित होगा। यह कहना है डेनेवर की सीनेटर श्रीमती सुसेन का।

सात सदस्यीय अध्ययन दल ने गुरुवार को जब उनसे बहुआयामी सांस्कृतिक मामलों पर चर्चा की तो श्रीमती सुसेन ने कहा कि वे बिजली उत्पादन के लिए परमाणु तकनीक का उपयोग किए जाने के पक्ष में नहीं हैं। उन्होंने कहा कि यदि इस तकनीक का हथियारों के लिए ज्यादा इस्तेमाल होता है, तो उसे भी ठीक नहीं माना जा सकता। श्रीमती सुसेन मानती हैं कि न्यूक्लीयर के अधिकाधिक उपयोग से मानव समाज और सभ्यता पर खतरे के बादल हमेशा मँडराते रहते हैं। लंबे समय तक शिक्षा के क्षेत्र में सक्रिय रहीं श्रीमती सुसेन कुछ समय पूर्व ही राजनीति में आई हैं। उन्होंने पर्यावरण की दिशा में भी बखूबी काम किया है। चर्चा के दौरान श्रीमती सुसेन ने कहा कि परमाणु संसाधनों का इस्तेमाल तीसरी दुनिया के देशों के लिए लगातार खतरनाक साबित हो रहा है। श्रीमती सुसेन ने कहा कि मानव प्रगति के लिए हर हाल में पवन ऊर्जा को बढ़ावा दिया जाना चाहिए। विश्व पटल पर अमेरिका की पहचान के संदर्भ में उन्होंने कहा कि शिक्षा, स्वास्थ्य और समाज कल्याण के क्षेत्र में ही बेहतर काम कर अमेरिका अपनी प्रभावी भूमिका कायम कर सकता है। □

पाकिस्तान

भारत के इतिहास और संस्कृति का साझीदार

एशिया प्रखंड में भारत के साथ इतिहास को साझा करनेवाला पाकिस्तान अनेक विडंबनाओं, विसंगतियों और अंतर्विरोधों का सामना कर रहा है। धर्म के आधार पर सन् 1947 में भारत से विलग होकर विश्व मानचित्र पर नए राष्ट्र के रूप में उकेरा गया यह देश अब इसलामिक रिपब्लिक ऑफ पाकिस्तान कहलाता है। लगभग आठ लाख वर्ग किलोमीटर भू-भाग पर विस्तीर्ण, करीब 17 करोड़ आबादी का यह बसेरा उतनी ही पुरानी संस्कृति का पालनाघर है जितनी पुरातन है आर्य सभ्यता। मोहनजोदड़ो के भग्नावशेष बताते हैं कि भारतखंड को आज की स्थिति में जिस नागरी सभ्यता ने पहुँचाया, उसका शैशवकाल इसी परिसर में गुजरा है। यहाँ बहनेवाली सिंधु के तटों पर ही अनादि काल में वेद-पुराणों की ऋचाएँ सिरजी गईं। ईसा पूर्व काल से लेकर मध्य युग तक लगभग सारे विदेशी आक्रमणकारियों से पहले-पहल मुठभेड़ों का सामना भी इसी जमीं ने किया। भारत के अलावा चीन, अफगानिस्तान और ईरान का यह पड़ोसी देश मुख्यतः कृषि पर आधारित है और उद्योग-व्यवसायों के लिए विदेशी मदद पर आश्रित। □

वह समझ बैठी हमें मौलाना प्रेमप्रकाश

तीन साल बतौर विधानसभा अध्यक्ष बिता चुके प्रेमप्रकाश पांडे के खाते में इस दौरान तकरीबन डेढ़ दर्जन से अधिक देशों की यात्राएँ दर्ज हो चुकी हैं। शायद यही वजह है कि विदेश यात्रा अब उनके मन में बहुत उमंगें पैदा नहीं करती। लेकिन 24 से 30 मार्च तक की इस विदेश यात्रा का कार्यक्रम जब से बना था, तभी से दिल में उमंग तो हरगिज नहीं, लेकिन 'कौतूहल' जरूर था। आखिर यह यात्रा उस देश की थी जिसका नाम चाहे-न-चाहे उनके काम में गूँजता ही रहता था। चार दशक से 'अखंड भारत' का सपना देखती आ रही आँखें अब 'विभाजन की हकीकत' को देखने के लिए तैयार थीं। यह प्रस्तावित यात्रा थी कभी हमारे देश का ही हिस्सा रहे 'पाकिस्तान' की। एशिया स्थित राष्ट्रकुल देशों के संसदीय प्रमुखों का दो दिवसीय अधिवेशन लंबे अंतराल के बाद यानी सन् 2001 के बाद होने जा रहा था और अधिवेशन स्थल के तौर पर पाकिस्तान की राजधानी 'इस्लामाबाद' को चयनित किया गया था। आयोजक शायद भारत से आ रहे प्रतिनिधिमंडल को पाकिस्तान के 'हालात' से रू-ब-रू कराने को बेताब थे, लिहाजा उन्होंने यात्रा कार्यक्रम 'राजधानी से राजधानी' यानी 'दिल्ली से इस्लामाबाद' न होकर बाया लाहौर तय किया। आइए जानें तमाम अनुभवों से भरी इस यात्रा के खास पलों को प्रेमप्रकाश पांडे की ही जुबानी—

24 मार्च, 2006 को सायं 4 बजे तपती धूप में हम दिल्ली स्थित इंदिरा गांधी अंतरराष्ट्रीय विमानतल पर मय सामान अपने विधानसभा सचिव देवेंद्र वर्मा के साथ मौजूद थे। भारत के साठ सदस्यीय प्रतिनिधिमंडल राज्यसभा में उप सभापति श्री रहमान जी के नेतृत्व में इस अधिवेशन में भाग लेने के लिए जा रहा था। अपने दल के अन्य साथियों से हमारी भेंट-मुलाकात विमानतल पर ही हुई। हमारी

टिकट 'पाकिस्तान एयरलाइंस' से थी तथा विमान को सायं 5.10 बजे उड़ान भरनी थी। लेकिन जैसे देश के अधिकांश एयरपोर्ट की हालत आजकल रेलवे स्टेशन जैसी हो रखी है, वैसे ही अंतरराष्ट्रीय उड़ान भी अब भारतीय रेलों की तरह होती जा रही है। हमारे विमान ने भी रेल की तर्ज पर तकरीबन डेढ़ घंटे के विलंब से लाहौर के लिए प्रस्थान किया। पाकिस्तान की आर्थिक हालत जैसी भी हो, लेकिन उसकी विमान सेवा हमारी 'एयर इंडिया' या अब 'इंडियन' के मुकाबले काफी बेहतर थी। उसकी सीटें काफी फैली हुई और आरामदेह थीं। विमान के उड़ान भरते ही परिचारिका यानी एयर होस्टेस ने हमें पढ़ने के लिए समाचार-पत्र उपलब्ध कराए। हम और देवेंद्र वर्मा अगल-बगल बैठे हुए थे। एयर होस्टेस ने हम दोनों को एक-एक अखबार दिया। मैंने देखा तो वह अखबार 'उर्दू' में था, वहीं वर्माजी को उसने 'अंग्रेजी' का अखबार दिया। हमने बटन दबाकर एयर होस्टेस को बुलाया और उससे दूसरा अखबार देने का आग्रह किया। वह थोड़ी देर बाद हमें दूसरा समाचार-पत्र दे गई। हमने उसे खोला तो वह भी उर्दू का ही था। तभी हमारा हाथ अपनी दाढ़ी पर गया और हमें मामला समझ में आ गया। वह दरअसल 'पंडित प्रेमप्रकाश पांडे' यानी हमारे चेहरे पर उगी दाढ़ी देख 'मौलाना प्रेमप्रकाश' समझ बैठी थी, खैर, हमने अपनी कॉफी खत्म ही की थी कि पता चला हमारा विमान लाहौर के विमानतल पर उतर रहा है। छत्तीसगढ़ की राजधानी से देश की राजधानी पहुँचने में विमान से जितना समय लगता है, उससे आधा समय यानी कुल जमा चालीस मिनट में आप 'अपने मुल्क' से 'पराए मुल्क' में पहुँच जाते हैं। विमान से उतरते ही हमारा गैर- पारंपरिक औपचारिक स्वागत किया गया। गैर-पारंपरिक इसलिए कह रहा हूँ क्योंकि वहाँ हमारे यहाँ जैसे आरती, रंगोली आदि का दूर-दूर तक कोई अता-पता नहीं था। यहाँ तक कि मामला 'सलाम' या 'आदाब अर्ज है' जैसा भी नहीं था। सीधे-सीधे हाथ मिलाओ, वेलकम सुनो, थैंक्स बोलो और आगे बढ़ो, जहाँ 'मीडिया प्रतिनिधियों' का समूह हमारी बाट जोह रहा था।

□

सिंगल ट्रैक के भरोसे चल रहा पाकिस्तान

गुलाम भारत में सियासत का केंद्र रहे 'लाहौर' को अब तक किताबों में विधानसभा अध्यक्ष प्रेमप्रकाश पांडे ने 'हवेलियों के शहर' के तौर पर पढ़ा था। लिहाजा उनके जेहन में इस शहर की तसवीर जन्नत के कमतर नहीं थी। कल्पना की सुनहरी तसवीर की हकीकत की असलियत श्री पांडे की ही जुबानी—

हम सब लाउंज में आए तो तमाम मीडियाकर्मियों ने हमें घेर लिया। मेरा तजुर्बा है कि पूरे विश्व का मीडिया एक ही फितरत का है। पहले दो-चार सवाल तो दोस्ताना लहजे में करेंगे और उसके बाद उलझाना शुरू कर देंगे। यहाँ भी मामला ऐसा ही था। हम लोग कोई मंत्री-वंत्री तो थे नहीं, 'दंतहीन' संस्था के प्रतिनिधि थे, जो संसदीय परंपराओं पर विचार-विमर्श करने पहुँचे थे। हमसे सवाल 'भारत-पाक' रिश्तों पर करने शुरू कर दिए। मजे की बात यह थी कि हमारे साथियों ने भी खुलकर जवाब देने शुरू कर दिए। हमारे एक साथी तो बोले, "अल्लाह ताला चाहेंगे, तो भारत-पाकिस्तान दोनों हाथ ऊपर करके एक हो जाएँगे।" वहीं एक अन्य साथी तो और भी आगे निकल गए। उन्होंने फरमाया, "दोनों देश की जनता तो साथ रहना चाहती है। ये तो 'नेता' हैं जो परस्पर लड़ाते रहते हैं।" मुझसे एक पत्रकार ने सवाल पूछना चाहा तो मैंने तो हाथ जोड़कर कहा, "भई, तमाम वरिष्ठ लोग आए हुए हैं। इनके बीच में मैं क्या बोलूँ?"

दरअसल बात यह थी कि हमें मंत्रालय से विधिवत पत्र मिला हुआ था कि मीडिया से बात करने के लिए प्रतिनिधिमंडल के अध्यक्ष प्राधिकृत हैं, लेकिन हमारे अन्य साथी 'पत्रकारों' से मिलते ही 'पत्र' भूल गए। बाद में भारतीय दूतावास में रात्रिभोज के दौरान इस संबंध में उच्चायुक्त द्वारा आगाह भी किया गया।

खैर, कड़ी सुरक्षा व्यवस्था के बीच हमें एयरपोर्ट से होटल ले जाया गया। यह होटल लाहौर से सटी हुई मशहूर नदी 'अटारी' के नाम पर था और खासा भव्य है। रात काफी हो चुकी थी, लिहाजा सिवाय सोने के अब कुछ और करने के लिए नहीं था।

25 मार्च की सुबह नाश्ते के बाद लाहौर भ्रमण का कार्यक्रम था। तकरीबन दस बजे हम होटल की लॉबी से बाहर निकल पोर्ट में खड़ी मिनी बस में सवार हुए। हमारे लिए तीन-चार मिनी बसों का ही इंतजाम किया गया था और इन्हीं बसों से हमें लाहौर से इस्लामाबाद की चार सौ किलोमीटर की दूरी भी तय करनी थी। लाहौर की सड़कों पर हमारा कारवाँ रवाना हुआ।

जो कुछ लाहौर के संबंध में सुना-पढ़ा था, यह शहर वैसा बिलकुल भी नहीं लगा। सड़कों की हालत कस्बों समान थी। इमारतें भी ढहती सी जान पड़ती थीं। बीच-बीच में इक्का-दुक्का इमारतें आसमान छूने को लालायित जरूर दिखाई दे जाती थीं, बाकी तो जमीन चूमने को ही बेचैन लगीं, हाँ, शहर में बगीचे तो बहुत थे, हालाँकि उनका रख-रखाव बेहतर नहीं लग रहा था, फिर भी उनकी संख्या बहुत ज्यादा थी। इतनी ज्यादा कि अगर इसके आधार पर लाहौर को 'बागों का शहर' से नवाज दिया जाए तो कुछ गलत नहीं होगा। लेकिन इससे कोई गलतफहमी मत पाल लीजिएगा। देखने-दिखाने में अपना राजनाँदगाँव लाहौर से ज्यादा बेहतर लगेगा। शहर-भ्रमण के दौरान ही हम लाहौर के रेलवे स्टेशन से भी गुजरे। उसकी भी हालत कोई बेहतर नहीं थी। अपने रायपुर के रेलवे स्टेशन का मालगोदाम और वहाँ का रेलवे स्टेशन एक से ही दिखाई पड़ते हैं।

जिन लोगों की जुबान पर यह जुमला रहता है कि "आजादी के साठ साल बाद भी हमने क्या खाक तरक्की की है," उन्हें लाहौर या पाकिस्तान होकर जरूर आना चाहिए। दिमाग की सारी गलतफहमियाँ दूर हो जाएँगी। पाकिस्तान के सारे मुसाफिर 'सिंगल ट्रैक' के भरोसे जिंदगी काट रहे हैं। यह सिंगल ट्रैक भी 'मीटर गेज' है। तकनीकी शब्द को समझने में अड़चन हो तो यूँ समझो कि जैसे रेलवे लाइन रायपुर-धमतरी के बीच है, ऐसी रेलवे लाइन और रेलगाड़ी के भरोसे पाकिस्तान की यातायात है।

काफिला शहर के मुख्य मार्गों से होता हुआ हमें 'डेरा साहिब' ले आया था। यह सिखों के पाँचवें गुरु अर्जुन देव से जुड़ा स्थल है और इसके समीप ही है पंजाब के महाप्रतापी राजा रहे रणजीत सिंह की समाधि।

□

चार घंटे में नाप दिए चार सौ किलोमीटर

लाहौर की खस्ताहाल सड़कों पर चालीस किलोमीटर की रफ्तार से रेंगती मिनी बस में बैठे संसदीय दल के लिए यह जानना किसी सदमें से कम नहीं था, कि उन्हें इस्लामाबाद तक की चार सौ किलोमीटर की दूरी इसी बस से तय करनी है। कष्टप्रद यात्रा के लिए जैसे-तैसे मन और तन को तैयार कर रवाना हुए इन नुमाइंदों को पता ही नहीं चला कि वे कब इस्लामाबाद पहुँच भी गए। जानिए, इस सुहाने सफर का रोमांचक वृत्तांत श्री पांडे की जुबानी—

जहाँगीर बादशाह के दौर में अपने सिद्धांतों पर अडिग रहने की कीमत जान देकर चुकानेवाले परम पूज्य गुरु अर्जुन देवजी की शहादतस्थली पर मौजूद होना अपने-आप बदन में रोमांच पैदा कर देता है। सिक्खों के गौरवशाली इतिहास में अर्जुन देवजी स्वर्णाक्षरों में अंकित हैं। यह 'डेरा साहिब' भारत के तमाम गुरुद्वारों की तरह भव्य और विशाल तो हरगिज नहीं है, लेकिन साफ-सुथरा और सादगी भरा जरूर है। भीड़-भाड़ भी वहाँ कोई बहुत ज्यादा नहीं रहती है। एक इसलामिक देश में हम इससे बेहतर स्थिति की उम्मीद कर भी कैसे सकते हैं। बातचीत में ही पता चला कि पाकिस्तान की कुल आबादी का 96 प्रतिशत हिस्सा मुसलिम और शेष चार प्रतिशत में अल्पसंख्यक समुदाय है। इस चार प्रतिशत में हिंदू, सिक्ख, ईसाई, पारसी आदि सब आ जाते हैं। शहादतस्थली पर शीश झुकाकर जब हम वापस बस में बैठे, तब तक घड़ी की सुइयाँ डेढ़ बजाने लगी थीं। इसका नतीजा यह था कि पेट में चूहों ने कसरत शुरू कर दी थी। अत: अब हम गोल्फ कोर्स के लिए रवाना हो लिये, जहाँ हम लोगों के लिए दोपहर भोज की व्यवस्था की गई थी। जब तक हमने खाना खाया, तब तक में हमारा सामान भी होटल से आ गया। हमें बताया गया कि यहाँ से अब हमें सड़क मार्ग से पाकिस्तान की राजधानी इस्लामाबाद के

लिए रवाना होना है , जो करीब चार सौ किलोमीटर की दूरी पर है। इतनी लंबी दूरी हमें उन्हीं मिनी बसों में तय करनी थी, जिनमें बैठकर हम लाहौर की गलियों में घूमे थे।

यह देखकर हमने व्यवस्था में जुटे एक अधिकारी को बुलाकर दो बातों को जानना चाहा। पहली तो यह कि तुम्हारे देश में इन दिनों राष्ट्रपति परवेज मुशर्रफ के खिलाफ तमाम प्रदर्शन चल रहे हैं तो ऐसे में क्या सड़क मार्ग से इतनी लंबी दूरी तय करना सुरक्षित रहेगा? और दूसरा सवाल यह कि चार सौ किलोमीटर की दूरी के लिए बड़ी बस की व्यवस्था करने की जगह आपने इन मिनी बसों को क्यों चुना? हमारे सवालों के जवाब में उन महाशय ने बताया कि जिस सड़क से हमें गुजरना है, उसके दोनों ओर दूर-दूर तक कोई बस्ती नहीं है, अत: हमें चिंतित होने की जरूरत नहीं है। जहाँ तक बड़ी बस का सवाल है तो उसमें 'स्पीड' नहीं रहेगी, इसलिए इन गाड़ियों को चुना गया है। 'स्पीड' की बात सुनकर हमें बहुत हँसी आई, क्योंकि लाहौर की सड़कों की बदहाली हमारे सामने थी। हम यह माने हुए थे कि कम-से-कम बारह घंटे अब बस में ही धक्के खाने हैं।

दोपहर तकरीबन साढ़े तीन बजे हम गोल्फ क्लब से निकले थे और रात्रि साढ़े आठ बजे के करीब हम इस्लामाबाद में दाखिल भी हो गए थे। इस दौरान हम चालीस-पचास मिनट बीच में चाय-नाश्ते के लिए रुके भी थे। बताने का आशय यह है कि चार सौ किलोमीटर की दूरी हमने बमुश्किल चार घंटे में तय कर ली थी। दरअसल हम पाकिस्तान की इकलौती बेहतर सड़क पर यात्रा कर रहे थे। साठ साल में पाकिस्तान में एक ही ढंग का राष्ट्रीय राजमार्ग बन पाया, जो लाहौर से पेशावर तक जाता है। यह बात जरूर है कि उनकी यह इकलौती सड़क हमारे हिंदुस्तान की तमाम अच्छी सड़कों से कई गुना बेहतर और विस्तृत है। यह सड़क 'छह लेन' की है और इसके दोनों ओर दो-दो किलोमीटर तक कोई भी निर्माण कार्य प्रतिबंधित किया हुआ है। हमारी बस इस सड़क पर डेढ़ सौ किलोमीटर की रफ्तार से झाँय-झाँय करते दौड़ रही थी। दोनों ओर दूर-दूर तक बस हरे-भरे खेत दिखाई दे रहे थे। अब जब तक यह बस इस्लामाबाद पहुँचे, तब तक में कुछ बात अधिवेशन के संबंध में भी हो जाए।

□

मुशर्रफ लोकतंत्र के आधुनिक गुरु

बकौल प्रेमप्रकाश पांडे वह इतने भाग्यशाली तो नहीं रहे कि 'लोकतंत्र के मसीहा' माने जानेवाले अब्राहम लिंकन से मुलाकात कर पाते, लेकिन उन्हें 'लोकतंत्र के आधुनिक पुरोधा' अर्थात् पाकिस्तान के राष्ट्रपति परवेज मुशर्रफ से रू-ब-रू होने का सौभाग्य जरूर हासिल हुआ। श्री मुशर्रफ को इस उपाधि से नवाजे जाने की वजह श्री पांडे की ही जुबाँ से जानिए—

यह अधिवेशन राष्ट्रकुल संसदीय संघ के अंतर्गत 'इंडिया-एशिया देशों' का था। यह इस संगठन का तीसरा और पाकिस्तान में पहला आयोजन था। दो दिवसीय इस अधिवेशन में विभिन्न देशों के तकरीबन सौ सांसद एवं राज्य विधानसभाओं के पीठासीन अधिकारी शिरकत करनेवाले थे, जिनके द्वारा क्रमश: लोकतंत्र की सार्वभौमिकता, संसदीय प्रक्रियाओं में सूचना प्रौद्योगिकी का उपयोग एवं राष्ट्रकुल देशों के विकास, लक्ष्य व गरीबी उन्मूलन पर विचार-विमर्श होना था।

जैसा कि कल के अंक में बताया गया था कि चिकनी सड़क पर हमारी मिनी बस बिजली सी रफ्तार से दौड़ रही थी, जो दो घंटे बाद एक रेस्तराँ पर रुकी। इस रेस्तराँ का नाम बड़ा अजीब 'कल्लार-कहार' था। हो सकता है कि यह नाम दो जातियों कलार (शराब का व्यवसाय करनेवाले) और कहार (बोझा ढोनेवाले) के आधार पर रखा गया हो। यहाँ चाय-नाश्ते के बाद हम फिर रवाना हुए और घड़ी की सुइयों के नौ बजाने से पहले ही हम इस्लामाबाद में दाखिल हो लिए।

लाहौर की तंग गलियों से सहमी हमारी आँखें इस्लामाबाद की विशाल सड़कों, आसमान को चूमती इमारतों और दीपावली की तर्ज पर जगमग-जगमग करती स्ट्रीट लाइट्स को देखकर फटी सी रह गईं। यह शहर पाकिस्तान के गठन के बाद

उस समय अस्तित्व में आया था, जब सैनिक तानाशाह जनरल अयूब खान ने मुल्क की बागडोर सँभाली थी। इस्लामाबाद का संपूर्ण वैभव इंद्रलोक सा एहसास कराता है। शहर के सौंदर्य को निहारते-निहारते हम होटल 'ली-मैरियर' पहुँचे, जहाँ हमारे रुकने-रुकाने का इंतजाम किया गया था। अधिवेशन भी इसी होटल के सभागार में होना निर्धारित था। रात्रि में अब खाने और सोने के अलावा कुछ और कर पाने की गुंजाइश तो चार सौ किलोमीटर की यात्रा के बाद रह नहीं गई थी, अत: यह दोनों काम ही हमने तसल्ली से किया।

26 तारीख को सुबह 11 बजे पाकिस्तान सीनेट के अध्यक्ष ने अधिवेशन का उद्घाटन किया। यह सत्र तकरीबन 1 बजे तक चला। इसके बाद हमें होटल से पाकिस्तान के राष्ट्रपति जनरल परवेज मुशर्रफ के दौलतखाने में ले जाया गया। यह राष्ट्रपति निवास हर ओर से 'आन-बान-शान' का बोध कराता दिखता है। श्री मुशर्रफ ने तकरीबन हर प्रतिनिधि का हाथ मिलाकर स्वागत किया। यहाँ हमें 'दोपहर भोज' के लिए आमंत्रित किया गया था, लेकिन 'सैनिक सह राजनीतिज्ञ' श्री मुशर्रफ ने 'भोजन' से पहले 'भाषण' का भी इंतजाम कर रखा था। उन्होंने हम लोगों को विधिवत 35 मिनट लंबा भाषण दिया, जो पूरी तरह राजनीतिक चातुर्य से भरा-पूरा था।

शहर में जब आवाम भी मुशर्रफ के खिलाफ नारे लगाते हुए 'लोकतंत्र बचाओ आंदोलन' चला रहे थे, ठीक उसी समय एशिया से आए तमाम संसदीय प्रतिनिधियों को लोकतंत्र की नई परिभाषा पढ़ा रहे थे। श्री मुशर्रफ के अनुसार, लोकतंत्र का अर्थ केवल चुनाव होना भर नहीं होता, बल्कि गरीबी उन्मूलन और जनता को अधिकार संपन्न बनाना भी होता है। श्री मुशर्रफ ने हमारे अधिवेशन के तीनों प्रमुख मुद्दों को आधार बनाते हुए अपनी सरकार के कामकाज का लेखा-जोखा ही प्रस्तुत कर दिया। उन्होंने बताया कि जब मैंने सत्ता सँभाली थी तो संसद् के कार्यालय में कुल चालीस कंप्यूटर थे, आज वहाँ चार हजार कंप्यूटर हैं। हमने संसद् में महिलाओं के लिए साढ़े सत्रह प्रतिशत स्थान भी आरक्षित कर उन्हें अधिकार संपन्न बनाया है। उनके हाव-भाव को देखकर कहने में कोई संकोच नहीं कि श्री मुशर्रफ 'सैनिक की वरदी में छिपे घाघं राजनीतिज्ञ' हैं।

□

पाक में भी किए पुष्कर के दर्शन

एयर होस्टेस को भले ही विधानसभा अध्यक्ष प्रेमप्रकाश पांडे मौलाना नजर आए हों, लेकिन श्री पांडे की पहचान छत्तीसगढ़ में भगवान् शंकर के अनन्य भक्त की है। भोले-भंडारी शिव शंभू महाराज भी श्री पांडे पर इतने कृपालु हैं कि उन्हें किसी-न-किसी बहाने अपने दर्शनार्थ बुला ही लेते हैं। पाकिस्तान में भी यह बुलावा श्री पांडे को आ ही गया। जानिए पाकिस्तान में भगवान् शंकर से जुड़े इस रोचक वृत्तांत को श्री पांडे की ही जुबानी—

जनरल मुशर्रफ के निवास पर दो घंटे के भाषण के बाद शाही आवभगत का हमने पूरा लुत्फ उठाया। 'भाषण' की कहानी तो हमने पहले ही बता दी है, अब बारी 'राशन' की है। विविध प्रकार के व्यंजन और पेय पदार्थ उपभोग के लिए उपलब्ध थे। हमने भी एक टेबल पर बैठ उनको परखना प्रारंभ किया। यहीं हमारी मुलाकात इस्लामाबाद के ख्यातिप्राप्त दंत चिकित्सक डॉ. अशरफ सईद से हुई, जो सपत्नीक इस दावत में आए हुए थे। बातों-बातों में ही उन्होंने हमसे 'कटासराज' का जिक्र किया। यह 'कटासराज' वही चर्चित मंदिर है, जिसके जीर्णोद्धार के कार्यक्रम में शिरकत करने दो वर्ष पूर्व माननीय लालकृष्ण आडवाणीजी पाकिस्तान यात्रा पर गए थे।

उस विवादित यात्रा की याद ताजा होते ही मैंने इनकी इस सलाह को बहुत तवज्जो या महत्त्व नहीं दिया। लेकिन डॉ. अशरफ तो जैसे हाथ धोकर ही मेरे पीछे पड़ गए। वे मुझे वहाँ का महत्त्व बताते हुए कहने लगे कि अगर मैं वहाँ नहीं गया तो मेरे पाकिस्तान आने का कोई अर्थ ही नहीं रह जाएगा। वह भी वह सौ किलोमीटर दूर ही तो है। उनके इस अति आग्रह से उनकी पत्नी तक चिढ़कर बोल दीं कि जब ये नहीं जाना चाहते तो आप क्यों इतने पीछे पड़ रहे हो? इस पर डॉ. साहब तो चुप हो गए, लेकिन मेरे दिमाग में कटासराज घूमने लगा।

जनरल मुशर्रफ के यहाँ से लौटकर हम वापस आए तो मैंने आयोजकों से अगले दिन की व्यवस्थाओं के बारे में जानना चाहा। इस पर उन्होंने बताया कि सुबह 12 बजे समापन सत्र है। उसके बाद नजदीकी हिल स्टेशन जाने और शॉपिंग का कार्यक्रम है। हमने अपने कुछ साथियों के साथ उन्हें कटासराज जाने की इच्छा जताई। उन्होंने हमें बहुत आश्वस्त नहीं किया। इसकी भी जायज वजह थी। दरअसल पाकिस्तान में वीजा में यह लिखा रहता है कि आपको देश के किस-किस हिस्से में जाने की इजाजत है। हमारे वीजा में कटासराज का उल्लेख नहीं था। हमने अब यात्रा को भगवान् भरोसे ही छोड़ दिया, क्योंकि ईश्वर के द्वार पर इनसान बिना उनके बुलाए कैसे जा सकता है? भोले भंडारी चाहेंगे तो हम उनके दर्शन पाएँगे।

रात्रिभोज पाकिस्तान सीनेट के अध्यक्ष मियाँ मोहम्मद समरु की ओर से उनके निजी फॉर्म हाउस में था। वैधानिक दृष्टि से सीनेट के अध्यक्ष की हैसियत राष्ट्रपति के बाद नंबर दो की रहती है, ठीक हमारे उपराष्ट्रपति की तरह। अब यह बात अलग है कि व्यवहार में नंबर एक से दस तक केवल परवेज मुशर्रफ की ही हैसियत है। श्री समरु का फॉर्म हाउस खासा बड़ा था और वहाँ सांस्कृतिक कार्यक्रम का भी इंतजाम था। इस्लामाबाद पहाड़ी पर स्थित है, अतः वहाँ तापमान काफी कम, करीब 10-12 डिग्री था। चालीस डिग्री तापमान पर रायपुर से रवाना हुए हम तो इतनी सरदी के लिए तैयार नहीं थे, ऊपर से समरु साहब ने कार्यक्रम भी खुले लॉन में कर रखा था। हमारी तो समझो वहाँ कुल्फी ही जम गई। रात्रि 12 बजे हम वहाँ से वापस होटल लौटे तो बिना कपड़े बदले ही रजाई में दुबक गए। अगले दिन सुबह जब हम नाश्ता कर रहे थे तो आयोजकों ने सूचना दी कि कटासराज जाने हेतु आवश्यक औपचारिकताएँ पूरी हो गई हैं, और आपमें से जो भी वहाँ जाना चाहते हैं, सत्र समाप्ति के बाद रवाना हो सकते हैं। हमने मन-ही-मन 'जय बम भोले' का जयकारा लगाया और समापन सत्र के लिए सभागार में घुस गए। हमारा तीन पेज का वक्तव्य था जो हमने वहाँ जमा कराया, क्योंकि पढ़ने का तो समय नहीं था। तकरीबन डेढ़ बजे मैं और देवेंद्र वर्मा समेत तकरीबन दो दर्जन लोग ऐतिहासिक स्थल कटासराज के लिए रवाना हो गए।

कटासराज का संबंध भगवान् शंकर से है। किंवदंती है कि दक्ष प्रजापति के यहाँ यज्ञ में सती के द्वारा क्षुब्ध होकर स्वेच्छा से शरीर त्यागने के बाद शोकग्रस्त भगवान् शंकर उनकी पार्थिव देह को लिये विचरण कर रहे थे। इस दौरान उनकी आँखों से आँसू के दो बूँद गिरे। इनमें से एक बूँद राजस्थान में अजमेर के पास 'पुष्कर' में और दूसरा पाकिस्तान स्थित 'कटासराज' में गिरा। धरती पर गिरते ही

आँसुओं की इन बूँदों ने झील का स्वरूप ले लिया। तब से ये दोनों ही पवित्र झीलें आज तक सूखी नहीं हैं। लिहाजा कटासराज को हम 'पाकिस्तान का पुष्कर' भी कह सकते हैं। अब यह ईश्वर की ऐसी लीला है कि मैंने अपनी जिंदगी के पचास साल भारत में बिता दिए, लेकिन कभी पुष्कर नहीं जा पाया। वहीं पाकिस्तान में पाँच दिन भी नहीं हुए और कटासराज पहुँचा जा रहा था।

□

करांची में बदरुद्दीन ने किया प्रेमप्रकाश का स्वागत

छत्तीसगढ़ की सियासत और प्रेमप्रकाश पांडे की राजनीतिक सफर में जिनकी तनिक भी दिलचस्पी रही है, वे 'बदरुद्दीन' नाम की अहमियत से भी वाकिफ हैं। इस नाम ने पाकिस्तान में भी विधानसभा अध्यक्ष का साथ नहीं छोड़ा और अधिवेशन समाप्ति के बाद इस्लामाबाद से जब श्री पांडे कराची विमानतल पर उतरे तो उनके सामने 'जनाब मियाँ बदरुद्दीन' बाँह फैलाए मौजूद थे, जानिए इस मुलाकात का हाल प्रेमप्रकाश पांडे की ही जुबाँ से—

इस्लामाबाद से कटासराज की दूरी हमें कुल सौ किलोमीटर की बताई गई थी और लाहौर-पेशावर मार्ग की छह लेन की सड़क हमारे जेहन में थी। इस आधार पर हमारा अनुमान था कि सवा-डेढ़ घंटे में कटासराज आ जाएगा। लेकिन हमें वहाँ पहुँचने में तीन घंटे से भी अधिक समय लगा, जिसकी एकमात्र वजह बदहाल-खस्ताहाल सड़क का होना था। हमारी समझ में 'कटासराज' एक मंदिर का नाम था, लेकिन यहाँ पहुँचने पर देखा कि इधर तो अनेक मंदिरों का समूह मौजूद है। उन तमाम मंदिरों के बीच में ही विशाल और प्राचीन शिवलिंग स्थित है, जिसकी काफी मान्यता है। यह बात दीगर है कि भीड़-भाड़ जैसा कोई मामला हिंदुस्तान के तमाम मंदिरों की तरह यहाँ कुछ भी नहीं था। यहाँ तक कि कोई पुजारी भी मौजूद नहीं था। इसका सीधा अर्थ यह है कि यहाँ नियमित रूप से पूजा-अर्चना का कोई इंतजाम नहीं है। मंदिर के समीप ही बेहद मनोरम किंतु अत्यधिक गहरी वह झील मौजूद थी, जिसके विषय में आपको पहले बताया था। मंदिर से उस झील तक पानी की मौजूदगी की संरचना ऐसी प्रतीत होती है, जैसे शिवजी का 'तीसरा नेत्र' हो। यह

झील तकरीबन अस्सी फीट गहरी बताई जाती है। कटासराज में हमें पुजारी तो कोई नहीं मिला। लेकिन कुछ मजदूर ठोका-पीटी करते जरूर दिखे। पूछने पर पता चला कि यहाँ मंदिरों के जीर्णोद्धार का काम चल रहा है, और इस कार्य के लिए भारत सरकार के द्वारा बीस करोड़ रुपए यहाँ उपलब्ध कराए गए हैं। पवित्र स्थल के दर्शन से 'अभिभूत' किंतु वहाँ की बदहाली से 'आहत' हम लोग भरे मन से वापस इस्लामाबाद के लिए जब रवाना हुए, सूर्य देव भी उस समय अपने घर जा रहे थे।

रास्ते में चाय-नाश्ते की व्यवस्था 'कल्लार-कहार' रेस्तराँ में थी। यहाँ उस जिले का डिप्टी कमिश्नर हमारे स्वागत-सत्कार के लिए मौजूद था। वहाँ का डिप्टी कमिश्नर हमारे यहाँ के कलेक्टर के पद के समकक्ष होता है। सिर्फ एक फर्क है कि उसे कोई 'मजिस्ट्रियल पावर' नहीं है। यह अधिकार पहले उसके पास था, लेकिन मुशर्रफ साहब ने इन्हें छीन लिया। यह अधिकार 'जिला निजामी' का नया पद सृजित करके उन्हें दिया गया है।

इस्लामाबाद पहुँचते-पहुँचते रात्रि के 9 बज गए थे, अत: हम सीधे गोल्फ क्लब चले गए। वहाँ रात में गोल्फ खेलने का हमारा कोई इरादा नहीं था। वहाँ जाने की वजह यह थी कि पाकिस्तान सीनेट के उप सभापति की ओर से अधिवेशन में शामिल होने आए प्रतिनिधियों को भोज दिया गया था और भोजन तो हमें भी करना था। अगले दिन सुबह दस बजे हम इस्लामाबाद हवाई अड्डे पर थे। यहाँ से हमें फ्लाइट पकड़नी थी जो हमें भारत नहीं पाकिस्तान की पुरानी और चर्चित राजधानी कराची ले जाएगी। कराची की पहचान 'दंगों की नगरी' के तौर पर है।

दोपहर बारह बजे हम कराची में थे और वहाँ हमारे स्वागत के लिए 'जनाब बदरुद्दीन कुरैशी' मौजूद थे। पराए वतन में अपने बदरुद्दीन से मिलते ही हमारी तो खुशी का ठिकाना ही नहीं रहा। उन्हें हमने अपने कार्यक्रम की सूचना टेलीफोन से दे दी थी। टेलीफोन से ही याद आया कि पाकिस्तान में इंटरनेशनल रोमिंग का कोई मामला नहीं है। भारत की किसी भी दूरसंचार कंपनी से पाकिस्तानी कंपनियों का अनुबंध नहीं है। इस कारण हमारे और वर्माजी के मोबाइल तो खिलौने की हैसियत में आ गए थे। आई.एस.डी. से घर फोन किया तो बिल देखकर बटुआ जवाब दे गया। लाहौर से तो फिर भी ठीक था कि दो सौ रुपए में ढाई मिनट बात हो गई, इस्लामाबाद से तो इतनी देर बात करने का बिल नौ सौ रुपए थमा दिया गया। वर्माजी तो छब्बीस सौ रुपए से निपट गए। इसके बाद तो हमने भारत फोन करने से ही तौबा कर ली। हमने होटल में अपना सामान रखा और बदरुद्दीन भाई के साथ रवाना हो लिये। यहाँ होटल औसत दरजे का ही था। इससे बेहतर होटल तो अपने रायपुर में मौजूद है।

□

जिन्ना की मजार के नाम पर सिर्फ पिरामिड

पाकिस्तान की यात्रा के दौरान जिन्ना की मजार पर जाने के बाद लौहपुरुष लालकृष्ण आडवाणी को मोम के पुतले की तरह गलते देख लेने के बाद भारतीय जनता पार्टी से संबद्ध कोई भी शख्स वहाँ जाने की शायद ही हिम्मत करे, किंतु प्रेमप्रकाश पांडे की फितरत दूसरी ही है। जैसे शमा को देख परवाना चला आता है, ठीक उसी तरह चुनौतियों को देख उनसे मुकाबला करने श्री पांडेय उतर आते हैं। यही वजह थी कि कार्यक्रम में शामिल न होते हुए भी वे खुद-ब-खुद जिन्ना की मजार पर जा पहुँचे। जानिए मजार का आँखों देखा हाल विधानसभा अध्यक्ष की जुबाँ से—

बदरुद्दीन से कराची में मुलाकात महज एक इत्तिफाक था। लोरमी विधायक धरमजीत सिंह ने जब अखबार में हमारे पाकिस्तान की प्रस्तावित यात्रा के संबंध में पढ़ा तो वे हमसे मिलने आए। बातों-बातों में ही उन्होंने बताया कि कराची में उनके एक मित्र लोहे के व्यवसायी हैं, जिनका नाम बदरुद्दीन कुरैशी है और वे उनके ननिहाल बिलासपुर के पास के ही हैं। धरमजीतजी ने बदरुद्दीन को हमारे कार्यक्रम के संबंध में फोन करके बता दिया था और उस सूचना के आधार पर ही वे हमारी खिदमत के लिए मौजूद थे।

मुझे ऐसा लगता है कि 'झगड़ना' पशुओं का ही नहीं मनुष्य का भी स्वभाव है। हमारा मन फसाद के बहाने सोचता ही रहता है। 'हिंदू-मुसलिम' विवाद तो हमारे यहाँ सहज स्वीकार्य हो चुका है, लेकिन पाकिस्तान तो इसलामिक राष्ट्र है। फिर भी वहाँ झगड़े हैं और हमारे यहाँ से कई गुना ज्यादा तगड़े। यह जिक्र इसलिए कर रहा हूँ, क्योंकि

इस समय हम उस 'दंगों की नगरी' में घूम रहे हैं, जहाँ पाँच-पच्चीस लोग आपसी विवाद में आए दिन मरते रहते हैं। कराची में ये झगड़े एक ही मजहब किंतु अलग-अलग बिरादरी के बीच होते रहते हैं। खासतौर पर पठानों और मुजाहिरों के बीच। शहर घूमने पर देखा कि वहाँ हर बिरादरी मोहल्ले के रूप में रहती है। अपने यहाँ तो गुप्ता, शर्मा, वर्मा के मकान एक लाइन से लगे हुए मिल जाएँगे, पर वहाँ ऐसा दिखाई नहीं देता। सड़क के एक ओर पठान हैं तो दूसरी ओर सिंधियों की बस्ती है।

कराची शहर की संरचना मिली-जुली है। वहाँ ऊँची-ऊँची इमारतें भी हैं और पुरानी कोठियाँ भी। पचास-पचास मीटर चौड़ी सड़कें हैं तो गज भर सँकरी तंग गलियाँ भी अपना अस्तित्व बरकरार रखे हुए हैं। शहर घूमने के दौरान ही हमें ध्यान आया कि पाकिस्तान के प्रणेता और भारत में देश विभाजन के खलनायक के तौर पर ख्यात कायदेआजम मोहम्मद अली जिन्ना की भी तो मजार कराची में है। यह स्मरण होते ही हमने बदरुद्दीन से जिन्ना की मजार पर ले चलने के लिए कहा। वहाँ पहुँचे तो मजार जैसा तो कुछ दिखा ही नहीं। अपने यहाँ तो मजार पर सुंदर सा हरा कपड़ा, ढेर सारी चादरें, लोबान की खुशबू उस जगह की दिव्यता का बोध कराती हैं, पर यहाँ तो महज एक पिरामिड सा ढाँचा मौजूद था। उसके पहले छोटा सा बगीचा था। पूछने पर पता चला कि यह बगीचा भी परवेज मुशर्रफ ने सत्ता सँभालने के बाद बनवाया है। उससे पहले तो यह जगह उजाड़ ही थी, शाम ढलान पर थी और सड़क की बत्तियाँ जल उठी थीं। श्री कुरैशी ने हमारी शान में रात्रिभोज की व्यवस्था कर रखी थी।

इस भोज में उनके नजदीकी मित्र शामिल थे। भोज के बाद हम होटल आ गए। अगले दिन सुबह हमारी फ्लाइट थी। यह फ्लाइट कराची से मुंबई के लिए थी। पाकिस्तान से आते समय तो एयर होस्टेस ने हमें 'मौलाना' समझा और वापसी में तो समझो मौलाना बना ही दिया था। हम ठहरे शुद्ध शाकाहारी ब्राह्मण। विमान में हमें जो खाना परोसा गया, उसमें सलाद भी था। सलाद में ककड़ी, मूली, तरबूज, टमाटर आदि थे। उसी में एक 'लाल-लाल' सी चीज भी थी, जो पहले हमने देखी नहीं थी। हमने विधानसभा सचिव देवेंद्र वर्मा से पूछा तो वे बोले कि अरे, कोई समुद्री फल होगा, आप तो जबरिया शक कर रहे हैं। हमारा मन फिर भी नहीं माना तो हमने एयर होस्टेस को बुलाकर पूछा तो उसने बताया यह तो 'फिश' यानी 'मछली' है। हमने तुरंत थाली छोड़ दी। इस तरह बाल-बाल बचते हुए हम सकुशल पंडित प्रेमप्रकाश पांडे के रूप में ही अपने वतन लौट आए।

□

ग्रीस

पर्वतों-द्वीपों का देश

ग्रीस अथवा यूनान यूरोप महाद्वीप में स्थित देश है। यहाँ के लोगों को यूनानी अथवा यवन कहते हैं। अंग्रेजी तथा अन्य पश्चिमी भाषाओं में इन्हें ग्रीक कहा जाता है। भूमध्य सागर के उत्तर-पूर्व में स्थित द्वीपों का समूह है। प्राचीन यूनानी लोग इस द्वीप से अन्य कई क्षेत्रों में गए, जहाँ वे आज भी अल्पसंख्यक के रूप में मौजूद हैं, जैसे—तुर्की, मिस्र, पश्चिमी यूरोप इत्यादि। एथेंस यहाँ की राजधानी है।

प्राचीन मंदिरों में पार्थेनान और कुछ दूर नगर से बाहर डेल्फी का मंदिर देखने योग्य है। क्षेत्रफल—51,182 वर्ग मील। बालकन प्रायद्वीप के दक्षिणी भाग में बालकन राज्य का एक देश है, जिसके उत्तर में अल्बानिया, यूगोस्लाविया और बलगेरिया; पूर्व में तुर्की; दक्षिण-पश्चिम, दक्षिण और दक्षिण-पूर्व में क्रमश: आयोनियन सागर, भूमध्यसागर और ईजियन सागर स्थित हैं।

ग्रीस की सबसे आकर्षक भौगोलिक विशेषता उसके पर्वतीय भाग, बहुत गहरी कटी-फटी तटरेखा तथा द्वीपों की अधिकता है। पर्वत श्रेणियाँ इसके 3/4 क्षेत्र में फैली हुई हैं। पश्चिमी भाग में पिंडस पर्वत समुद्र और तटरेखा के समांतर लगातार फैला हुआ है। इसके विपरीत, पूर्व में पर्वत श्रेणियाँ समुद्र के साथ समकोण बनाती हुई चलती हैं। इस प्रकार की छिन्न-भिन्न तटरेखा और यूरोप में एक अद्‌भुत झालरदार द्वीप का निर्माण करती हैं। सर्वप्रमुख बंदरगाह इसी झालरदार द्वीप पर स्थित हैं और समीपवर्ती ईजियन समुद्र लगभग 2,000 द्वीपों से भरा हुआ है। ये एशिया और यूरोप के बीच में सीढ़ी के पत्थर का काम करते हैं। द्वितीय विश्वयुद्ध के समय यहाँ भी राष्ट्रीय समाजवादी जर्मनी की तरह अधिनायकवाद था। दोनों विश्वयुद्धों के बीच ग्रीस बाल्कन राष्ट्र में सहयोग के लिए सक्रिय था। जर्मनी ने ब्रिटेन और ग्रीस का संबंध देखकर ग्रीस को रौंद डाला और दो सप्ताह में क्रीट पर

भी जर्मनी का झंडा फहरा गया। सन् 1941 और उसके बाद ग्रीस में अनेक छोटे-बड़े राजनीतिक संगठन हुए। इनमें बहुतों के पास कोई निश्चय कार्यक्रम नहीं था। ब्रिटिश प्रतिनिधियों के साथ सन् 1943 में राजनीतिक दलों के नेताओं ने तय किया कि स्वस्थ जनमत तैयार होने के पूर्व तक सत्ता के अधिकार के लिए सम्राट् की नियुक्ति होनी चाहिए। तत्कालीन ग्रीक सरकार के विरुद्ध सन् 1947 में गृहयुद्ध छिड़ा। विद्रोही जनता सरकार का संगठन जनरल मारकास वाफिया दीस की अध्यक्षता में चाहती थी। मार्च 1948 में यह विद्रोह दबाया जा सका, किंतु इससे धन-जन की अपार क्षति हुई।

□

समय में पीछे लेकिन तरक्की में आगे जर्मनी

9 जून, 1958 को तत्कालीन भिलाई कस्बे के श्रमिक बहुल इलाके में स्थित रामरतन पांडे की झोंपड़ी में इस शख्सियत ने बतौर नवजात शिशु जब अपनी आँखें खोली थीं, तो सिवाय अँधेरे से घिरी कोठरी की चूना झरती दीवारों के सिवा और कुछ दिखा नहीं था। पैरों को चलाने की कोशिश की तो सिवा हवा के कुछ न मिला। पिता ने उसका चेहरा देखा तो उन्हें बोझा ढोते मजदूर से ज्यादा रोशन भविष्य की उम्मीदें नहीं दिखीं। लेकिन विधाता ने यकीनन कुछ और ही तय कर रखा था।

जीवन के तीन दशक तक जिन कदमों ने भिलाई-दुर्ग-रायपुर की गलियों की खाक छानी थी, वह विगत दो दशक से जीवन में सफलता के कई नए आयाम स्थापित करते-करते अट्ठाईस देशों की ऊँचाई भी नाप चुके हैं। ये शख्स और कोई नहीं, छत्तीसगढ़ विधानसभा के अध्यक्ष प्रेमप्रकाश पांडे हैं, जिनकी जिजीविषा किताबों को बाँचकर किसी देश को फौरी तौर जानने की बजाय यात्राओं के जरिए उन्हें समझने-बूझने की है। नित नए लोगों से मिलकर और उनसे बेहतर संवाद स्थापित कर अपनी जिंदगी को दिशा तथा राजनीति को धार देनेवाले श्री पांडे दो दिन पूर्व ही चार देशों की यात्रा कर छत्तीसगढ़ वापस लौटे हैं। इस ताजातरीन यात्रा के अनुभवों को उन्होंने पूरी तसल्ली के साथ बाँटा।

आइए, आप भी इन अनुभवों की कहानी उन्हीं की जुबानी जानें—यात्रा और हमारी जिंदगी का साथ कमोवेश वैसा ही है, जैसा चोली-दामन का। लिहाजा इसमें बहुत अनोखा अब कुछ ज्यादा लगता नहीं है। लेकिन अब की मामला थोड़ा जुदा था। इस बार हम जिन देशों की यात्रा पर जा रहे थे, वे परस्पर विरोधाभासी थे। एक

ओर जहाँ अपनी 'गौरवशाली ऐतिहासिक विरासत' को सँजोए ग्रीस हमारा पहला पड़ाव होना था, तो खुशहाल 'वर्तमान' को सहेजे पोलैंड में भी हमें दो दिन बिताने थे। पुरुषार्थ और पराक्रम से प्रगति के नए प्रतिमान रचते दक्षिण कोरिया में भी पड़ाव था। सात दिन में तीन देशों का सफर और साथ में कोई भी 'हमसफर' नहीं था। यह यात्रा पूर्णत: अकेले थी। कोई संगी-साथी नहीं था। छत्तीसगढ़ सरकार के प्रोटोकॉल अधिकारी ने हमारा साथ केवल 'इमीग्रेशन' संबंधी औपचारिकताओं को पूरा करने तक ही दिया। इसके बाद हम थे और साथ था केवल हमारा ब्रीफकेस। 28 अगस्त की रात्रि ढाई बजे हम विमान में सवार हुए। यह विमान लुफ्तांजा एयरलाइंस का था। दुनिया की श्रेष्ठतम विमानन कंपनियों में शुमार 'लुफ्तांजा' का मुख्यालय जर्मनी में है। क्योंकि ग्रीस की राजधानी एथेंस के लिए सीधी विमानसेवा नहीं थी, लिहाजा हमें जर्मनी के महत्त्वपूर्ण शहर फ्रेंकफर्ट जाना था। जर्मनी की यह यात्रा केवल विमानतल तक ही सीमित रह जानी थी, क्योंकि वहाँ से दूसरा विमान तकरीबन तीन घंटे के अंतराल से था। दिल्ली फ्रेंकफर्ट की यह उड़ान लगभग साढ़े सात घंटे की थी। देर रात्रि तक जगना हमारी दिनचर्या में शुमार है, अत: यह यात्रा हमने बिना सोए एक हिंदी फिल्म देखकर और कुछ पत्रिकाएँ पलटकर पूरी कर ली। बीच में कुछ खाना-वाना भी होता रहा।

जब विमान से उतरकर फ्रेंकफर्ट एयरपोर्ट के लाउंज में दाखिल हुआ तो वहाँ पर लगी घड़ी सुबह के 7:10 बजा रही थी, जबकि मेरी कलाई पर बँधी घड़ी के काँटे 10: 40 का वक्त बता रहे थे। एक बार फिर मैंने दोनों घड़ियों को देखा और तभी ध्यान आया कि जर्मनी का समय तो भारतीय समय से तकरीबन साढ़े तीन घंटे पीछे है। अब यह बात अलग है कि भौतिक तरक्की की दौड़ में वह हमसे वर्षों आगे है। बहरहाल, यहाँ भारतीय दूतावास के दो अधिकारी हमारी सहायता के लिए मौजूद थे, लेकिन उनकी कोई बहुत मदद ले पाने की स्थिति में हम नहीं थे, क्योंकि ज्यादा समय था ही नहीं। फ्रेंकफर्ट यद्यपि जर्मनी की राजधानी नहीं हैं, लेकिन यहाँ का विमानतल काफी विशाल है। इतना विशाल है कि एक टर्मिनल से दूसरे टर्मिनल तक जाने के लिए 'मिनी ट्रेन' का इस्तेमाल करना पड़ता है। लुफ्तांजा एयरलाइंस का 'हब' यह विमानतल ही है, जहाँ से दुनिया के तमाम स्थानों के लिए वह अपनी उड़ानों का संचालन करती है। तकरीबन दो घंटे लाउंज में चाय की चुस्कियों और अंग्रेजी अखबार के पन्ने पलटते रहने के बाद हम एथेंस जाने के लिए तैयार विमान में सवार हो गए। आकार-प्रकार में छोटा यह विमान तकरीबन वैसा ही था जैसा रायपुर से दिल्ली जानेवाला विमान।

बमुश्किल सौ–सवा सौ यात्रियों की क्षमतावाले इस विमान में बैठने के साथ ही हमारी आँखों ने मन–मस्तिष्क को विश्राम की सूचना दे दी। विश्राम की इस प्रक्रिया में खलल लगभग तीन घंटे बाद तब ही पड़ा जब विमान का पायलट अजीबोगरीब भाषा में यात्रियों को शायद एथेंस पहुँचने की सूचना दे रहा था।

☐

51 माह में ही बन गया एयरपोर्ट

यात्राएँ प्रेमप्रकाश पांडे का 'शौक' नहीं 'स्वभाव' है। यह यायावरी उनकी बातचीत के लहजे में भी बरबस झलकती है। किसी भी बात को तर्क की छलनी से छानना और विश्लेषण के तराजू पर तौलना उनकी फितरत है। यह प्रवृत्ति ही उन्हें तमाम विदेश यात्राओं के दौरान अनेकानेक ऐसे अनुभवों से रू-ब-रू कराती है, जो अन्य सहयात्रियों के बस में नहीं रहता है। आज वे बता रहे हैं अपने प्रवास की कहानी, अपनी ही जुबानी—

एथेंस में उस समय दोपहर का एक बज रहा था जब हम विमान की सीढ़ियों से उतर रहे थे। भारतीय दूतावास के अधिकारी हमें वहीं खड़े मिल गए और सीधे वी.आई.पी. कक्ष में ले गए। 'इमीग्रेशन' संबंधी औपचारिकताएँ काउंटर पर होती रहीं और हम अपनी कुरसी पर ही जमे रहे। ऐसे लगा ही नहीं कि हम रायपुर से बाहर के विमानतल पर मौजूद हैं। इतनी सहूलियत तो दिल्ली में भी मिलने की उम्मीद हम नहीं करते। भारत का यहाँ अच्छा-खासा प्रभाव है, इसका एहसास कराने में भारतीय दूतावास के अधिकारियों ने कोई कोर-कसर बाकी नहीं रखी। इस सहूलियत का नुकसान यह हुआ कि हमें विमानतल को घूमने और देखने-समझने का ज्यादा मौका नहीं मिला। हम इसे रायपुर से बस थोड़ा बड़ा ही विमानतल समझ रहे थे, लेकिन हकीकत यह नहीं है। अब जब हम अपने पैरों को गति देकर वी.आई.पी. लाउंज से बाहर खड़ी आलीशान कार तक पहुँचे, तब तक हम सन् 2004 में 'एयरपोर्ट ऑफ द इयर' के खिताब से नवाजे गए इस विमानतल के बारे में बता दें।

यूनान की राजधानी 'एथेंस' स्थित यह विमानतल 'एलिथरस वेनिजोलस इंटरनेशनल एयरपोर्ट' के नाम से जाना जाता है और यह सन् 2004 में यहाँ हुए

ओलंपिक खेलों से ठीक पहले तकरीबन सवा दो अरब यूरो की भारी-भरकम लागत से बना है। एथेंस शहर से तकरीबन पैंतीस किलोमीटर की दूरी पर स्थित इस विमानतल को मात्र '51 माह के रिकॉर्ड' समय में बनाकर तैयार कर दिया गया था। 'रिकॉर्ड' पर बहुत जोर इसलिए दे रहा हूँ कि अपने देश में तो इतने समय में एक 'पुल' बन जाए तो बड़ी बात है। आज इस विमानतल से हर घंटे में तकरीबन पैंसठ विमान उड़ान भरते या उतरते हैं। विमानतल पर मौजूद अधिकारियों ने ही वापसी के समय हमें बताया कि गत वर्ष औसतन 562 विमानों ने हर दिन यहाँ से उड़ान भरी थी।

अब हम विमानतल के बाहर थे, और मर्सिडीज को भी मात करती विशालकाय शानदार 'लिमोजिन' कार हमारे इंतजार में खड़ी थी। जितनी शानदार कार थी उससे भी कहीं जानदार था उसका चालक यानी ड्राइवर। तकरीबन सवा छह फुट लंबा हट्टा-कट्टा और गोरा-चिट्ठा यह ड्राइवर जार्ज कहीं से भी हॉलीवुड हीरो से कम नहीं लग रहा था। हम उसके साथ तीन दिन रहे और इन तीन दिनों में उसके साथ बैठकर ऐसा लगता था मानो हम ड्राइवर हैं और वह मालिक है। हर बार वह नई शर्ट पहने हमें मिलता था। व्यक्तित्व उसका रोबदार था, लेकिन व्यवहार में बहुत सौम्य था और इलाके का खासा जानकार। हमारी कार हमें होटल ले जाने के लिए अब एथेंस की छह लेन की सड़क पर सरपट दौड़ रही थी। पद के गुरूर में तो हम वैसे भी नहीं रहते, लेकिन यात्रा कहीं की भी क्यों न हो हम अपने आपको जिज्ञासु विद्यार्थी के रूप में परिवर्तित कर लेते हैं और हमारा पहला शिक्षक 'ड्राइवर' होता है। इस उसूल पर हम इस दफा भी कायम थे। दूतावास के अधिकारी को भले ही यह अजीब लगता रहा, लेकिन हमने अपना ज्यादा समय अधिकारी के मुकाबले ड्राइवर से बातचीत करने में ही लगाया। आखिर हकीकत तो जमीन का आदमी ही बता सकता है न। होटल पहुँचने तक की चालीस मिनट की यात्रा के दौरान ही ड्राइवर 'जार्ज' ने बताया कि 'एथेंस' नाम 'एथिना' देवी के नाम पर है, जो 'ज्ञान की देवी' हैं। ठीक वैसे ही जैसे हमारे यहाँ सरस्वती। परंपरागत ईसाई धर्म बहुलतावाले इस देश की हजारों साल पुरानी सभ्यता के तमाम संस्कार भारत से बहुत मिलते-जुलते हैं। यहाँ के निवासी तेरह देवताओं की पूजा करते हैं। यह देवता तकरीबन वैसे ही हैं जैसे हमारे सनातन धर्म के अंतर्गत वरुण, इंद्र, अग्नि आदि। यहाँ की सभ्यता तकरीबन तीन हजार साल पुरानी मानी जाती है और उस प्राचीन सभ्यता से जुड़ी तमाम बातों को जानने के लिए आज भी दुनिया भर से शोधार्थी एथेंस आते हैं। कान हमारे जार्ज की बातों को सुन रहे थे और आँखें खिड़की

के काले शीशों को भेदती बाहर का नजारा निहार रही थी। एथेंस भले ही हजारों वर्ष पुराना शहर हो, लेकिन उस पर आधुनिकता अपना असर दिखा चुकी थी। आसमान का आलिंगन करने को आतुर इमारतों की लंबी कतार, अपने रूप पर इठलाती आलीशान कारों का नियंत्रित रफ्तार के साथ दाएँ-बाएँ से गुजरना, जानवरों की सड़कों पर गैर-मौजूदगी, बीच-बीच में झलक दिखलाते हरे-भरे बगीचे आदि सबकुछ मिला-जुलाकर एक संपन्न और सुव्यवस्थित शहर का एहसास करा रहे थे। एहसास अभी पूरी तरह से हो भी नहीं पाया था कि हम अपने सत्रह मंजिल होटल की लॉबी में मौजूद थे।

□

प्रकृति की अनुपम भेंट 'पैनाथेनिक स्टेडियम'

जो लोग विधानसभा अध्यक्ष प्रेमप्रकाश पांडे को यथासंभव नजदीक से जानते हैं, वे उनकी नींद से दुश्मनी से भी खासे वाकिफ हैं। दुश्मनी का यह रिश्ता इस सफर में भी बरकरार था। कुल जमा बीस घंटे से भी अधिक वक्त बिना ठीक से सोए यात्रा में गुजार चुके श्री पांडे ने एथेंस स्थित होटल में पहुँचकर बमुश्किल ढाई घंटे का वक्त ही पलंग पर बिताया। नया देश-नया शहर को जानने की ललक लिये वे शाम पाँच बजे अपनी कार और ड्राइवर के इंतजार में होटल के पोर्च में मौजूद थे। आइए जानें इस ऐतिहासिक शहर के इतिहास और वर्तमान का आँखों देखा हाल श्री पांडे की ही जुबानी—

एथेंस शब्द को सुनते ही जो अक्स सामने उभरता है, वह 'ओलंपिक' का है। ओलंपिक खेलों की शुरुआत एथेंस से ही सदियों पुरानी मानी जाती है। नए युग में भी सर्वप्रथम ओलंपिक खेलों का आयोजन भी सन् 1896 में एथेंस में ही हुआ था। अब जब चार-छह दिन बाद बीजिंग में ओलंपिक खेलों की शुरुआत होने जा रही थी तो औरों की तरह हम भी 'ओलंपिक फीवर' की चपेट में थे। लिहाजा कार में सवार होते ही हमने जार्ज से इच्छा जताई कि वह हमें उस जगह ले चले, जहाँ ओलंपिक खेल हुए थे। जार्ज समझदार शख्स था, अत: उसने हमसे प्रतिप्रश्न किया कि हम कौन सी जगह जाना चाहते हैं। जहाँ सौ साल पहले यह खेल हुए थे या चार साल पहलेवाली जगह। नि:संदेह हमारा इरादा ऐतिहासिक स्थल का साक्षी होने का था। कुल जमा बाईस-पच्चीस मिनट बाद हम ऐतिहासिक 'पैनाथेनिक स्टेडियम' के सामने थे।

यह स्थान अद्‌भुत और अनुपम है खेलों के लिए यह स्थान 'मनुष्य निर्मित' नहीं, वरन् साक्षात् 'प्रकृति द्वारा भेंट स्वरूप' दिया गया प्रतीत होता है। 'अगरा' एवं 'अर्डेटोस' पहाड़ियों के बीच खुला मैदान और सामने कल-कल बहती 'इलिसोस' नदी आपको दिव्य अनुभूति का एहसास कराती है। समय साक्षात् खड़ा दिखाई देता है। यही वह ऐतिहासिक स्थल है, जहाँ ईसा से भी तीन सौ वर्ष पूर्व यूनान के विश्व प्रसिद्ध 'पैनाथीना समारोह' के अंतर्गत दौड़ प्रतियोगिताओं के लिए जिसे तैयार किया गया था। ईसा से ही 144 वर्ष पूर्व प्रख्यात शासक हैरोडस द्वारा इसे पुनः निर्मित कराया गया। उस समय इसकी क्षमता पचास हजार दर्शकों के एक साथ बैठने की थी। यूनानी सभ्यता के पराभव के साथ-साथ यह स्थान भी जमींदोज होता गया।

स्टेडियम में मौजूद अधिकारियों के साथ जब हमने ट्रैक पर टहलना शुरू किया तो साथी लोग इसकी ऐतिहासिकता से जुड़े तथ्य बताने लगे। जमीन के अंदर दफन हो चुके इस स्टेडियम का पता सन् 1870 में खुदाई के दौरान चला। इस स्थान के दिन सन् 1894 में तब बहुरे जब एक बार पुनः ओलंपिक खेलों के आयोजन का फैसला लिया गया। राष्ट्रव्यापी अभियान चलाकर इस स्टेडियम के जीर्णोद्धार के लिए धन एकत्रित किया। साढ़े पाँच सौ मजदूरों ने रात-दिन अथक परिश्रम कर इसे 26 मार्च, 1896 को ओलंपिक खेल के लिए प्रारंभिक रूप से तैयार कर दिया। हालाँकि निर्माण कार्य इसके बाद भी दस वर्ष अर्थात् सन् 1906 तक जारी रहा। एक रोचक तथ्य यह भी बताया गया कि सन् 1896 में ओलंपिक उद्‌घाटन के समय इस स्टेडियम में बैठने के लिए केवल दो कतार ही संगमरमर जड़ी हुई थी, बाकी सारी कतारें लकड़ी के फट्‌टों की थीं।

हम तो इस माहौल में रम गए थे, लेकिन हमारे साथ मौजूद भारतीय दूतावास के अधिकारी जबरिया मुसकराहट के साथ बार-बार अपनी कलाई घुमा रहे थे। पहले तो हम इसे उनकी आदत समझकर नजरअंदाज करते रहे, फिर अचानक ध्यान आया कि हमें रात्रिभोज के लिए तो राजदूत महोदय के यहाँ पहुँचना है। उनकी बेचैनी इसी कारण थी, यह ध्यान आते ही हम तत्काल कार में बैठ दिलीप सिन्हा के निवास के लिए रवाना हो लिए। यह दिलीप सिन्हा एक वर्ष पूर्व ही यूनान में भारतीय राजदूत की हैसियत से पदस्थ किए गए हैं, और यहाँ की राजनैतिक-सामाजिक व्यवस्था को जानने की दृष्टि से उनसे यह मुलाकात काफी उपयोगी रह सकती थी। लिहाजा भोज के लिए कम और संवाद के लिए अधिक उतावलेपन से हम उनके घर जा रहे थे।

□

एथेंस के इतिहास में भारत की झलक

कभी राजनीति शास्त्र के विद्यार्थी रहे और अब मँजे हुए राजनीतिज्ञ के तौर पर पहचाने जानेवाले विधानसभा अध्यक्ष प्रेमप्रकाश पांडे एथेंस में अगर पग-पग पर अचंभित थे, तो इसलिए नहीं कि वहाँ का ऐश्वर्य उन्हें चमत्कृत किए हुए थे। वह अचरज में इसलिए थे कि वहाँ का इतिहास उन्हें हर क्षण भारत के इतिहास की याद कराता था। आइए, जानें यूनान के इतिहास की भारत से समानता के संदर्भों को श्री पांडे ही की जुबानी—

घड़ी उस समय रात्रि के ठीक आठ बजा रही थी, जब हम भारतीय राजदूत दिलीप सिन्हा के निवास में दाखिल हो रहे थे। श्री सिन्हा सपत्नीक हमारे स्वागत के लिए दरवाजे पर मौजूद थे, संभवत: दूतावास के अधिकारी ने उन्हें हमारे पहुँचने की सूचना दे दी थी। दुनिया गोल है, इसका एहसास चंद मिनट बाद ही हमें तब हुआ, जब बातों-ही-बातों में पता चला कि श्री सिन्हा की पत्नी तो हमारे पैतृक गाँव के पड़ोस की ही हैं। लिहाजा श्री सिन्हा तो तुरंत रिश्ते में दामाद हो गए। श्री सिन्हा ने इस मौके पर चीन से आए हुए अपने एक मित्र प्रो. आर.सी. गर्ग को आमंत्रित किया हुआ था। श्री गर्ग पूर्व में रुड़की इंजीनियरिंग कॉलेज में अध्यापक रह चुके थे।

श्री सिन्हा को एथेंस में रहते हुए महज एक साल ही हुआ था, लेकिन वे यहाँ के अतीत और वर्तमान की कई जानकारियाँ जुटा चुके थे। खाने की मेज पर टमाटर का गरमागरम सूप आ चुका था। सूप बड़ा लजीज था, लेकिन हमें उससे भी अधिक जायकेदार श्री सिन्हा द्वारा दी जा रही एथेंस संबंधी जानकारियाँ लग रही थी।

बातचीत के दौरान ही पता चला कि आज जिस लोकतंत्र के गुण पूरी दुनिया

में गाए जा रहे हैं, उसकी शुरुआत ईसा से 510 वर्ष पूर्व 'एथेंस' से ही हुई थी। बाद में यूनान व अन्य शहरों ने भी इसका आंशिक तौर पर अनुसरण किया। उस समय के लोकतंत्र में महिलाओं को हीन दृष्टि से ही देखा गया। यहाँ तक कि उन्हें वोट देने का भी अधिकार नहीं था। लोकतांत्रिक व्यवस्था बहुत लंबे समय तक नहीं चली। भारत की तरह यूनान भी बाहरी आक्रमणों से पीड़ित रहा और सदियों तक प्रत्यक्ष और अप्रत्यक्ष गुलामी को भोगता रहा। सूप खत्म हो चुका था और विविध प्रकार के पकवान परोसे जा रहे थे। ब्राह्मण पिछले छत्तीस घंटों से लगभग उपवास पर था, इसलिए इन पदार्थों के साथ संपूर्ण न्याय करने की मंशा रखता था। हम तसल्ली से भोजन करते रहे और सिन्हाजी एथेंस के वर्तमान हालातों के विषय में हमें बताते रहे। बकौल श्री सिन्हा यूनान ने लंबे समय तक टर्की की गुलामी को झेला। दासता से तंग आकर सन् 1821 में ग्रीसवासियों ने सशस्त्र संघर्ष छेड़ दिया। दस साल तक चले इस संघर्ष का नतीजा जुलाई 1832 को ग्रीस की स्वतंत्रता के रूप में सामने आया। इस संघर्ष की शुरुआत 25 मार्च, 1821 को हुई थी, अतः इस तिथि को यहाँ 'स्वतंत्रता दिवस' के रूप में मनाया जाता है। स्वतंत्रता प्राप्ति के साथ ही एथेंस एक बार पुनः ग्रीस या ग्रीक की राजधानी का दरजा प्राप्त कर गया। इसके बाद भी उथल-पुथल का दौर जारी रहा। सन् 1975 के विद्रोह के बाद आज यह देश पूरी तरह लोकतांत्रिक स्वरूप प्राप्त कर निरंतर उन्नति की ओर अग्रसर है। आज दुनिया के सर्वाधिक महँगे शहरों में एथेंस बत्तीसवें नंबर आता है। भारत की ही तर्ज पर ये देश का प्रतीकात्मक मुखिया राष्ट्रपति होता है, जो संसद् द्वारा पाँच वर्ष के लिए चुना जाता है। लेकिन वास्तविक रूप से सत्ता का संचालन प्रधानमंत्री के द्वारा होता है, जो तीन सौ सदस्यीय संसद् में बहुमत द्वारा चुना जाता है। भारत से भिन्नता यह है कि बहुदलीय व्यवस्था के स्थान पर अमेरिका की तर्ज पर दो पार्टियों की प्रणाली लागू है।

तीन हजार साल से लंबी गाथा को दो घंटे के 'डिनर' में समेटना इतना आसान नहीं था, लेकिन श्री सिन्हा ने हमारी जिज्ञासाओं के समाधान का यथासंभव प्रयास किया। रात्रि के 11 बज चुके थे और सभ्यता का तकाजा था कि हमें अब उनके निवास से विदा ले लेनी चाहिए। भोज के लिए सिन्हा दंपति का आभार प्रकट कर जब हम वापिस अपने होटल पहुँचे तो कैलेंडर पर तारीख बदल चुकी थी और सिवाय नींद के आगोश में जाने के हमारे पास और कुछ करने को बचा नहीं था।

□

बहुत याद आए देवीलाल के आलू बोंडे

नियमों के पाबंद प्रेमप्रकाश पांडे की दिनचर्या में देर रात सोना और सुबह देर से उठने की पाबंदी भी शामिल है, लेकिन विदेश यात्राओं के दौरान यह नियम स्वतः टूट जाता है। राजदूत निवास से देर रात होटल लौटे श्री पांडे यदि तड़के सात बजे पैंट-शर्ट पहन नाश्ते के लिए डाइनिंग टेबल पर मौजूद थे तो इसकी वजह यह थी कि एथेंस को देखने-समझने के लिए उनके पास केवल आज का ही दिन उपलब्ध था, कल सुबह तो उन्हें पोलैंड के लिए रवानगी लेनी थी। आइए, जानें भागम-भाग भरे इस दिन का हाल श्री पांडे की ही जुबानी—

अपने ड्राइवर जार्ज और भारतीय दूतावास के अधिकारी को हमने सुबह आठ बजे होटल पहुँचने का समय दिया था। इंतजार करना और इंतजार कराना दोनों ही हमें पसंद नहीं, इसलिए काफी कष्टप्रद होने के बावजूद पौने आठ बजे अपने-आपको हमने होटल की लॉबी में मौजूद पाया। कार में सवार होने के कुछ समय बाद महसूस हुआ कि शायद हम शहर से बाहर जा रहे हैं। पूछने पर पाया कि यह आकलन एकदम ठीक था, और हम 'मैराथन' के लिए जा रहे थे। इसका मतलब यह नहीं कि हम किसी 'दौड़ प्रतियोगिता' में हिस्सा ले रहे थे, दरअसल हम उस ऐतिहासिक स्थल की ओर रवाना हो रहे थे, जहाँ विश्वप्रसिद्ध 'मैराथन दौड़' की नींव पड़ी थी। इस दौड़ की कहानी खासी दिलचस्प है, हालाँकि इसकी विश्वसनीयता को लेकर इतिहासकारों में मतभेद हैं। इतिहासकार वैसे भी कहाँ किसी मुद्दे पर एक मत रहते आए हैं।

बहरहाल, अब हम मैराथन गाँव पहुँच चुके थे और जार्ज यहाँ की महत्ता बता रहा था। कहानी यह है कि हजारों वर्ष संभवतः ईसा से 490 वर्ष पूर्व इसी जगह पर पर्शिया के साथ एथेंस की सेना का जबरदस्त संघर्ष हुआ था। यह युद्ध इतिहास के

पन्नों में 'बैटल ऑफ मैराथन' के नाम से दर्ज है। युद्ध में पर्शिया के सैनिकों की संख्या ज्यादा होने के बावजूद एथेंस की सेना विजयी रही। जीत की सूचना देने के लिए 'फेडिपिडस' नामक सैनिक इसी जगह से दौड़ते हुए एथेंस के लिए रवाना हुआ। 26 मील की दूरी बिना रुके पूरी कर वह एथेंस पहुँचा और ग्रीस भाषा में 'नेनिकेमेन' बोलकर दम तोड़ दिया। 'नेनिकेमेन' का हिंदी है 'हम जीत गए'। फेडिपिडस इससे पहले दो दिन में 150 मील अर्थात् 240 किलोमीटर की दौड़ एथेंस की सेना को मदद दिलाने के लिए पहले ही लगा चुका था। उसकी शहादत की यह साहसपूर्ण गाथा एथेंस के बच्चे-बच्चे की जुबान पर रहती आई है। इस कथा को विश्व प्रसिद्धि तब मिली जब सन् 1896 के ओलंपिक खेल में धावकों के लिए 'मैराथन गाँव से एथेंस' तक के लिए दौड़ का आयोजन किया गया और उसे 'मैराथन रेस' के नाम से पुकारा गया।

आज तो दुनिया भर में मैराथन रेस के नाम से वर्ष भर में आठ सौ से ज्यादा प्रतियोगिताओं का आयोजन होता है। अब हम एक बार फिर इतिहास की गहराइयों से ऊपर उठ वर्तमान के धरातल पर थे। समय सीमित था और स्थान ज्यादा थे। लिहाजा तय किया कि अब महत्त्वपूर्ण स्थलों पर उतरकर वहाँ घंटों गुजारने की जगह उन्हें चंद मिनट बाहर से ही निहारा जाए तो बेहतर रहेगा। इस सिद्धांत का पालन करते हुए हमने डेढ़ घंटे में एक्रापोलिस पहाड़ी पर स्थित प्रसिद्ध 'एथिना देवी का मंदिर', इतिहास को अपने में समेटे पुरातत्त्व संग्रहालय और गौरवशाली यूनानी सभ्यता के 'भग्नावेश' को प्रदर्शित करता 'अगोरा' देख डाला। 'अगोरा' के संबंध में सिर्फ इतना ही कहा जा सकता है कि इसे आप केवल 'महसूस' कर सकते हैं, 'अभिव्यक्त' नहीं। यहाँ तीन हजार वर्ष पुरानी सभ्यता से शुरू हुआ विकास का सिलसिला साकार रूप में प्रदर्शित किया गया है।

यदि आप एथेंस जाएँ तो इस जगह को देखना हरगिज न भूलें। वैसे भी एथेंस तो 'संग्रहालयों का शहर' है। यहाँ सौ से ज्यादा संग्रहालय जो मौजूद हैं। दोपहर का 1 बज चुका था और पेट में चूहों ने कसरत शुरू कर दी थी। बीते दिन उपवास हो चुका था, लिहाजा आज हमारा इरादा भोजन के मामले में ज्यादा बहादुरी दिखाने का नहीं था। हमने जार्ज से आग्रह किया कि वह हमें कोई ठीक-ठाक भारतीय रेस्तराँ में ले चले। यहीं सब गड़बड़ हो गई। ठीक-ठाक भारतीय रेस्तराँ की तलाश में जार्ज ने पूरे डेढ़ घंटे हमें एथेंस की सड़कों पर घुमा डाला, इसके बाद भी 'असफलता' ही हाथ लगी। आखिर में हमने ही उसे सलाह दी कि वह उस जगह ले चले जहाँ भारतीय लोगों की आबादी हो। इस पर हमें वह पुराने एथेंस शहर ले गया, जहाँ

किन्हीं बशीरजी का 'ढाबा टाइप होटल' मिल गया। दूतावास के अधिकारी को यह जगह जैसी भी लगी हो हमें बहुत पसंद आई। पसंद आने की वजह भी थी, यह जगह हमारे भिलाई के सेक्टर सात में स्थित 'देविका हलवाई के ठीये' की याद दिला रही थी, जिसके 'आलू बोंडे' हम और हमारे साथी वर्षों से खाते आ रहे हैं। लेकिन जब चार रोटी और बेस्वाद एक प्लेट दाल का बिल 12 यूरो (तकरीबन सात सौ बीस रुपए) आया तो हमें भी यह जगह खराब लगने लगी। अरे, इतने रुपयों में तो देविका हमें पूरे हफ्ते स्वादिष्ट 'पेट भर आलू बोंडे' खिला देता। रात का खाना जरूर हमने एक ठीक-ठाक किस्म के रेस्टोरेंट में खाया, जिसका नाम 'जयपुर होटल' था। नाम के अनुरूप उसकी साज-सज्जा भी राजस्थानी शैली में थी। दिन भर की भागम-भाग के बाद देर रात करीब साढ़े ग्यारह बजे हम एक बार फिर होटल में थे और अकेले होने के कारण 'सामान पैक' करने का बोरियत भरा कार्य करने को मजबूर थे। यह एथेंस में हमारी आखिरी रात थी।

□

हड़ताल ने छुड़वा दी फ्लाइट

पठन, पर्यटन और उनका सतत विश्लेषण प्रेमप्रकाश पांडे की बाल्यकाल से प्रवृत्ति रही है। कोई स्थान हो या विषय, उसकी पृष्ठभूमि में जाना भी श्री पांडे की फितरत में रहता आया है। इसी का नतीजा था कि यूनान में महज ढाई दिन बिताकर आए श्री पांडे वहाँ के ढाई हजार साल पुराने इतिहास पर आधिकारिक तौर पर बात करने की स्थिति में हैं। आइए, आप भी जानें एथेंस से पोलैंड की राजधानी वारसा के लिए रवाना होते विधानसभा अध्यक्ष श्री पांडे से एथेंस की कहानी उन्हीं की जुबानी—

एक बार फिर सुबह जल्दी उठने की मजबूरी थी, क्योंकि हमारी फ्लाइट को साढ़े आठ बजे फ्रेंकफर्ट के लिए उड़ान भरनी थी। जहाँ से फिर हमें यूरोप के एक अन्य प्रमुख देश पोलैंड की राजधानी वारसा के लिए रवाना होना था। वैसे तो अंतरराष्ट्रीय उड़ानों के संबंध में निर्धारित समय से तीन घंटे पहले विमानतल पर पहुँचने का नियम है, लेकिन एथेंस आगमन के समय हम भारतीय दूतावास के अधिकारियों का जलवा-ए-जलाल देख चुके थे, इसलिए हम एक घंटे पहले यानी तकरीबन साढ़े सात बजे एयरपोर्ट पहुँचे। लेकिन होनी को कुछ और ही मंजूर था।

इमीग्रेशन संबंधी औपचारिकताओं को मात्र आधे घंटे में पूरा कर हम सवा आठ बजे विमान में अपनी सीट पर बैठ गए, लेकिन विमान ने दस बजे तक उड़ान नहीं भरा। पायलट बीच-बीच में 'कहानी' यानी 'तकनीकी कारण' अंग्रेजी में सुनाता रहा, लेकिन हम ताड़ गए कि असलियत कुछ और ही है। बाद में एयर होस्टेस से बातचीत में पता चला कि लुफ्तांजा के 'ग्राउंड स्टाफ' अपनी माँगों को लेकर हड़ताल पर थे, इसलिए वे विमान को उड़ान संबंधी प्रमाण-पत्र पर हस्ताक्षर करके नहीं दे रहे थे। यानी हड़ताल केवल हिंदुस्तान की नियति नहीं है। हड़ताल का

लाभ तो लुफ्तांजा के कर्मचारियों को मिला या नहीं, यह तो हमें नहीं पता, लेकिन उसकी सजा हमको जरूर भुगतनी पड़ गई। फ्रेंकफर्ट जाने के लिए हमारे इस विमान ने ढाई घंटे विलंब से उड़ान भरा और इसकी परिणति यह रही कि फ्रेंकफर्ट से वारसा जानेवाली हमारी फ्लाइट छूट गई। यह हमारे जीवन का पहला मौका था जब हमसे कोई फ्लाइट या ट्रेन छूटी हो।

वारसा जाने के लिए अगली फ्लाइट पाँच घंटे बाद मिली और इसका नतीजा यह रहा कि जहाँ हम पोलैंड की जमीन पर भरी दोपहर पहुँचनेवाले थे, वहाँ पहुँचते-पहुँचते रात के दस बज गए। खैर, जब तक हमारे विमान के पहिए पोलैंड की राजधानी स्थित 'वारसा फ्रेडरिक चौपिन एयरपोर्ट' की जमीन को स्पर्श करें, कुछ बातें एथेंस और ग्रीस यात्रा से जुड़ी हुई हो जाए।

दरअसल, एथेंस को दो दिन में घूमा तो जा सकता है, लेकिन समझा नहीं जा सकता। तीन हजार साल की विरासत को समझने-बूझने के लिए इससे कहीं अधिक वक्त की दरकार है। समय कभी एक सा नहीं रहता, भारत और ग्रीस इसके प्रत्यक्ष उदाहरण हैं। कभी विश्व के सिरमौर रहे इन दोनों ही देशों ने दासता का भी जीवन सदियों तक जिया। आज यहाँ ग्रीस विकसित देश की श्रेणी में आ चुका है, वहीं भारत का संघर्ष जारी है। फर्क बस इतना है कि वक्त के थपेड़े हमें अपनी संस्कृति से अलग करने में सफल न हो सके, लेकिन यूनानी जीवन में अब पुराना बहुत कुछ बचा नहीं है।

यूनानी सभ्यता का सामर्थ्य कभी किस ऊँचाई तक रहा, इसका अंदाजा आप इसी से लगा सकते हैं कि 'सिकंदर महान्' नामक इतिहास का नायक इस यूनानी सभ्यता से ही ताल्लुक रखता था। विश्वप्रसिद्ध दार्शनिक सुकरात और प्लेटो जैसी शख्सियतों ने ईसा से चार-पाँच सौ वर्ष पूर्व इसी धरती पर जन्म लिया था।

□

आधी रात को मिला दाल-भात

प्रेमप्रकाश पांडे की सबसे बड़ी पहचान उनकी 'जुझारू प्रवृत्ति' है। यह जूझने की प्रवृत्ति ही उन्हें भीड़ में अलग पहचान दिलाती आई है। वहीं श्री पांडे अपने विदेश प्रवास के तहत अब ऐसे देश पहुँच रहे थे, जिसका इतिहास तो महज हजार वर्ष ही पुराना है, लेकिन उसकी जीवटता के किस्से चार हजार से भी ज्यादा पुरानी विरासत को समेटे तमाम देशों से ज्यादा प्रेरक हैं। आइए, जानें संघर्ष के प्रतीक पोलैंड की यात्रा से जुड़े तमाम अनुभवों की कहानी जीवटता के पर्याय प्रेमप्रकाश की ही जुबानी—

आज का दिन हमारा ठीक नहीं था। हड़ताली कर्मचारियों की मेहरबानी से फ्लाइट छूटने के कारण पाँच घंटे फ्रेंकफर्ट एयरपोर्ट पर बिताने को मजबूर तो हम पहले ही रह चुके थे, लेकिन हमारी परेशानियों का सिलसिला यहीं थमा नहीं था। विमान में तो खाना मिलेगा ही इस भरोसे में हमने एयरपोर्ट पर कुछ खाया नहीं। लेकिन फ्रेंकफर्ट से वारसा जाने के लिए हम जिस विमान में सवार हुए, उसमें हमें भोजन ही उपलब्ध नहीं कराया गया। विदेशी कंपनियों के विमानों में शाकाहारी भोजन के नाम पर कब आपको मांसाहारी बना दिया, कहा नहीं जा सकता। पिछली बार पाकिस्तान यात्रा के दौरान वैसे भी हमारे धर्मभ्रष्ट होते बाल-बाल बचा था, लिहाजा हम इस मामले में वैसे भी ज्यादा सतर्क थे। इस सतर्कता का नतीजा यह रहा कि विमान में मौजूद एयर होस्टेस ने हमारी आवश्यकतानुरूप भोजन उपलब्ध कराने से हाथ खड़े कर दिए। मजबूरी में बस कुछ जूस-वूस पीकर हमने अपने आपको तसल्ली दी।

वारसा एयरपोर्ट पर भी हालत एथेंस के मुकाबले बिलकुल जुदा थे। कहाँ एथेंस में विमान से उतरकर सीधे वी.आई.पी. लाउंज में दाखिल हो गए थे और यहाँ वारसा

में एक घंटे तक तमाम तरह की सुरक्षा जाँचों से ही गुजरते रहे। हम जब एयरपोर्ट से बाहर निकले तो घड़ी रात के ग्यारह बजा रही थी। आगमन के समय तो फिर भी ठीक रहा, वापसी के समय तो हमारी इससे भी बुरी गत बनी। उसकी कहानी आपको आगे बताएँगे। खैर, कार्यक्रम अस्त-व्यस्त होने, सुरक्षा जाँच में जरूरत से ज्यादा समय लगने और ऊपर से पेट में चूहों द्वारा उछल-कूद करने के कारण हम एयरपोर्ट की साज-सज्जा और उपलब्ध सुविधाओं पर ज्यादा क्या बिलकुल ही ध्यान नहीं दे पाए। पोलैंड स्थित भारतीय दूतावास के अधिकारी हमें लेने के लिए विमानतल पर मौजूद थे, लेकिन एथेंस के 'खिलाड़ी अधिकारियों' के मुकाबले ये 'अनाड़ी' ही थे। दो दिन के पोलैंड प्रवास के दौरान यह तय करना मुश्किल रहा कि वे हमारी मदद के लिए हैं, या हम उनकी मदद के लिए मौजूद हैं।

पोलैंड में हमारा हमसफर यानी हमारी कार का ड्राइवर अब जॉन पॉल था। एथेंस में हमारा ड्राइवर रहे जार्ज के मुकाबले जॉन का व्यक्तित्व भले ही कुछ भी नहीं था, लेकिन अपने देश से संबंधित जानकारियों का उसके पास अपार भंडार था। एयरपोर्ट से हमारे होटल का सफर यूँ तो तकरीबन पचास मिनट का था, लेकिन रात होने के कारण पॉल ने यह दूरी तीस मिनट में ही पूरी कर दी। होटल में दाखिल होते ही हमने भोजन के तौर पर 'दाल-भात' की इच्छा जताई तो जैसे विमान में एयर होस्टेस ने हमें मुसकराते हुए अँगूठा दिखा दिया था, वैसे ही, किंतु यहाँ तो वेटर ने बिना मुसकराए अँगूठा ही दिखा दिया। रात के बारह बजने को थे और भोजन का कहीं अता-पता ही नहीं था। अब छत्तीसगढ़िया का पेट तो 'ब्रेड-बटर' से भरने से रहा। यह बड़ी विचित्र स्थिति थी। मामले की गंभीरता को भाँपकर फिर दूतावास के अधिकारियों ने इधर-उधर फोन-मोबाइल घुमाना शुरू किया तो आधे घंटे बाद बाहर के किसी होटल से दाल-चावल लाकर हमें परोसा गया। भोजन के दौरान ही हमने कक्ष में मौजूद अधिकारियों से पोलैंड और इसकी राजधानी वारसा के संबंध में जानना चाहा तो उन्होंने बाहर कार में बैठे पॉल को ही बुलवा दिया।

बकौल पॉल पोलैंड का इतिहास यूरोप के अन्य देश रोम, इंग्लैंड, ग्रीस जितना पुराना नहीं है। पोलैंड एक देश के तौर पर ईसा बाद दसवीं शताब्दी में विश्व मानचित्र पर उस समय उभरकर सामने आया, जब 966 ईसवी में इसके शासक मिस्जको ने 'ईसाई धर्म' को राष्ट्र-धर्म कर दिया। यूरोपीय देशों में क्षेत्रफल की दृष्टि से आज नौवें नंबर पर आनेवाला पोलैंड एक समय यूरोप का सबसे बड़ा देश था। हमारा इरादा पोलैंड के विषय में सुनने का कम और देखने का ज्यादा था, लिहाजा हमने भोजन समाप्त होते ही पॉल और अधिकारियों को सुबह आठ

बजे मुलाकात का समय बताते हुए रुखसत कर दिया। हजार साल के इतिहास को जानने के लिए हमारे पास केवल एक दिन है, यह एहसास लिए हमने अपने-आपको तुरंत इस संकल्प के साथ नींद के हवाले कर दिया कि सुबह छह बजे बिस्तर छोड़ देना है।

□

दक्षिण कोरिया

शांत सुबह की भूमि

दक्षिण कोरिया पूर्वी एशिया में स्थित एक देश है, जो कोरियाई प्रायद्वीप के दक्षिणी अर्धभाग को घेरे हुए है। 'शांत सुबह की भूमि' के रूप में ख्यात इस देश के पश्चिम में चीन, पूर्व में जापान और उत्तर में उत्तर कोरिया स्थित है। देश की राजधानी सियोल दुनिया का दूसरा सबसे बड़ा महानगरीय क्षेत्र और एक प्रमुख वैश्विक नगर है। यहाँ की आधिकारिक भाषा कोरियाई है, जो हंगुल और हंजा दोनों लिपियों में लिखी जाती है। राष्ट्रीय मुद्रा वॉन है।

उत्तर कोरिया इस देश की सीमा से लगता एकमात्र देश है, जिसकी दक्षिण कोरिया के साथ 237 किलोमीटर लंबी सीमा है। दोनों कोरियाओं की सीमा विश्व की सबसे अधिक सैन्य जमावड़ेवाली सीमा है। साथ ही दोनों देशों के बीच एक असैन्य क्षेत्र भी है।

कोरियाई युद्ध की विभीषिका झेल चुका दक्षिण कोरिया वर्तमान में एक विकसित देश है और सकल घरेलू उत्पाद (क्रय शक्ति) के आधार पर विश्व की तेरहवीं और सकल घरेलू उत्पाद के आधार पर पंद्रहवीं सबसे बड़ी अर्थव्यवस्था है। नवपाषाण काल के लोगों का कोरियाई प्रायद्वीप पर प्रथम प्रवसन तीसरी शताब्दी ईसापूर्व का है। तब से यह देश चीन और जापान के बीच अपनी पहचान को बनाए हुए है। कोरिया की संस्कृति एक समृद्ध संस्कृति है, जिसकी अपनी अलग पहचान है।

कोरिया का समकालीन विभाजन सन् 1910 में जापान के कोरियाई प्रायद्वीप के अधिग्रहण से आरंभ हुआ था। सन् 1945 में द्वितीय विश्वयुद्ध की समाप्ति पर कोरियाई प्रायद्वीप का दो भागों में, उस समय की दो महाशक्तियों सोवियत संघ और संयुक्त राज्य अमेरिका द्वारा विभाजन किया गया। सन् 1948 में उत्तर और दक्षिण कोरिया स्वतंत्र हुए। उत्तरी भाग साम्यवादी बना और दक्षिणी भाग अमेरिका

द्वारा प्रभावित था। कोरियाई युद्ध जून 1950 से आरंभ हुआ, जिसमें उत्तर का समर्थन चीन और दक्षिण का समर्थन संयुक्त राज्य अमेरिका ने किया। सन् 1953 में दोनों पक्षों के बीच एक शांति समझौते पर हस्ताक्षर किए गए, जिससे युद्ध पर विराम लगा। लेकिन आज भी दोनों कोरिया आधिकारिक रूप से युद्धरत हैं, क्योंकि अभी तक किसी भी युद्ध समाप्ति पत्र पर हस्ताक्षर नहीं किए गए हैं। तानाशाही सरकार होने के बाद भी दक्षिण कोरिया ने अभूतपूर्व उन्नति की और सन् 1950 में एक अत्यंत पिछड़े देशों की श्रेणी से निकलकर विकसित देशों की श्रेणी में आ गया। इस अभूतपूर्व उन्नति के कारण ही दक्षिण कोरिया को चार एशियाई चीतों में से एक माना जाता है।

□

'यू, मी और हम' में कट गया सफर

विधानसभा अध्यक्ष प्रेमप्रकाश पांडे के जीवन की राह समतल कभी नहीं रही। भिलाई की श्रमिकबहुल बस्ती से शुरू हुए जीवन का सफर रायपुर स्थित स्थित 'स्पीकर निवास' तक पहुँचने के दौरान तमाम अड़चनों-रुकावटों से दो चार हुआ। कुल जमा संक्षिप्त में कहा जाए तो श्री पांडे के जीवन में सफलता-असफलता स्थायी हमसफर रही है। यही वजह है कि कोई सफलता मिलने पर न वे बहुत मुग्ध होते हैं और इसी तरह असफलता हाथ लगने पर निराशा को भी बहुत महत्त्व उनके दिलो-दिमाग में नहीं मिल पाता। लेकिन यदि विदेश प्रवास से लौटने के बाद भी वह दक्षिण कोरिया की तरक्की से अभी तक अभिभूत हैं तो निश्चित ही यह अपने-आप में खास बात है। आइए, आप भी जानें दक्षिण कोरिया की सफलता की कहानी श्री पांडे की जुबानी—

म्युनिख एयरपोर्ट पर हमने बमुश्किल डेढ़ घंटा ही बिताया और सियोल के लिए उड़ान भरनेवाले विमान में जाकर बैठ गए। नींद ढंग से हुई नहीं थी, लिहाजा म्युनिख एयरपोर्ट की कोई खास स्मृतियाँ हमारे जेहन में स्थान बना नहीं पाईं। म्युनिख से सियोल तक की उड़ान काफी लंबी यानी साढ़े दस घंटे की अवधि की थी। विमान यात्रा का आकर्षण यूँ आम आदमियों को बहुत रहता है, लेकिन उन्हें यह नहीं पता कि विमान में 12 घंटे बिताना ट्रेन में 48 घंटे बिताने से ज्यादा कष्टप्रद होता है। ऊपर से हम तो विगत एक हफ्ते से अपना आधा समय विमानतल और विमान में ही बिता रहे थे। ऐसे में संयोग यह रहा कि हमारी सीट की बगल में सहयात्री एक जर्मन आ गया। उक्त व्यक्ति कुछ वर्ष बेंगलुरु में बिता चुका था। उसके साथ चर्चा करते रहने से काफी वक्त कट गया, बाकी बची-खुची कसर हमने सामने लगी स्क्रीन पर अजय देवगन और काजोल की फिल्म 'यू, मी और हम' देखकर पूरी कर

ली। जब हमारा विमान दक्षिण कोरिया की राजधानी 'सियोल' के नवनिर्मित 'इंचियोन अंतरराष्ट्रीय विमानतल' पर उतरा तो घड़ी शाम के पाँच बजा रही थी।

बचपन में हमारे गुरुजी कहा करते थे—'फर्स्ट इंप्रेशन इज द लास्ट इंप्रेशन'। हम इस कहावत को कितना समझे पता नहीं, लेकिन दक्षिण कोरिया ने इसे बखूबी समझा है। विमानतल पर उतरते ही हम तो उसकी भव्यता, विराटता और व्यवस्था देखकर अचंभित रह गए। भारतीय दूतावास के अधिकारी हमें लेने के लिए मौजूद थे और उनकी मदद से 'इमीग्रेशन' संबंधी औपचारिकताएँ भी 'वारसा' की तुलना में तो काफी जल्द ही पूरी हो गईं। इसके बावजूद हमने तकरीबन पैंतालीस मिनट इस एयरपोर्ट को घूमने और जानने में लगाए। चर्चा में पता चला कि उक्त एयरपोर्ट इक्कीसवीं शताब्दी में ही अस्तित्व में आया है। यहाँ से उड़ानों का सिलसिला सन् 2001 से प्रारंभ हुआ और महज पाँच वर्ष के भीतर ही उसने पाँच सितारा विमानतल का दरजा प्राप्त कर लिया। तत्काल बाद ही इसे दुनिया के श्रेष्ठतम एयरपोर्ट के खिताब से भी नवाजा गया। आज यह एयरपोर्ट विश्व के व्यस्ततम विमानतलों में ग्यारहवें स्थान पर है। इस विमानतल की सर्वाधिक महत्त्वपूर्ण और आश्चर्यजनक बात यह है कि इसे समुद्र को पाटकर बनाया गया है। दरअसल, यह विमानतल दो छोटे-छोटे द्वीप 'योनजोंग' और 'योनग्यू' के ऊपर बना है। उक्त द्वीपों के बीच में स्थित समुद्र को मिट्टी से वैसे ही पाट दिया गया, जैसे हमारे देश में तालाबों को पाट दिया जाता है। वैसे यह भी कितना अजीब है कि दक्षिण कोरिया में समुद्र को पाटकर सड़क बनाई जा रही है और हमारे यहाँ लाखों साल पुराने पुल को तोड़ने की साजिशें हो रही हैं। थोड़ी देर बाद ही हमें एहसास हो गया कि इस विमानतल को पूरा घूमने के लिए घंटे नहीं दिन चाहिए। लिहाजा, हमने अब होटल चलना ही बेहतर समझा। सियोल शहर से इस एयरपोर्ट की दूरी तकरीबन चालीस किलोमीटर है। सियोल दक्षिण कोरिया के लिहाज से किस कदर महत्त्वपूर्ण है कि देश की कुल आबादी का आधा हिस्सा केवल सियोल राष्ट्रीय राजधानी क्षेत्र में निवास करता है।

□

पचपनवीं मंजिल से भी न दिखा आसमान

प्रेमप्रकाश पांडे के लिए विदेश प्रवास महज विलास नहीं है। श्री पांडे के अनुसार यह दुनिया की रफ्तार को जानने-समझने का बेहतर तरीका है। किताबें पढ़कर किसी भी देश के इतिहास को जाना तो जा सकता है, लेकिन समझा और महसूस केवल उसे देखकर ही किया जा सकता है। इसी क्रम में वे अब उस देश में थे जिसके विकास की रफ्तार ने उसे अपने-आप ही अनेक विकासशील देशों के लिए 'रोल मॉडल' के रूप में सर्वाधिक विकासशील राष्ट्रों की श्रेणी में शुमार कर दिया दक्षिण कोरिया के विकास की सिलसिलेवार कहानी श्री पांडे की जुबानी—

सड़क पर कार काफी तेज रफ्तार से सियोल के लिए एयरपोर्ट से भागी जा रही थी, लेकिन उससे भी तेज गति से हमारा मन दौड़ रहा था। क्या अद्‌भुत शहर है सियोल। एक-एक इंच जगह के इस्तेमाल का पूरा प्रयास शहर की बनावट में झलकता है। सड़कें, हैलोजन प्रकाश से जगमग-जगमग हो रही थीं, लेकिन कहीं बिजली के तारों का दिखना तो दूर उनकी झलक देख पाने में भी हम नाकाम रहे। पुल के ऊपर पुल की पाँच-सात कतारें तो आम बात थीं, हालाँकि अब तो दिल्ली में धौलाकुँआ पर भी इस तकनीक की आंशिक झलक दीख ही जाती है। कार में बैठते ही एक समस्या का हमें पता चल गया। इस कार का चालक यानी ड्राइवर हमारा गाइड बनने लायक नहीं था। ऐसा नहीं था कि उसे सियोल शहर या दक्षिण कोरिया के विषय में कुछ आता नहीं था। परेशानी यह थी कि उसे हिंदी और अंग्रेजी नहीं आती थी और हम कोरिया की भाषा के मामले में 'अनपढ़' ही थे। लिहाजा अब इस देश को जानने के संबंध में हमारी निर्भरता भारतीय दूतावास के अधिकारियों पर ही ज्यादा निर्भर थी। तकरीबन एक घंटे के सफर के बाद

हमारी कार एक आलीशान होटल के पोर्च में जाकर रुकी। इस होटल की इमारत सत्तर मंजिला थी, जिसकी पचपनवीं मंजिल पर हम रुके थे। इतनी ऊँचाई पर होने के बावजूद खिड़की से आसमान नहीं इमारतें दिखती थीं। इससे यहाँ की इमारतों की ऊँचाई का अंदाजा लगाया जा सकता है। हमारे पास ज्यादा समय नहीं था, क्योंकि भारतीय उच्चायुक्त ने हमें रात्रिभोज के लिए आमंत्रित किया हुआ था। यह भोज उनके निवास पर न होकर एक रेस्टोरेंट में था। उक्त भोज के कारण चाहकर भी हम आराम नहीं कर पाए और फटाफट स्नान कर कार में जा बैठे। अब कार भी चली और साथ ही बातों का सिलसिला भी चल दिया। बातचीत के दौरान ही एक खास बात का पता चला। यूँ तो दुनिया में तमाम सभ्यताएँ और देश हैं, जो अपने अस्तित्व को हजारों वर्ष पुराना बताते हैं, लेकिन दक्षिण कोरिया में तो बाकायदा स्थापना दिवस मनाया जाता है। ईसा से 2333 वर्ष पूर्व 3 अक्तूबर को हमारा देश अस्तित्व में आया था, इस मान्यता के साथ इस राष्ट्र के नागरिक और सरकार के द्वारा 3 अक्तूबर को 'राष्ट्रीय स्थापना दिवस' मनाया जाता है। कोरिया में काफी लंबे समय तक राजशाही रही। बीच-बीच में कभी मंगोलों तो कभी जापानियों और कभी चीनियों द्वारा रौंदा जाता रहा। दो विश्वयुद्ध की त्रासदी को इस देश ने भी भोगा और इसकी आखिरी परिणति भारत-पाकिस्तान की तर्ज पर दक्षिण कोरिया एवं उत्तर कोरिया के रूप में हुई। 15 अगस्त, 1948 को यह देश 'गणतंत्र' के रूप में अस्तित्व में आया। हमारे देश की ही तरह दक्षिण कोरिया का उत्तर कोरिया के साथ विभाजन के बावजूद संघर्ष का सिलसिला जारी रहा। सोवियत संघ का बिखराव और 'साम्यवादियों' का पतन इस देश के लिए वरदान साबित हुआ। क्योंकि इस पराभव के चलते साम्यवादी उत्तर कोरिया का युद्धप्रेम कम हो गया और अमेरिका से संबद्ध दक्षिण कोरिया अपने विकास पर ध्यान केंद्रित कर पाया। चर्चा का सिलसिला जारी रह सकता था, बशर्ते हमारी कार रेस्टोरेंट न पहुँच गई होती। यहाँ हमारी मुलाकात श्री पार्थ सारथी से हुई, जिनका अभी हाल ही में तबादला हुआ था। दिन भर घूमने के बाद केवल तीन घंटे की नींद नसीब होने और सोलह घंटे की कैद विमान में भुगतने के बाद सामने परोसा गया जायकेदार भोजन भी जहर सा लगता है। फिर भी हम चर्चा के दौरान अपने-आपको चैतन्य बनाए रखने का भरपूर प्रयास करते रहे। बमुश्किल एक घंटे में ही भोज की प्रक्रिया पूरी कर वापस अपने होटल के लिए रवाना हो लिये। रेस्टोरेंट से अपने होटल तक की यात्रा के दौरान कार में केवल मौन ही पसरा रहा, क्योंकि कान कुछ सुनने, जीभ कुछ बोलने की और दिमाग कुछ भी समझने को बिलकुल तैयार नहीं था।

□

छह मंजिली इमारत में सिमटे हजारों साल

विदेश प्रवास की योजना बनाते समय अमूमन व्यक्ति को एक माह का समय भी कम लगता है, लेकिन वहाँ एक सप्ताह बीतते-बीतते अपना देश याद आने लगता है। विधानसभा अध्यक्ष प्रेमप्रकाश पांडे भी इसके अपवाद नहीं हैं। पाँच दिन में चार मुल्कों की सीमा पार कर चुके श्री पांडे को भी अब यात्रा थकाने लगी थी। आइए, आप भी जानें दक्षिण कोरिया की राजधानी सियोल में आखिरी दिन की कहानी श्री पांडे ही की जुबानी—

नियमों का तकाजा था कि मलेशिया में होने जा रहे संसदीय सम्मेलन से पहले हम अधिकतम तीन देश की यात्रा कर सकते हैं और वहाँ छह रातें बिता सकते थे। इस लिहाज से हमारे पास सियोल को देखने के लिए अब केवल एक ही दिन बचा था। चाह तो यह थी कि सुबह सात बजे ही होटल छोड़कर सड़क पर आ जाया जाए, लेकिन बाहर निकलते-निकलते नौ बज ही गए। होटल से एक संग्रहालय तक पहुँचने में हमने बमुश्किल दो-तीन किलोमीटर की ही यात्रा की होगी, इतनी ही दूरी में हमने सत्रह पुलों को पार किया। दरअसल, यहाँ मैदानी भाग बहुत कम है और जनसंख्या की अधिकता के चलते भूमि के हर हिस्से को उपयोग में लाने का प्रयास किया गया है और हम जिस जगह पर मौजूद थे इसे 'नेशनल म्यूजियम ऑफ कोरिया' के तौर पर पहचाना जाता है। सन् 1945 में स्थापित यह संग्रहालय अपने आप में तमाम खूबियों को समेटे हुए है। वहाँ मौजूद अधिकारियों से दुभाषियों की मदद से की गई बातचीत में तमाम रोचक जानकारियाँ मिलीं। दरअसल, इस संग्रहालय की स्थापना तो सन् 1945 में हो गई थी, लेकिन जैसा मैंने पहले ही

बताया था कि इस देश के विकास की कहानी बमुश्किल बीस-पच्चीस वर्ष पुरानी ही है। यह तथ्य इस संग्रहालय में भी सही साबित हो रहा था। संग्रहालय का भवन बहुत ही आकर्षक, विशाल और आधुनिक तकीकों से सुसज्जित था। पूरा वातावरण चीख-चीखकर बता रहा था कि इसकी उम्र 63 साल हरगिज नहीं हो सकती। पूछने पर पता चला कि इस भवन में संग्रहालय अक्तूबर 2005 में स्थानांतरित हुआ है। लगभग तीन हजार वर्गफीट से अधिक भू-भाग में स्थित इस संग्रहालय में तकरीबन डेढ़ लाख से अधिक कलाकृतियाँ संगृहीत हैं। छह मंजिला इस इमारत को भूकंपरोधी तकनीक से बनाया गया है। छह रिक्टर तक की तीव्रतावाले भूकंप इस इमारत को कोई नुकसान पहुँचाने में असमर्थ हैं। इस संग्रहालय में कोरिया की पाँच हजार साल पुरानी संस्कृति को समेटने का प्रयास किया ही गया है, अन्य देशों की भी कलाकृतियों को यहाँ प्रदर्शित किया गया है। भवन छह मंजिला था, पर हम आधी-अधूरी दो मंजिल घूमकर ही बाहर आ गए, इसकी वजह स्पष्ट थी कि संग्रहालय की छह मंजिलों को तसल्ली से देखने के लिए छह दिन का भी समय कम था और हम तो छह घंटे देने की स्थिति में भी नहीं थे। वैसे भी हमारी दिलचस्पी अब दक्षिण कोरिया के अतीत को जानने में कम और वर्तमान को देखने में ज्यादा थी। एक बार फिर कार में सवार होने के साथ ही हमने दूतावास के अधिकारी से इस देश के संबंध में चर्चा छेड़ दी।

□

महिलाओं को हासिल 50 फीसदी आरक्षण

दिसंबर 2004 में भिलाई विधानसभा से जीत दर्ज करने के बाद प्रेमप्रकाश पांडे अपनी गाड़ी में बैठ रायपुर के लिए रवाना तो मंत्री पद की शपथ लेने के लिए हुए थे, लेकिन रायपुर में उन्हें शपथ 'विधानसभा अध्यक्ष' की दिला दी गई। 'प्रयास' के स्थान पर 'परिस्थितिवश' इस पद पर पहुँचे श्री पांडे ने गत साढ़े चार वर्ष के दौरान इस हैसियत को पूरी खिन्नता की जगह प्रसन्नतापूर्वक तसल्ली के साथ जिया। यही वजह है कि विदेश प्रवास के दौरान उनकी दिलचस्पी उस देश के सचिवालय को देखने-समझने की जगह संसद् भवन और उसकी कार्यप्रणाली को जानने में अधिक रहती रही है। आइए, आप भी जानें अल्प समय में ही अति विकसित राष्ट्रों की पंक्ति में शामिल हुए दक्षिण कोरिया के संसदीय जीवन की कहानी श्री पांडे ही की जुबानी—

अब हमारे मुकाम सियोल के बाजार देखने की उत्सुकता थी कि आखिर इतने विकसित देश के बाजार किस तरीके के होते हैं। हमारे साथ भारतीय दूतावास में कार्यरत प्रथम सचिव भी थीं जो मूलत: सिक्किम से थीं। भारतीय प्रशासनिक सेवा की उस युवा महिला अधिकारी को सियोल के इलाकों की काफी कुछ जानकारी थी। सियोल में बड़े-बड़े शोरूम की लंबी कतारें हैं, लेकिन छोटी दुकानें भी कम नहीं हैं। सड़कों पर भी कहीं-कहीं आपको वैसा ही नजारा दीख जाएगा जैसे रायपुर का एम.जी. रोड यानी सड़कों पर भी ठेले, दुकानों का कब्जा दीख जाता है। नहीं दिखते हैं तो बस भिखारी। आपको हाथ फैलाए आदमी तलाशे नहीं मिलेगा। लोग अपनी आजीविका भीख माँगकर नहीं, मेहनत से चलाने में यकीन

रखते हैं, इसका पता आपको सियोल की सड़कों पर पैदल घूमते मिल जाएगा। कहीं कोई सड़क पर जादू दिखाकर पैसे कमा रहा है तो कोई गिटार पर धुन बजाकर लोगों को लुभा रहा है। कहीं-कहीं अपने यहाँ जैसे बहुरूपिए भी करतब दिखाकर धन एकत्र करने की चेष्टा कर रहे थे। बाजार में चहलकदमी का हमारा सिलसिला तब तक चला, जब तक पैरों ने जवाब नहीं दे किया। घड़ी डेढ़ बजा रही थी और जरूरत से ज्यादा ही चलने के कारण शरीर कुछ खाने की जरूरत बता रहा था, लिहाजा हम लोग संयोग से दीख गए एक दक्षिण भारतीय रेस्टोरेंट में दाखिल हो गए। यहाँ का इडली-साँभर कमाल का था। शरीर थकान से भरा हुआ था, लेकिन विश्राम के हालात नहीं थे। हमें ढाई बजे यहाँ के संसद् भवन पहुँचना था। दूतावास ने इसे हमारे कार्यक्रम में शामिल किया हुआ था। पाँच साल में हम कभी अपनी विधानसभा में विलंब से दाखिल नहीं हुए तो विदेश में तो देर से पहुँचने का प्रश्न ही नहीं उठता। हम निर्धारित समय से पहले ही वहाँ की नेशनल असेंबली बिल्डिंग पहुँच गए। संसद् भवन का प्रोटोकॉल अधिकारी हमें प्रवेश-द्वार पर ही मिल गया और तब तक साये की तरह हमारे साथ बना रहा, जब तक हम उस परिसर में रहे। दक्षिण कोरिया मूलत: अमेरिका से संबद्ध रहा है, इसी कारण यहाँ का राजनैतिक तंत्र कमोबेश वहीं की नकल है। यहाँ भी राष्ट्रपति का चुनाव प्रत्यक्ष प्रणाली से जनता के द्वारा सीधे होता है। साथ ही 299 सदस्यों वाली संसद् भी अस्तित्व में होती है। चारवर्षीय कार्यकाल की इस संसद् में 245 सदस्य जनता के द्वारा चुने जाते हैं, जबकि 56 सदस्यों का मनोनयन संबंधित दलों को प्राप्त सीटों के आधार पर होता है। प्रशंसनीय तथ्य यह है कि इन मनोनीत सदस्यों की आधी सीटें महिलाओं के लिए आरक्षित हैं। हमारे यहाँ तो तैंतीस प्रतिशत आरक्षण को लेकर वर्षों से झगड़ा चल रहा है। खैर, यहाँ की प्रणाली में राष्ट्रपति को संसद् भंग करने का अधिकार नहीं है। चुनाव के दौरान नागरिक दो मत का प्रयोग करते हैं। एक मत राष्ट्रपति के लिए होता है और दूसरा मत सांसद पद के प्रत्याशी के लिए दिया जाता है। अभी यहाँ पर 'ग्रांड नेशनल पार्टी' का बहुमत है। आधा दर्जन दल यहाँ सक्रिय हैं। 13 निर्दलीय सांसद भी सदन में चुनकर आए हुए हैं। हमारे साथ मौजूद प्रोटोकॉल अधिकारी को ठीक-ठाक अंग्रेजी आती थी, लिहाजा जो कुछ वह बता रहा था उसको 'कुछ-कुछ' हम समझ पा रहे थे। जिस भवन में हम थे यह भी उस संग्रहालय की तरह ही नया निर्मित था। उक्त भवन में पहली बैठक सन् 1975 में हुई थी। पुराने संसद् भवन के विषय में पूछने पर उस अधिकारी ने जो कुछ बताया, वह करीब-करीब वैसा ही दर्दनाक और हौलनाक था, जैसा हमने पोलैंड में पाया था। अंतर था तो सिर्फ इतना

कि वहाँ खलनायक की भूमिका में 'जर्मनी' था और यहाँ वह भूमिका 'जापान' के द्वारा अभिनीत की गई थी।

दरअसल सन् 1910 में जापान ने अपनी साम्राज्यवादी नीति के तहत अविभाजित कोरिया को अपने आधिपत्य में ले लिया था। जापान का इस देश पर कब्जा कुल पैंतीस साल यानी सन् 1945 तक रहा। ये पैंतीस साल इस देश के इतिहास में सर्वाधिक कष्टप्रद दिनों के तौर पर दर्ज हैं। इस दौरान यहाँ की महिलाओं ने सर्वाधिक उत्पीड़न झेला। असंख्यक लोगों को मौत के घाट उतार दिया गया। हजारों गाँव जलाकर नष्ट कर दिए गए। इस त्रासदी का अंत भी खासा दुखद यानी दक्षिण कोरिया और उत्तर कोरिया के रूप में देश के विभाजन के साथ हुआ। आपको लग रहा होगा कि इस प्रसंग का संसद् भवन के साथ तो कोई संबंध नहीं है? लेकिन, दरअसल इसका बड़ा ही घनिष्ठ संबंध है। कोरिया पर कब्जे के दौरान जापानी सरकार ने अपने गवर्नर जनरल के कार्यालय के लिए नए भवन के निर्माण का निर्णय लिया। इसके तहत जर्मनी वास्तुकार 'जार्ज डी लांलंडे' ने एक बेहद खूबसूरत परिकल्पना को दस साल में यहाँ साकार किया। लेकिन इस खूबसूरत भवन में बैठकर क्रूर फैसले कोरिया की जनता के खिलाफ ही लिये जाते रहे। दक्षिण कोरिया के गठन के बाद उक्त भवन का इस्तेमाल संसद् भवन के रूप में किया जाता रहा। जब सन् 1975 में नया संसद् भवन (जहाँ हम मौजूद थे) बन गया तो पुराने भवन को संग्रहालय में परिवर्तित कर दिया गया। यह संग्रहालय भी ज्यादा समय तक कायम नहीं रहा। जापानियों द्वारा निर्मित इस भवन को देखकर कोरियावासी अपने-आपको अपमानित महसूस करते थे। आखिरकार सन् 1993 में यहाँ के तत्कालीन राष्ट्रपति किम चोंग सैन ने घोषित किया कि जापानी दासता से मुक्ति के पचास वर्ष 1995 में पूरे होने का जश्न इस इमारत को ध्वस्त करके मनाया जाएगा और इस तरह सन् 1995 में उस पुराने संसद् भवन को धूल में मिला दिया गया।

□

आधी आबादी का नहीं धर्म से सरोकार

धर्म प्रेमप्रकाश पांडे के जीवन का अनिवार्य अंग रहा है। अपनी धार्मिक आस्थाओं के सार्वजनिक होने से भी उन्हें कोई परहेज नहीं रहा। श्री पांडे का जिक्र आते ही भगवा वस्त्र पहने और कंधे पर काँवर थामे शख्स का अक्स भी स्वत: आँखों के सामने आ जाता है। धर्मविहीन जीवन की कल्पना तक करने में अक्षम श्री पांडे संयोग से अब ऐसे देश में मौजूद थे, जहाँ की आधी आबादी का किसी मजहब से कोई सरोकार ही नहीं है। आइए, आप भी जानें इस अनुभव की कहानी श्री पांडे ही की जुबानी—

प्रोटोकॉल अधिकारी द्वारा पुराने भवन को धूल में मिलाने की कहानी जब तक खत्म हुई, तब तक में हम 'असेंबली हॉल' में दाखिल हो गए। यहाँ की प्रणाली हमारे यहाँ से काफी अलग है। अपने देश में तो संसद् और विधानसभाओं में प्रत्येक सदस्य की सीट पर माइक लगा रहता है, लेकिन यहाँ ऐसा नहीं था। पक्ष और विपक्ष के लिए अलग-अलग दो पोडियम रखे जाते हैं। सदस्य अपनी बारी आने पर ठीक वैसे ही संबोधित करते हैं, जैसे कि किसी सभा में मंच से संबोधित किया जाता है। तकरीबन ढाई घंटे संसदीय परिसर में बीता, जब हम बाहर निकले तो शाम हो चुकी थी। सड़कों पर जगमग देख मन हुआ कि किसी बड़े शॉपिंग मॉल को देख लिया जाए। वैसे भी दक्षिण कोरिया की तमाम कंपनियाँ हमारे देश में ऑटोमोबाइल और इलेक्ट्रॉनिक्स के क्षेत्र में जबरदस्त धूम मचाई हुई हैं।

इस संबंध में एक बड़े आश्चर्य या कौतुक की बात यह है कि खनिज संपदा के नाम पर इस देश में शून्य बटा सन्नाटा दर्ज है। इसके बावजूद इस्पात निर्माण में विश्व की दूसरे या तीसरे नंबर पर आनेवाली 'पास्को' कंपनी इसी देश की है। यहाँ निर्मित स्टील के लिए रॉ मैटेरियल के तौर पर इस्तेमाल होनेवाला 'आयरन ओर' हिंदुस्तान से ही आयात किया जाता है। अब हम एक बहुत विशाल इलेक्ट्रॉनिक्स स्टोर

में मौजूद थे, जहाँ तमाम तरह के उत्पाद प्रदर्शित किए गए थे। वहाँ हमें तमाम किस्म के रोबोट भी देखने को मिले। रोबोट के विषय में हमने केवल सुना ही था, देखने और समझने का मौका तो अब मिल रहा था। वहाँ बातचीत के दौरान पता चला कि दक्षिण कोरिया ने तो पूरे देश में तमाम 'रोबोट सिटी' विकसित करने का विशाल कार्यक्रम ही चला रखा है। सरकार का लक्ष्य है कि सन् 2020 तक देश के हर घर में 'रोबोट सुविधा' उपलब्ध करा दी जाए। सरकार के रोबोट प्रेम की वजह भी कम दिलचस्प नहीं है। दरअसल इस देश में 'जन्म दर' काफी कम है और साथ ही उम्र-दराज अर्थात् बूढ़े लोगों की तादाद भी बहुत अधिक है। इस कारण अधिकांश कार्य मशीनों के सहारे कराने का प्रयास है। आपको पता रहे कि जिस एलजी, सैमसंग और हुंडई के पीछे हम लोग दीवाने हुए जा रहे हैं, वे सारी कंपनियाँ यहीं से जन्मी हैं।

समय तो बहुत ज्यादा नहीं हुआ था, लेकिन आज हमारी फ्लाइट देर रात की थी। इसके मद्देनजर हम रात्रिभोज के लिए आठ बजे ही होटल हेमिल्टन की छठवीं मंजिल पर स्थित अशोका रेस्टोरेंट पहुँच गए। इस होटल का मालिक एक भारतीय ही था। इस शख्स से बातचीत खासी जानकारीप्रद रही। उन्होंने बताया कि बीस साल पहले यहाँ हालात इतने खराब थे कि 100 डॉलर वेतन पर काम पाने के लिए लोग लाइन में लगे रहते थे और आज तीन हजार डॉलर देने की पेशकश पर भी कोई झाँकता नहीं है। सबकुछ बीस-तीस बरस में ही बदला है। आज तो यह देश दुनिया में अलग ही पहचान बना चुका है। यह विश्व की सर्वाधिक तेज रफ्तार की अर्थव्यवस्था है। इसी कारण से इसे 'मिरेकल ऑन द हैन रिवर' भी कहकर पुकारा जाता है। 'हैन' दक्षिण कोरिया की सर्वाधिक प्रमुख नदी है। सियोल शहर इसी नदी के किनारे बसा हुआ है।

खाना तो अच्छा ही था, लेकिन उस दौरान हो रही बातचीत काफी अचरज में डालनेवाली थी। इस कारण से व्यंजनों पर ध्यान ही केंद्रित नहीं हो पा रहा था। चर्चा में खुलासा हुआ कि इस देश की आधी आबादी की कोई धार्मिक आस्था ही नहीं है। यानी इस देश की जनसंख्या का आधा हिस्सा किसी धर्म का अनुयायी नहीं है। हम तो इस देश को बौद्ध का अनुयायी मानते थे। लेकिन यहाँ सर्वाधिक संख्या रोमन कैथोलिकों की है, जो तकरीबन 29 प्रतिशत है। बौद्ध धर्म के प्रति आस्थावान लगभग बीस प्रतिशत आबादी ही है। अशोका रेस्टोरेंट से हमने कार उस होटल के लिए मुड़वा दी, जहाँ हम ठहरे हुए थे। वहाँ से सामान उठाकर हमें एयरपोर्ट के लिए रवाना हो जाना था।

□

महाराजा बन गया था सुल्तान

12 दिवसीय विदेश यात्रा पर निकले विधानसभा अध्यक्ष प्रेमप्रकाश पांडे यात्रा के दौरान अब उस देश में पहुँच रहे थे जो भारत के साथ समानता के अलावा आत्मीय रिश्ता कायम रखने में गहरा विश्वास करता रहा है। किसी समय भारतीय संस्कृति से ओतप्रोत रहा यह देश गुलामी के दौर से गुजरने के बाद पिछले 35-40 वर्षों में अपनी एक पृथक पहचान कायम कर अब विकसित राष्ट्रों की सूची में शामिल हो चुका है। आइए, आप भी जानें विकसित राष्ट्र की कहानी प्रेमप्रकाश की जुबानी—

सियोल से मलेशिया की राजधानी क्वालालंपुर हम किस तरह पहुँचे, इसका हमें बहुत स्मरण अब रहा नहीं। वैसे अब क्या नहीं रहा, जब हम सफर कर रहे थे, तब भी नहीं रहा था। थक जो इतना गए थे। खैर, जब हमारा विमान क्वालालंपुर उतर रहा था, घड़ी दो बजा रही थी। अब यहाँ रात के दो बजे थे या दिन के दो, आपको इसका एहसास इन नए आधुनिक तकनीक से युक्त एयरपोर्ट पर हो ही नहीं पाता। भई, देर रात का मतलब हमारी समझ में तो यह होता है कि चारों तरफ सन्नाटा या खामोशी पसरी है, अँधेरा है, सड़कें सुनसान हों। एयरपोर्ट पर तो यह हालात कभी मिलते ही नहीं। हर तरफ रोशनी से नहाए रास्ते, आकर्षक दुकानें तथा असंख्य यात्रियों की आवाजाही समय का एहसास नहीं होने देती। क्वालालंपुर विमानतल पर भारतीय दूतावास के अधिकारियों समेत अन्य तमाम देशों के भी दूतावास अधिकारी मौजूद थे। इतने अधिकारी हमारी अगवानी के लिए नहीं थे। दरअसल, मलेशिया में राष्ट्रमंडल देशों के पीठासीन पदाधिकारियों का अधिवेशन आयोजित था, जिसमें शिरकत करने की खातिर तमाम देशों के पदाधिकारी क्वालालंपुर आ रहे थे। भारत से भी तमाम जन का आगमन हुआ था।

इन छोटे-छोटे देशों के बड़े-बड़े विमानतल देखता हूँ, तो मन में कई बार निराशा आ जाती है। जिन देशों की आबादी हमारे महानगरों से भी कम हैं, उनकी तरक्की से आश्चर्य और सच कहूँ तो कभी-कभी ईर्ष्या भी होने लगती है। अब यहीं के एयरपोर्ट का जिक्र करें तो इसके मुकाबले में अपने देश में शायद ही कोई विमानतल हो। यह विमानतल राजधानी से 51 किलोमीटर की दूरी पर स्थित है। यह कितना विशाल है, इसका अंदाजा इसी से लगाया जा सकता है कि इसकी सालाना क्षमता साढ़े तीन करोड़ यात्रियों की है। रोचक तथ्य यह है कि मलेशिया की कुल आबादी ढाई करोड़ है। एयरपोर्ट से अपने होटल पहुँचने में तकरीबन एक घंटे का समय लग गया। यह होटल 'शंगरीला' था। होटल कितना बेहतरीन था इसका अंदाजा लगाना हो तो दिल्ली के अशोका रोड पर घूम आइएगा। वहाँ पर भी इस होटल की शाखा मौजूद थी। चार-पाँच घंटे की नींद लेकर हम थकान से काफी कुछ उबर चुके थे। साढ़े नौ बजे होटल की लॉबी में पहुँचे तो हमें हमारा 'बैज' और 'बैग' थमा दिया गया। 'बैग' से चौंकने की जरूरत नहीं है, उसमें केवल अधिवेशन संबंधी कागजात थे। अधिवेशन स्थल एक अन्य होटल में था। अतः हम वहाँ के लिए रवाना हो लिये। अब जब तक अधिवेशन स्थल पहुँचा जाए, कुछ बातें मलेशिया के संदर्भ में हो जाएँ। मलेशिया भारतीयों के लिए बहुत अजनबी देश नहीं है। प्राचीन काल में तो इसका भारत से बड़ा सघन रिश्ता रहा है। इतना सघन कि यहाँ 'संस्कृत' भी संवाद की भाषा रह चुकी है। दक्षिण भारत से बड़ी संख्या में लोग यहाँ आकर बसे हैं।

पंद्रहवीं शताब्दी के पहले तक यहाँ हिंदू और बौद्ध मतावलंबियों का ही बोलबाला था। बताया जाता है कि चौंदहवीं शताब्दी के उत्तरार्द्ध में यहाँ के शासक महाराजा दरबार राजा ने अपना धर्म परिवर्तन कर इसलाम को अपना लिया। धर्म परिवर्तन के साथ ही उसने अपना नाम 'सुल्तान मुज्जफर शाह' रखा। साथ ही उसने इसलाम को 'राजधर्म' भी करार दिया। आज मलेशिया की पहचान 'इसलामिक राष्ट्र' के रूप में ही है।

□

विदेश घूमिए, बसिए नहीं

विधानसभा अध्यक्ष प्रेमप्रकाश पांडे की पहचान उन बिरले लोगों में से है जिन्होंने आसमान की ऊँचाइयों को छूने के बावजूद हकीकत की जमीन से अपना नाता नहीं छोड़ा, यही एक वजह है कि यात्राओं के दौरान पाँच सितारा होटलों में ठहरने और सुविधाओं से लबरेज आलीशान गाड़ियों में घूमने के बावजूद उन्हें छत्तीसगढ़ की याद आती रही। भिलाई की स्मृतियाँ उन्हें बार-बार अपनी तरफ खींचती रहीं। आइए, जानें यात्रा के अंतिम दिनों की कहानी प्रेमप्रकाश पांडे की जुबानी—

दरअसल मलेशिया के अंतर्गत आनेवाले तमाम इलाके पुराने समय में स्वतंत्र रियासतें थीं। आज भी ऐसी नौ रियासतों के प्रमुख यानी सुल्तान हर पाँच साल में अपने बीच से मुखिया का चुनाव करते हैं। यह मुखिया देश का 'सुल्तान' कहलाता है। हालाँकि यह 'सुल्तान' कमोबेश वैसा ही प्रतीकात्मक प्रमुख होता है, जैसा अपने देश का 'राष्ट्रपति'। मलेशिया में हमारी मुलाकात कुछ भारतीय उद्योगपतियों से भी हुई। दरअसल इस देश में भारतीय मूल के लोगों की संख्या काफी अधिक है और उनकी सत्ता में भी अच्छी-खासी भागीदारी है। यहाँ के स्कूलों में शिक्षा के माध्यमों में 'तमिल' भी शामिल है, जो यहाँ भारतीय मूल के व्यक्तियों की संख्या और महत्त्व को रेखांकित करता है। क्वालालंपुर में यूँ तो हमने तमाम जगह देखी, लेकिन यहाँ जिक्र केवल एक ही जगह का करते हैं। जो इस शहर की पहचान है और इसे 'ट्विन टावर' के नाम से दुनिया भर में जाना जाता है। यह दो इमारतें हैं जो परस्पर 41वीं मंजिल पर एक पुल के द्वारा जुड़ी हुई हैं। इस इमारत के नीचे खड़े होकर अगर ऊपर की ओर देखा जाए तो इसके शिखर आसमान से भी ऊँचे प्रतीत होते हैं। जितनी इस इमारत की ऊँचाई है, उतनी ही आश्चर्यजनक इसकी गहराई भी

है। इस इमारत की नींव 120 मीटर गहरी है। सन् 1998 में निर्मित इस इमारत को सन् 2004 तक विश्व की सबसे ऊँची इमारत का भी दरजा हासिल रहा। मलेशिया ने इस दौरान आधारभूत संरचना के क्षेत्र में जबरदस्त तरक्की हासिल की है। आज भारत में भी तमाम मलेशियाई कंपनियाँ सड़क और पुलिया निर्माण के क्षेत्र में सक्रिय हैं। अधिवेशन निर्धारित समय पर प्रारंभ हुआ। यहाँ तीन दिन तक विभिन्न विषयों पर चर्चा का सिलसिला जारी रहा। चर्चा के केंद्र में 'लोकतंत्र' को और अधिक प्रभावी बनाना रहा। इस अधिवेशन का सर्वाधिक महत्त्वपूर्ण घटनाक्रम भारतीय मूल के लॉर्ड स्वराज पाल की पराजय रही। श्री पाल की पराजय में बहुत बड़ी भूमिका भारतीय दल के विभाजन ने निभाई। अधिवेशन के संबंध में ऐसा बहुत कुछ बताने लायक नहीं है, जिसमें जन साधारण की बहुत दिलचस्पी हो।

अधिवेशन के दौरान पर्यटन के भी पर्याप्त इंतजामात थे। हमारे बहुत से साथी मलेशिया घूमे भी हुए थे। इस देश के संबंध में एक महत्त्वपूर्ण रोचक तथ्य यह है कि एक देश के तौर पर सन् 1963 से पहले इसका कोई अस्तित्व नहीं था। पंद्रहवीं शताब्दी से अठारहवीं शताब्दी तक कभी पुर्तगाली, कभी डच और आखिरकार ब्रिटिश हुकूमत ने इस इलाके पर कब्जा बनाए रखा। ब्रिटिश साम्राज्य के दौरान यहाँ तमाम नए इलाके भी स्थापित किए गए। द्वितीय विश्वयुद्ध की समाप्ति के बाद ब्रिटिश हुकूमत ने यहाँ से भी अपने पैर सिकोड़ने शुरू कर दिए। पहले आंशिक और आखिरकार सन् 1963 में मलेशिया ने पूर्ण स्वतंत्रता हासिल कर ली। यहाँ के संबंध में महत्त्वपूर्ण तथ्य यह है कि यहाँ 'संवैधानिक निर्वाचित राजशाही है'। यात्रा काफी लंबी हो चुकी थी, लिहाजा अपने शहर की याद आने लगी थी। आखिरी के दो दिन तो बस कैलेंडर निहारने और घड़ी देखते हुए ही कटे। एक बात तो तय है विदेश में घूमा तो जा सकता है, लेकिन बसा नहीं जा सकता। अपने देश की और खासकर अपने छत्तीसगढ़ प्रदेश की बात ही निराली है। अब हमें भिलाई का सेक्टर, साथियों का मजमा बुला रहा था। इन्हीं विचारों को मन में लिये 10 अगस्त को सायं 6.20 बजे मलेशिया एयरलाइंस के विमान में हम अपने वतन लौटने के लिए सवार हो गए।

□

पोलैंड

जहाँ खुली थी विश्व युद्ध की डगर

सन् 1939 में जर्मनी के नाजी तानाशाह एडोल्फ हिटलर द्वारा छेड़े गए विश्वयुद्ध की शुरुआत इसी देश पर किए आक्रमण के साथ हुई थी। मध्य यूरोप के उत्तरी हिस्से में स्थित पीपुल्स रिपब्लिक ऑफ पोलैंड का इतिहास सही मायनों में 10 वीं शताब्दी से आरंभ होता है। विभिन्न राष्ट्रीय-अंतरराष्ट्रीय घटनाक्रमों ने 18वीं शताब्दी में इसका विभाजन किया, लेकिन सन् 1918 में स्वतंत्र होकर इसका वर्तमान स्वरूप अस्तित्व में आया। जर्मनी, चेक गणतंत्र, स्लोवाकिया, यूक्रेन, बेलारूस व लिथुआनिया देशों से इसकी सीमाएँ सटी हैं। एक ओर इसके बाल्टिक सागर है।

साम्यवादी विचारधारा का पोषक पोलैंड भी रहा, लेकिन सन् 1989 में नोबेल पुरस्कार विजेता और मजदूर से राष्ट्रपति बने लेख वालेसा के नेतृत्व में हुए सालिडेरिटी आंदोलन के कारण लंबी साम्यवादी तानाशाही से देश मुक्त हुआ। सन् 1990 में साम्यवादी दल को भंग कर दिया गया और सन् 1993 तक पोलैंड भारी राजनैतिक अस्थिरता का शिकार रहा। हालाँकि सन् 1993 के आम चुनावों में साम्यवादियों को फिर से विजय मिली, परंतु देश लोकतंत्र की राह पर चल पड़ा।

वैसे तो तीन करोड़ अस्सी लाख की जनसंख्या और 3.12 लाख वर्ग किमी. के पोलैंड की 32 प्रतिशत आबादी कृषि पर निर्भर है, लेकिन यहाँ खनिजों के विशाल भंडार हैं, खासकर कोयले का लोहा, प्राकृतिक गैस, सीसा, जस्ता आदि भी बहुतायत से पाए जाते हैं। औद्योगिकीकरण भी यहाँ तेज हुआ है।

□

'फीनिक्स' से कम नहीं पोलैंड

विधानसभा अध्यक्ष प्रेमप्रकाश पांडे की पहचान जहाँ 'चतुर राजनीतिज्ञ' की है वहाँ 'कुशल प्रशासक' का तमगा भी उन्हें मिला हुआ है। कुशल प्रशासक होने के लिए सर्वाधिक जरूरी है समय का 'उचित प्रबंधन'। विमान के विलंब से उड़ान भरने के कारण 'पोलैंड' प्रवास का एक दिन गँवा चुके श्री पांडे ने इसकी भरपाई अपने कुशल समय प्रबंधन से ही की। आइए, जानें पोलैंड प्रवास से जुड़े कुछ खास पलों की कहानी श्री पांडे ही की जुबानी—

तय हमने छह बजे उठने का किया था, लेकिन बिस्तर जब हमने छोड़ा तो घड़ी सुबह के साढ़े पाँच ही बजा रही थी। सूट-बूट पहनकर हम जब होटल के रेस्तराँ में दाखिल हुए तो बमुश्किल सात बजे थे और नाश्ते का टेबल सज ही रहा था। एक तो कल रात को इस होटल ने हमें खाना नहीं खिलाया था और दूसरा समय भी पोलैंड के लिए हमारे पास कम था। इसका नतीजा यह हुआ कि हमने 'ब्रेक फास्ट' को 'लंच' में तब्दील कर दिया। भई, जब दो टाइम भूखा रहा जा सकता है तो दो बार का खाना भी तो एक बार में खाया जा सकता है। हमारे इस उपक्रम के दो फायदे हुए। पहला फायदा तो यह रहा कि हमें दोपहर के भोजन के लिए समय खराब नहीं करना पड़ा और दूसरे, खाने के पैसे भी बच गए। सुबह का नाश्ता तो आजकल होटल के कमरे के बिल में ही शामिल रहता है। तैयार हम समय से पहले ही हो चुके थे, इसलिए समय के सदुपयोग हेतु होटल के रिसेप्शन से हमने वारसा और पोलैंड से जुड़ी जानकारियों के पैम्फलेट उठा लिये थे, जिन्हें चाय की चुस्कियों के दौरान ही काफी कुछ पढ़ डाला। एक पक्षी 'फीनिक्स' होता है। देखा तो हमने नहीं है, लेकिन किताबों में पढ़ा जरूर है कि यह पक्षी जलकर राख हो जाता है, लेकिन फिर अपने-आप जिंदा होकर उड़ान भरने लगता है। 'फीनिक्स' कितना उड़ान भरता

है, हमें पता नहीं है। लेकिन पोलैंड जरूर 'फीनिक्स' से कम नहीं है। अब जब तक हमारा ड्राइवर पॉल हमें वारसा के चौराहों की सैर कराए तब तक कुछ बात पोलैंड के इतिहास से जुड़ी हो जाएँ।

पोलैंड में विधिवत राजशाही का दौर 1025 ई. से शुरू हुआ और चार सौ वर्ष के भीतर ऐसी राजनैतिक व्यवस्था दुनिया के सामने प्रस्तुत की, जिसकी मिसाल मिलना मुश्किल है। दस्तावेजों में दर्ज है कि 1569 ई. में पोलैंड ने एक और देश लिथुआनियन के ग्रैंड डचि के साथ मिलकर 'पोलिस-लिथुआनियन कॉमनवेल्थ' की स्थापना की, जिसका मुख्यालय यह वारसा नगर ही था। इसके तहत साझी संसद् तक अस्तित्व में आई। यह पोलैंड का सुनहरा दौर था, जिसमें पोलैंड राष्ट्र की सीमाओं का विस्तार इतना अधिक हो गया था कि वह यूरोप के सबसे बड़े देश के तौर पर पहचाना जाने लगा था, लेकिन सुनहरी धूप के बाद काली रात का आना तय है, यह पोलैंड के साथ भी हुआ। यूरोप के सबसे बड़े देश पोलैंड के दुर्दिनों का एक दौर ऐसा भी आया, जब विश्व के नक्शे से पोलैंड का नाम ही मिट गया। सन् 1772 से सन् 1795 के दरम्यान इस देश को इसके पड़ोसी देशों ने बुरी तरह रौंदकर तीन मर्तबा परस्पर बाँट लिया। यह हिस्सेदारी क्रमशः रशिया, प्रशा (आज का जर्मनी) और ऑस्ट्रिया के बीच परस्पर बाँट ली गई। यह कमोबेश वैसा ही मामला था जैसे कि किसी अकेली निरीह विधवा की संपत्ति का इलाके के दबंगों द्वारा हिस्सा बाँट लिया जाए। अब यह बात अलग है कि पोलैंड की जनता इतनी निरीह नहीं निकली। यदि निरीह होती तो आज हम पोलैंड कहाँ घूम पा रहे होते। हम पोलैंड के अतीत में ही अटके हुए थे कि ड्राइवर पॉल ने निर्धारित आठ बजे हमारे सामने उपस्थित होकर एक बार फिर हमें वर्तमान में ला दिया। बिना कोई समय गँवाए हम तुरंत कार में बैठ वारसा की सड़क पर निकल पड़े। वारसा की संरचना एथेंस से बिलकुल अलग थी। सड़क तो उतनी ही चौड़ी थीं, लेकिन उनके किनारे स्थित इमारतों का आसमान से कोई बहुत लगाव प्रतीत नहीं हो रहा था। अधिकांश भवन तीन-चार मंजिला ही थे। बीच-बीच में अपवादस्वरूप दस-बारह मंजिला इमारत दिखाई दे जाती थी।

□

जब प्रेमप्रकाश की आँखों में आए आँसू

छत्तीसगढ़ के सियासी मैदान में दो राजनीतिज्ञों की पहचान 'स्थिरप्रज्ञ' की है। ये दो राजनेता हैं—प्रदेश के मुख्यमंत्री डॉ. रमन सिंह और विधानसभा अध्यक्ष प्रेमप्रकाश पांडे। ठीक इसी तरह राज्य में दो सियासी व्यक्तित्वों को बेहद सख्त जान माना जाता है। ये दो शख्सियत हैं—पूर्व मुख्यमंत्री अजीत जोगी और विधानसभा अध्यक्ष प्रेमप्रकाश पांडे। ऐसी शख्सियत की आँखें अगर नम हो आईं, तो इसकी वजह निश्चित ही खास होगी। आइए, जानें पोलैंड की राजधानी वारसा में विचरण करते प्रेमप्रकाश पांडे की आँख में आँसू आ जानेवाले क्षणों की कहानी उन्हीं की जुबानी—

वारसा की सड़कों पर काफी चहल-पहल थी। अचरज की बात थी कि उनमें से अधिकांश के हाथ में फूल या गुलदस्ते थे। शुरुआत में तो हमने इसे पोलैंडवासियों का 'पुष्प प्रेम' ही समझा। लेकिन बाद में हमें लगने लगा कि नहीं, इसकी कोई और ही वजह है। भारतीय दूतावास के अधिकारियों का हाल तो हमने गत रात्रि देख ही लिया था, इसलिए ड्राइवर पॉल से ही इसकी वजह पूछी। पॉल ने जो बताया वह दिल दहला देनेवाला था।

जैसा कि गत अंक में आपको बताया था कि पड़ोसी राष्ट्रों ने पोलैंड को परस्पर बाँटकर उसके अस्तित्व को ही खत्म कर दिया था, लेकिन जुझारू पोलैंडवासी इसके खिलाफ संघर्ष करते रहे। भाग्य ने उनका आंशिक साथ तब दिया जब यूरोप के मानचित्र पर धूमकेतु की तरह 'नेपोलियन बोनापार्ट' उभरकर आया। 'जननेता' से 'सम्राट्' हो जाने की यात्रा नेपोलियन ने तलवार पर सवार होकर पूरी की थी। फ्रांस का सम्राट् बनने के बाद उसने यूरोप के अन्य देशों के मान-मर्दन का सिलसिला शुरू किया तो सन् 1806 में पोलैंड को भी उसने मुक्त करा लिया।

पोलैंड की यह स्वतंत्रता लंबे समय तक कायम नहीं रह पाई, क्योंकि खुद नेपोलियन ही छह-आठ साल में अपना राज छिनवा बैठा। पोलैंडवासियों के संघर्ष का सिलसिला सवा सौ वर्ष से भी अधिक समय तक चला। भारत के सन् 1857 के प्रथम स्वाधीनता संग्राम की ही तरह सन् 1830 में पोलैंड निवासियों ने रूस के खिलाफ भी सशस्त्र संघर्ष छेड़ दिया और उसका हश्र भी भारत की ही तरह लाखों पोलैंडवासियों की मौत के साथ 'विफलता' के रूप में हुआ। पोलैंड को आजादी सन् 1918 में तब मिली जब प्रथम विश्वयुद्ध समाप्ति की ओर था। 17 मार्च, 1921 को पोलैंड का नया शासन विधान तैयार हुआ। अब तक हम आधा वारसा शहर देख चुके थे। पॉल ड्राइवर कम और इतिहासकार हमें ज्यादा लग रहा था। अचानक उसने एक बंकरनुमा आकृति के सामने कार को रोककर हमें उतरने को कहा। उस इमारत के सामने हमें खड़ा कर वह एक बार फिर इतिहास में डुबकी लगाने लगा। बकौल पॉल पोलैंड की यह स्वतंत्रता बहुत लंबे समय तक कायम नहीं रह पाई और महज बीस साल बाद द्वितीय विश्वयुद्ध की शुरुआत ही जर्मनी द्वारा पोलैंड पर आक्रमण के साथ हुई। छह साल तक चले इस महायुद्ध में अकेले पोलैंड ने साठ लाख नागरिकों को खो दिया, जिसमें से तीस लाख लोग यहूदी धर्म को माननेवाले थे। बकौल पॉल इस बंकरनुमा गैस चेंबर में न जाने कितनी हजार लोगों को असमय ही मौत के घाट उतार दिया गया। पूरा वारसा शहर नष्ट हो गया। जर्मनी की सेना ने यहाँ के संग्रहालय, पुस्तकालय, राजमहल समेत आम नागरिकों के घर, झोंपड़ियों तक को आग के हवाले कर दिया। अब यह बात अलग है कि इन सबके बावजूद 'फीनिक्स' की तरह 'वारसा' और 'पोलैंड' मरा नहीं। आज एक समृद्ध शहर और खुशहाल राष्ट्र के तौर पर हमारे सामने मौजूद है। पुरानी शैली की यहाँ जितनी इमारतें हैं, इन्हें जस का तस पुनः बनाया गया है। चार सौ-छह सौ साल पुरानी दिखाई दे रही इन इमारतों में से कोई भी पचास साल से ज्यादा पुरानी नहीं हैं।

जब हमने पॉल से पूछा कि बाकी सब तो ठीक है, तुमने दुनिया भर की कहानी बता दी, लेकिन मूल प्रश्न अभी भी जहाँ का तहाँ है कि हर कोई फूल लेकर क्यों घूम रहा है? इसके जवाब में पॉल ने बताया कि आज 'शहादत दिवस' है। शहादत दिवस की वजह यह है कि जर्मनी के अधिकार के बाद पोलैंड की निर्वासित सरकार 'इंग्लैंड' से संचालन कर रही थी। यह कमोवेश वैसा ही था जैसा आज तिब्बत की निर्वासित सरकार दलाई लामा के नेतृत्व में सक्रिय है। पोलैंड की निर्वासित सरकार ने 1 अगस्त, 1944 को वारसावासियों से जर्मन सेना के खिलाफ संघर्ष करने का फरमान जारी कर दिया। इस फरमान की परिणति जर्मन सैनिकों के

द्वारा 'एक दिन में दो लाख लोगों के कत्ल' के रूप में सामने आई। वह आज का ही दिन था। उस दिन शहीद हुए नागरिकों को आज की पीढ़ी फूल चढ़ाकर अपना सम्मान व्यक्त कर रही है। एक दिन में दो लाख लोगों के कत्ल की दास्ताँ सुनाते-सुनाते पॉल तो रो ही पड़ा, हमारी आँखों में भी अपने-आप आँसू आ गए। हमने भी वहाँ मौजूद स्मारक पर पुष्प चढ़ाकर समूचे छत्तीसगढ़वासियों की तरफ से उन्हें श्रद्धांजलि अर्पित की।

□

...और याद आ गई कश्मीर की

दुनिया में जितने भी समझदार लोग हैं उनका मानना है कि यदि आदमी हर समय विद्यार्थी बना रहे तो उसे कभी तकलीफ नहीं होती। विद्यार्थी बने रहने के लिए जरूरी है कि आपके पास जिज्ञासाएँ हों। अगर दुनिया एक पाठशाला है तो विधानसभा अध्यक्ष प्रेमप्रकाश पांडे की भूमिका भी एक श्रेष्ठ किस्म के विद्यार्थी के तौर पर बनी हुई है।

पोलैंड की राजधानी वारसा में विचरण करते हुए श्री पांडे जब एक संग्रहालय पहुँचे तो वे विश्वप्रसिद्ध वैज्ञानिक आइंस्टीन के दिमाग के बारे में ही सोचने लगे। सोचने क्या लगे बल्कि संग्रहालय में वे आइंस्टीन की सभी महत्त्वपूर्ण चीजों के बीच उनके दिमाग को खोजने में जुट गए। आइए, जानते हैं आगे की कहानी उन्हीं की जुबानी—

एक दिन में दो लाख लोगों के कत्ल की दास्ताँ सुन मन दु:खी हो चुका था। जब हम शहादत स्थल पर श्रद्धांजलि अर्पित कर बाहर निकले तब सूरज ऊपर आ चुका था। रायपुर से रवाना होने के पहले तैयारियों के दौरान विधानसभा के सचिव देवेंद्र वर्मा से कहा था कि वे मौसम का पता जरूर कर लें, ताकि उस हिसाब से कपड़ों को रखा जा सके। उन्होंने हमें बताया कि पोलैंड का तापमान प्राय: 10 डिग्री से ऊपर नहीं रहता, लेकिन यहाँ थोड़ा उलटा हो गया था। तापमान इतना अधिक था कि मन बनियान में घूमने का होने लगा, लेकिन संस्कार ने ऐसा करने की इजाजत नहीं दी। सुबह जिस कोट को पहनकर बाहर निकला था उसे कार के हवाले करने के बाद राहत महसूस हुई। पोलैंड अन्य देशों के मुकाबले कुछ ठीक है। वहाँ कपड़े शरीर ढकने के लिए पहने जाते हैं, जबकि यूरोप के अन्य देशों के अनुभव ऐसे नहीं थे। पोलैंड झीलों का देश है और वारसा बगीचों का नगर। वारसा

के हर मोड़ पर बगीचे हैं। एक से बढ़कर एक व्यवस्थित और खूबसूरत बगीचे। बगीचों को देखकर यह तय करना मुश्किल हो जाता है कि कौन सा बगीचा अच्छा है और कौन सा नहीं? पोलैंड के निवासियों का सौंदर्य भी देखते ही बनता है। यहाँ के निवासियों की सुंदरता को देखकर बरबस ही कश्मीर की याद आ जाती है। सौभाग्य है कि हमारे पास कश्मीर है और वहाँ के खूबसूरत लोग हमारे अपने हैं। बगीचों से गुजरते हुए जहाँ हम पहुँचे वह एक 12 मंजिली इमारत थी। 12 मंजिली इमारत की बात इसलिए कर रहा हूँ, क्योंकि पोलैंड में ऊँची-ऊँची इमारतें गिनी-चुनी ही हैं। हम जिस इमारत पर पहुँचे उसकी दसवीं मंजिल पर एक संग्रहालय है। यह संग्रहालय प्रख्यात वैज्ञानिक अल्बर्ट आइंस्टीन को समर्पित है। अगर आपको जीवन में कभी वारसा जाने का अवसर मिले तो इस संग्रहालय को देखना न भूलें। संग्रहालय में उनके जीवन से जुड़ी तमाम चीजें देखने को मिलीं। संग्रहालय देखते हुए मन सोचने लगा कि मनुष्य की आवश्यकताओं ने खोजों को जन्म दिया है। आवश्यकता आविष्कार की जननी है, सचमुच कुछ आविष्कार पूरी मानवता के लिए कितने लाभकारी और उपयोगी हैं। पोलैंड के महत्त्वपूर्ण भवनों, चौराहों आदि से गुजरते हुए जब घड़ी ने नौ बजाए और शरीर तथा मन ने साथ देने से इनकार कर दिया तो हमने चालक पाल से कहा कि वह अपनी गाड़ी का रुख किसी ऐसे रेस्टोरेंट की तरफ कर दे जो भारतीय हो। कुछ ही देर में हम एक भारतीय रेस्टोरेंट में थे। लजीज भोजन के बाद हमारे कदम खुद-ब-खुद होटल की ओर चल पड़े।

□

दाढ़ी ने बनाया संदिग्ध

प्रेमप्रकाश पांडेय की पहचान की तमाम वजहों में एक मुख्य वजह है उनकी 'खिचड़ीनुमा दाढ़ी'। वक्त से पहले ही पक चुकी इस दाढ़ी पर समर्थकों के साथ-साथ खुद श्री पांडे भी खासे मुग्ध रहते आए हैं। बातचीत के दौरान जब प्रेमप्रकाश का हाथ अपनी दाढ़ी को खुजाने लगता है, उनके नजदीकी ताड़ जाते हैं कि 'अध्यक्षजी' के दिमाग के कंप्यूटर का स्विच 'ऑन' हो गया है। लेकिन इस विदेश प्रवास के दौरान इस करमाती दाढ़ी ने ही उन्हें अच्छा-खासा फँसा दिया। आइए, आप भी जानें दाढ़ी की कहानी श्री पांडे की जुबानी—

वारसा को तसल्ली से देखने की उत्कंठा ने शरीर के सामर्थ्य को पूरी तरह नजरअंदाज कर दिया था। इसका नतीजा यह हुआ कि जब हम रात 11 बजे होटल स्थित अपने कमरे में दाखिल हुए तो सीधे बिस्तर पर ही गिर गए। संभवतः यह पहला मौका था जब कैलेंडर की तारीख नहीं बदली और हमने अपने-आपको नींद की बाँहों में पाया। छठी इंद्रिय हमारी हमेशा सक्रिय रहती है, इसलिए हम उस समय जाग गए, जो सामान्यतः हमारे सोने का समय होता है। यानी इस समय रात के दो बज रहे थे। म्युनिख के लिए हमारी फ्लाइट प्रातः 5 बजे की जो थी। रात में हमने सामान पैक नहीं किया था और समय कम था, तो बस जैसे-तैसे कपड़े सूटकेस में ठूँस दिए। कोट-पैंट का हश्र गत दिवस हम देख चुके थे, इसलिए आज हमने अपना मनपसंद आधी बाँहों का काला सफारी सूट पहना। पॉल और दूतावास के अधिकारी के आते ही हम एयरपोर्ट के लिए रवाना हो गए। जैसा कि पहले ही बताया था कि यहाँ के अधिकारी मदद करते कम और लेते ज्यादा दिखाई दिए, वह सिलसिला आज भी जारी था। विमानतल पर 'चेक इन' कहाँ से करना है, किस गेट से जाना है, वह खुद ही पूछपाछ कर हम ही अपना काम चलाते रहे। अतः अपने मेजबान को

हमने जल्द ही विदा कर दिया। विमान में बैठने के पूर्व सुरक्षा जाँच से गुजरना होता है, हम भी कतार में लगकर उस जाँच प्रक्रिया से गुजरे। दो-चार कदम ही आगे बढ़े होंगे कि दो पुलिस वरदीधारी हमारे रास्ते में रुकावट बनकर खड़े हो गए। उन्होंने हमें रोका जरूर, लेकिन 'प्लीज' बोलकर। अमूमन पुलिसवालों से आमजन को इतनी विनम्रता अपेक्षित नहीं रहती। उक्त पुलिसकर्मियों द्वारा हमें एक अन्य जाँच कक्ष में ले जाया गया। उस कक्ष में लगे यंत्र विस्फोटक सामग्री की जाँच में इस्तेमाल होते थे। एक-दो बार उन्होंने हमारे शरीर को हाथों से भी जाँचा-परखा। हाथ में थामे ब्रीफकेस की भी खासी पड़ताल की। जब कहीं कुछ नहीं मिला तो उन्होंने 'धन्यवाद' देते हुए हमें विदा कर दिया। विदा करते समय भी उनकी निगाहें मानो हमें 'संदिग्ध' ही करार दे रही थीं।

दोहरी जाँच से गुजर हम आखिरकार विमान में सवार हो गए, लेकिन दिमाग में यह प्रश्न घूमता ही रहा कि उन्होंने ऐसा क्यों किया? सोचते-सोचते जैसे ही हमारा हाथ हमारी दाढ़ी पर गया, वैसे ही हमें उत्तर सूझ गया। अरे, सबसे पहले तो ठीक से न सोने के कारण लाल हो रखी आँखें, सबसे अलग काला सफारी सूट और ऊपर से वक्त से पहले ही पक गई हमारी यह 'दाढ़ी', अब इसमें कोई हमें 'स्पीकर' की जगह 'कुछ और' समझ बैठा तो इसमें गलत क्या है? यह जवाब सूझते ही हमारे मन को चैन आ गया और सीट पर ही टाँगें लंबी कर हम 'पोलैंड यात्रा' की यादों में खो गए। अब जब तक हम म्युनिख के विमानतल पर अपना विमान 'सियोल' की फ्लाइट पकड़ने के लिए उतारें कुछ आखिरी खास बातें पोलैंड से जुड़ी हुई बता दें। द्वितीय विश्वयुद्ध के तत्काल बाद जहाँ जर्मनी-जापान पर अमरीका हावी हो गया, वहीं पोलैंड के नसीब में 'सोवियत संघ' का अतिक्रमण आया। अगले चालीस बरस पोलैंड ने सोवियत संघ की छाया में 'कम्युनिस्ट' शासन के अंतर्गत बिताए। सन् 1989 में आखिरकार पोलैंड की जनता ने साम्यवादी शासन से निजात पाकर सही अर्थों में खुली हवा में साँस ली। सन् 1991 में नाटो का सदस्य पोलैंड गत 1 मई, 2004 को यूरोपीय संघ के सदस्य के तौर पर मान्यता प्राप्त कर गया। पोलैंड के विकास का सिलसिला जारी है। चार करोड़ कर्मशील पोलैंडवासी अपने देश को उन्नति के शिखर पर ले जाएँ, दो करोड़ आठ लाख छत्तीसगढ़वासी यही कामना कर सकते हैं।

□

जर्मनी

बड़े विचार, बड़ी मशीनें

विश्व को युगांतकारी विचारक कार्ल मार्क्स, महान् आविष्कारक अल्बर्ट आइंस्टाइन और साहित्यकार बर्तोल्ड ब्रेख्त जैसी विभूतियों से नवाजनेवाला जर्मनी दुनिया को दो-दो विश्वयुद्धों में झोंकने का भी अपराधी देश रहा है। अपनी समृद्ध भाषा, इंजीनियरिंग कौशल और बौद्धिक संपदा के कारण यह देश विश्व के प्रमुख राष्ट्रों में से एक है। डेनमार्क, चेक रिपब्लिक, ऑस्ट्रिया, स्विट्जरलैंड, फ्रांस, लक्समबर्ग, बेल्जियम और नीदरलैंड इसके पड़ोसी देश हैं।

अपने को आर्य संस्कृति का ही हिस्सा माननेवाला जर्मनी संस्कृत भाषा के माध्यम से भी खुद को भारत से जोड़ता है। फादर कामिल बुल्के और मैक्समूलर जैसे विद्वानों ने भारत, संस्कृत और हिंदी का खूब अध्ययन किया है।

दूसरे विश्वयुद्ध में दुनिया को तबाही का रास्ता दिखाने की सजा के तौर पर इस देश को तत्कालीन संयुक्त राष्ट्र संगठन (यू.एन.ओ.) ने दो हिस्सों में विभाजित कर दिया था और उसे सेना रखने की मनाही थी। कुछ ही वर्षों बाद पूर्वी और पश्चिम जर्मनी के नागरिकों ने उनके देश को विभाजित करनेवाली बर्लिन दीवार को तोड़ डाला और एकीकृत रूप धरकर संयुक्त जर्मनी फिर से अस्तित्व में आ गया।

आठ करोड़ से अधिक जनसंख्यावाले जर्मनी का क्षेत्रफल है 3.57 लाख वर्ग किलोमीटर। देश के 48 प्रतिशत क्षेत्र में खेती, 29 फीसदी में सघन वन और देश को सींचनेवाली राइन, डेन्यूब, दी एल्बे, दी वासेर आदि नदियाँ हैं, जिसने इस देश को समृद्धि प्रदान की हैं। लिग्नाइट, कोयला, लोहा, ताँबा और पोटाश के अयस्क न सिर्फ इस देश को औद्योगिक रूप से स्थापित करते हैं, बल्कि इन अयस्कों के निर्यात से जर्मनी की विश्व व्यापार में महत्त्वपूर्ण भागीदारी भी है। यूरोपी समुदाय की यह सबसे बड़ी आर्थिक शक्ति है। बड़ी मशीनों के निर्माण में इसका कोई जोड़ नहीं, साथ ही बड़े विचारों में भी। □

'जिज्ञासा' ले गई सात समुंदर पार

यायावरी कृषि मंत्री चंद्रशेखर साहू का स्वभाव है। वे यात्राप्रेमी हैं। यात्रा चाहे बैलगाड़ी से करनी पड़े या फिर हवाई जहाज से, उन्हें गुरेज नहीं। कांग्रेस सरकार को बदलने के लिए चंद्रशेखर साहू बैलगाड़ी से यात्रा कर चुके हैं। जलवायु परिवर्तन के प्रभावों को जानने का मौका मिला तो सात समुंदर पार जाने से भी नहीं चूके। इसके बावजूद सात समुंदर पार की यात्रा कृषि मंत्री की हैसियत से न होकर बतौर सामाजिक कार्यकर्ता थी। मंजिल थी जर्मनी का बॉन शहर, जहाँ संयुक्त राष्ट्र संघ के तत्त्वाधान में आयोजित थी अंतरराष्ट्रीय संगोष्ठी। जलवायु परिवर्तन के प्रभाव पर आयोजित संगोष्ठी अंतरराष्ट्रीय होकर भी छत्तीसगढ़ के लिए उपयोगी थी। उस पर कृषि और जलवायु, दोनों ही विषय चंद्रशेखर साहू के लिए निजी दिलचस्पी के रहे हैं। इसी के चलते श्री साहू इसमें शामिल हुए। आइए, जानें सात समुंदर पार की कहानी चंद्रशेखर साहू की जुबानी—

बॉन शहर जाने के लिए दिल्ली से सीधी हवाई सेवा नहीं है। यात्रा निर्धारकों ने बताया कि दिल्ली से पहले विएना जाना होगा। वहाँ से बॉन के लिए विमान बदलना था। लिहाजा दिल्ली से ऑस्ट्रियन एयरलाइंस के विमान से उड़ान भरा विएना के लिए। थकाऊ यात्रा के बाद हम विएना पहुँचे। हसरत बहुत थी विएना को देखने की। विएना ऐतिहासिक तथ्यों को समेटे हुए एक समृद्ध शहर है। हम विपना के विमानतल पर थे। शहर की सरहद को छू चुके थे। मगर वक्त का तकाजा ऐसा था कि चाहकर भी दीदार न कर सके। विमानतल से ही दो घंटे बाद बॉन के लिए दूसरा विमान पकड़ना था। इच्छा को समय प्रबंधकों की इजाजत नहीं मिली। विमानतल पर ही समय बिताया।

विएना से बॉन शहर के लिए रवाना हुए। यात्रा काफी लंबी थी। विमान में

बैठे-बैठे थक चुके थे। एक और लंबी यात्रा के लिए मानसिक तौर पर तैयार थे ही। मगर लंबी यात्रा के बावजूद पुराने मित्र शरद जोशी के सान्निध्य ने यह एहसास होने नहीं दिया। शरद जोशी मेरे हमउम्र और मूलतः इंदौर से हैं। वर्तमान में जयपुर में रहते हैं। तमाम उपलब्धियों के साथ-साथ उनके खाते में सौ से अधिक देशों की यात्राओं की उपलब्धि भी दर्ज है। विदेश यात्राओं के इससे अधिक अनुभवी व्यक्ति का सान्निध्य कहाँ मिलता। जोशीजी की एक और खासियत है, वे यात्राओं में मितव्ययिता के धनी हैं। कम पैसों में यात्राएँ कैसे पूरी की जाएँ, यह सीखना हो तो जोशीजी को गुरु बना लें। जोशीजी के सान्निध्य ने कई चिंताओं को दूर कर दिया था। इस यात्रा में हवाई जहाज का किराया ही प्रायोजित था। बाकी सारा व्यय स्वयं की जेब से वहन किया जाना था। जोशीजी का सान्निध्य मानसिक सुकून पहुँचा रहा था। आखिर वे कम-से-कम पैसे में अधिकतम उपयोग के महारथी थे··· । पौने दस बजे हम विएना पहुँचे थे। डेढ़ घंटे के अंतराल के बाद हम फिर विमान में थे। हमारा विमान कोलन के लिए रवाना हुआ। दरअसल कोलन और बॉन ट्विन सिटी हैं। वैसे ही जैसे भिलाई और दुर्ग। हवाईअड्डा कोलन में स्थित होने के कारण हम वहीं उतरे। हमारा कार्यक्रम बॉन में था। हमें रुकना भी वहीं था। हमें लेने के लिए अजय कुमार विमानतल पर पहले से ही मौजूद थे। अजय कुमार दरअसल पर्यावरणविद् हैं और दो दिन पहले से ही यहाँ पहुँचे हुए थे। चौदह घंटे की विमान यात्रा के बाद जब हम बॉन के लिए रवाना हुए तो घड़ी की सुइयाँ दोपहर के ढाई बजा रही थीं।

□

एक कमरा और पाँच लोग

कोलन हवाई अड्डे से हमारे हॉस्टलनुमा होटल तक का सफर तकरीबन डेढ़ घंटे का है। जब तक हम अपने रिहायशी मुकाम तक पहुँचे, तब तक कुछ बातें 'बॉन' शहर के विषय में हो जाएँ। जर्मनी के एकीकरण की सबसे बड़ी कीमत अगर किसी शहर ने चुकाई है, तो उस शहर का नाम है 'बॉन'। दरअसल द्वितीय विश्वयुद्ध के बाद जब जर्मनी का विभाजन हुआ तो बॉन को पश्चिम जर्मनी की राजधानी बनने का गौरव हासिल हुआ। सन् 1949 में हासिल यह गौरव सन् 1990 में बर्लिन की दीवार ढहने तक कायम रहा। एकीकृत जर्मनी की राजधानी 'बर्लिन' बनने के साथ ही बॉन का यह गौरव ध्वस्त हो गया।

लेकिन राईन नदी के किनारे बसे इस शहर के संदर्भ में जानकारी देते हमारे साथी शरद जोशी और अजय कुमार ने बताया कि वर्तमान में यह नगर संयुक्त राष्ट्र संघ की तमाम गतिविधियों का केंद्र बना हुआ है। इसकी महत्ता का अंदाजा इसी से लगाया जा सकता है कि संयुक्त राष्ट्र संघ के तकरीबन 17 या 18 संस्थान यहाँ स्थित हैं। ये संस्थान खास तौर पर पर्यावरण और संतुलित विकास से जुड़े हुए हैं।

शहर के विषय में वे और भी तमाम बातें बता रहे थे, लेकिन तकरीबन पंद्रह-अठारह घंटे की निरंतर यात्रा की थकान उन्हें कान के रास्ते दिमाग तक पहुँचने में अड़चन पैदा कर रही थी। शाम चार बजे हम टेनल बुश स्थित अपनी रिहाइश के सामने मौजूद थे। संघ का शिक्षा वर्ग हमें बरबस ही याद आ रहा था। उसमें पहले से तीन लोग मौजूद थे। कुल जमा हम पाँच लोग एक ही कमरे में रात गुजारनेवाले थे। रहने की दृष्टि से कमरा थोड़ा तंग जरूर था, लेकिन जेब की दृष्टि से पूरी तरह मुफीद। इसका सामान्य तौर पर किराया बीस यूरो प्रतिदिन है, लेकिन अतिरिक्त बिस्तर के लिए हमें पाँच यूरो और देने पड़े। यानी कुल जमा पच्चीस यूरो में हम

पाँच लोगों के रहने की व्यवस्था हो गई। भारतीय मुद्रा में बात करें तो यह राशि प्रति व्यक्ति बमुश्किल सवा तीन सौ रुपए थी। खास बात यह थी कि कमरे में किचन की भी व्यवस्था थी। लिहाजा हम निश्चिंत हो गए कि कुछ और हो-न-हो, 'दाल-भात' का इंतजाम तो हो ही जाएगा।

समय हमारे पास कम था और काम बहुत ज्यादा। लिहाजा आराम करने में समय गँवाने के स्थान पर हमने तुरंत स्नान-ध्यान किया और सम्मेलन स्थल के लिए रवाना हो गए। आखिर हमारी यात्रा का मुख्य उद्‌देश्य पर्यटन नहीं, बल्कि सम्मेलन में भागीदारी थी।

मैरिटन होटल के सभागार में दो दिन पूर्व से जारी इस संगोष्ठी में पहुँचने के लिए हमने टैक्सी के स्थान पर ट्रेन को चुना। यूरोप की तमाम विशेषताओं में जो प्रमुख बातें मुझे बेहद आकर्षित करती हैं उनमें उनका 'पब्लिक ट्रांसपोर्ट सिस्टम' एक है। जहाँ हम हमेशा अपने वाहन के इस्तेमाल को प्राथमिकता देते हैं। वहीं यूरोप में तमाम रसूखदार लोग भी ट्रेन और पब्लिक बस में यात्रा करते नजर आते हैं। आखिरकार इसमें समय और पैसे की पर्याप्त बचत भी तो है। हमने एक यूरो का 'डे टिकट' खरीदा और अब हम पूरे दिन इस टिकट से दिन भर पूरे शहर में कहीं-से-कहीं तक की यात्रा 'मेट्रो ट्रेन' से कर सकते थे। सम्मेलन स्थल पर जब हम पहुँचे तो वहाँ मेले जैसा माहौल था। पूरी दुनिया से आए तकरीबन ढाई हजार प्रतिनिधियों की मौजूदगी आयोजन की सार्थकता बता रही थी। वहाँ स्थित स्वागत काउंटर पर जब हमने अपना आमंत्रण सौंपा तो बमुश्किल दो मिनट में पंजीयन पूरा होकर परिचय-पत्र हमारे हाथ में था। इसकी वजह यह थी कि संयोग से काउंटर पर भारतीय मूल की महिला मौजूद थी। इसलिए उसने हमारा कार्य अतिरिक्त तत्परता से पूरा कर दिया। जब हम सभागार में दाखिल हुए तो हमारी मन:स्थिति एक श्रोता बतौर थी। लेकिन परिस्थितियाँ कुछ ऐसी बनीं कि हम 'श्रोता' से अचानक वक्ता हो गए।

□

जर्मनी की कहानी चंद्रशेखर की जुबानी

बॉन के होटल मैरिटन के सभागार में इस समय चर्चा का जो विषय था वह हमारी रुचि और भावनाओं के अनुरूप था। यह कितनी अजीब बात है कि जलवायु परिवर्तन से सबसे पहले, सबसे विस्तृत रूप से प्रभावित होनेवाला क्षेत्र 'कृषि' है, लेकिन पूरी दुनिया में चिंताएँ औद्योगिक क्षेत्र को लेकर व्यक्त की जा रही हैं। यह सम्मेलन 'कृषि' क्षेत्र की चिंताओं को लेकर था और यही चिंताएँ हमें भी रायपुर से उठाकर बॉन ले आई थीं।

सम्मेलन में अलग-अलग देशों से आए प्रतिनिधि विचार व्यक्त कर रहे थे और उनके विचारों के अंग्रेजी में अनुवाद की व्यवस्था भी थी। बहस को तकरीबन डेढ़ घंटे ही चली थी कि अचानक संचालिका ने उद्घोषित किया कि श्रोताओं में भी क्या कोई अपना विचार व्यक्त करना चाहेगा। पार्टी बैठकों में हमें हाथ सबसे पहले खड़ा करने की आदत रही है और वह आदत यहाँ विदेश में भी नहीं छूटी। नतीजा यह रहा कि एक मिनट बाद ही हम वक्ता और बाकी सब श्रोता थे।

अनुवाद व्यवस्था थी ही तो हमने हिंदी में बोलना तय किया। वैसे बोलना तो हम 'छत्तीसगढ़ी' में चाहते थे, लेकिन अनुवादक को छत्तीसगढ़ी आती नहीं थी। इस कारण यह हसरत हमारे दिल में ही रह गई। अनुवादक के तौर पर सौम्या दत्ता मंच पर मौजूद थीं, जो ऑल इंडिया पीपुल्स साइंस फोरम की राष्ट्रीय सचिव हैं।

हमने अपनी बात को तीन विषयों पर केंद्रित किया। सबसे पुराना मुद्दा यह है कि विश्व की कुल आबादी में 1.7 बिलियन लोगों की आजीविका का एकमात्र साधन 'कृषि' है, अत: उनके भविष्य को किसी हालत में नजरअंदाज नहीं किया जा सकता। दूसरा खतरनाक पहलू यह है कि जिस अनुपात में धरती पर आबादी बढ़ रही है, उस अनुपात में खाद्यान्न उत्पादन नहीं बढ़ रहा है। समय रहते अगर

समुचित कदम नहीं उठाए गए तो जल्द हालात भयावह हो जाएँगे। दरअसल अब दूसरी हरित क्रांति की जरूरत आन पड़ी है।

खाद्य सुरक्षा संयुक्त राष्ट्र संघ के एजेंडे में सबसे ऊपर होना चाहिए। हमें खाद्यान्न के उत्पादन, भंडारण एवं वितरण को इतना वैज्ञानिक बनाने की जरूरत है कि जिसके चलते इस धरती पर मौजूद कोई भी इनसान भूखा न रह जाए और यह संभव नहीं है। हम अपने राज्य छत्तीसगढ़ में इसे सफलतापूर्वक लागू किए हुए हैं।

अपने भाषण में जब हमने बताया कि हम आधा यूरो में पैंतीस किलो चावल उपलब्ध कराते हैं तो सब हैरत में ही पड़ गए। तीसरा मुद्दा तकनीक के इस्तेमाल से बीजों में आनुवंशिकी परिवर्तन के परिणाम से जुड़ा हुआ था। इसके तहत हमने बी.टी. बैंगन पर रोक आदि संबंधी बातें कहीं। कुल जमा हमने आठ-दस मिनट का संबोधन दिया। लोगों को हमारे विचार कितने पसंद आए या उपयोगी लगे, यह तो हमें पता नहीं, लेकिन हम अपने आपसे खासे संतुष्ट थे। हजारों मील की यात्रा करके जिस उद्देश्य से हम यहाँ आए थे, वह पहले ही दिन पूरा हो गया था। लिहाजा अब बाकी दिन इस देश को जानने-समझने में लगा सकते थे।

सम्मेलन स्थल से निकल जब हम अपने ठिकाने पर पहुँचे तो रात के साढ़े ग्यारह बज चुके थे और पेट में चूहे खासी कसरत कर रहे थे। लेकिन यहाँ तो अभी शरीर को भी कसरत करनी थी। साथी लोग चावल और आलू ले आए थे। हम सबने मिलकर दाल-चावल और आलू उबाले। काली-मिर्च और नमक डाल जब रात के एक बजे यह भोजन किया गया तो इस स्वाद के आगे 'छप्पन भोग' भी कुछ महसूस नहीं हो रहा था। दरअसल भोजन का असल स्वाद तो भूख में था। भोजन के तुरंत बाद खाट बिछा हमने अपने-आपको नींद के हवाले कर दिया, क्योंकि कल सुबह हमें एक विशेष यात्रा पर जो निकलना था।

□

'व्लोड्राप' में छत्तीसगढ़ की खुशबू

एक कमरे में पाँच लोगों की मौजूदगी के साथ घोड़े बेचकर सोने का आनंद ही अलग था। नींद हमारी तब टूटी जब हमारे साथी चाय बनाने के फेर में खट-पट करने लगे। अब सुबह चाहे हमारे मानिकचौरी के आँगन की हो या जर्मनी के बॉन में स्थित होटल की, बिना चाय और अखबार के तो अधूरी ही रहती है। अखबार तो हमें मिला नहीं, लेकिन लोटा भर चाय और साथियों के साथ गप्पबाजी ने अखबार की कमी का एहसास नहीं होने दिया।

हमारे बाकी साथी तो इतमीनान से थे, लेकिन हमारी स्थिति थोड़ी जुदा थी। दरअसल, हमें आज एक ऐतिहासिक यात्रा पर निकलना था और यह यात्रा थी जर्मनी सीमा से सटे नीदरलैंड के एक छोटे से गाँव 'व्लोड्राप' की। इस गाँव का छत्तीसगढ़ से अटूट नाता रहा है, अतः हम इस यात्रा के लिए बेहद उत्साहित थे। लिहाजा हम जल्द ही नहा-धोकर तैयार ही नहीं हो लिये, बल्कि नाश्ता करने के लिए पाँच यूरो की कीमत अदा कर होटल के रेस्टोरेंट में दाखिल भी हो गए। जबकि हमारे साथी किचन में नाश्ता बनाने में जुटे रहे।

यहाँ हमारे साथ रेस्टोरेंट में राजस्थान उच्च न्यायालय के सेवानिवृत्त न्यायाधीश विनोश शंकर दवे और एम.सी. जैन भी मौजूद थे, जिन्हें भी हमारे साथ 'व्लोड्राप' जाना था। दरअसल, 'व्लोड्राप' जैसे छोटे से गाँव की हमारी यात्रा का प्रयोजन उस विराट शख्सियत के कार्य को देखना और समझना था, जिसने अपनी प्रतिभा और योग्यता से पूरे विश्व को ही आलोकित कर दिया था। वह शख्सियत और कोई नहीं, अपने राजिम के नजदीक पांडुका गाँव में जन्मे महेश प्रसाद वर्मा हैं, जिन्हें आज सारा विश्व 'महर्षि महेश योगी' के नाम से पहचानता है। तीन वर्ष पूर्व निर्वाण प्राप्त महेश योगीजी सन् 1990 में 'व्लोड्राप' गाँव में अपने समस्त संस्थानों का मुख्यालय स्थापित कर बाकी जीवन यहीं गुजारा था। आज उसी संस्थान में वैदिक कृषि पर आधारित संगोष्ठी में हमें शिरकत करनी थी। ठीक साढ़े नौ बजे संस्थान की कार

हमें लेने के लिए होटल पर मौजूद थी। कार बैठने में तो शानदार थी ही, साथ-ही-साथ उसकी रफ्तार भी लाजवाब इस कदर थी कि डेढ़ सौ किलोमीटर की दूरी महज डेढ़ घंटे में पूरी हो गई। जब हम केंद्र पर पहुँचे तो वहाँ के सुरम्य वातावरण को देखकर मानो अपनी सुध-बुध ही खो बैठे। वहाँ हमारी मुलाकात जहाँ आध्यात्मिक प्रमुख शांति दीदी एवं योगिनी दीदी से हुई, वहीं प्रशासनिक प्रमुख दिनेश ब्रह्मचारी एवं गिरीश ब्रह्मचारीजी से भी रू-ब-रू हुए। इससे पहले कि हम वहाँ पर बिताए समय पर चर्चा करें, कुछ बातें श्रद्धेय महेश योगीजी के संदर्भ में हो जाएँ। मूलतः छत्तीसगढ़िया महेश योगी ने ध्यान की एक नई पद्धति ईजाद की, तकरीबन पचास-पचपन वर्ष पूर्व जिसे आज सारी दुनिया 'टी.एम.' अर्थात् 'ट्रेसडेंशल मेडिटेशन' के नाम से जानती है। इसके तहत योगीजी का यह मानना था कि जीवन परम आनंद से भरपूर है और मनुष्य का जन्म इसका आनंद उठाने के लिए हुआ है। प्रत्येक व्यक्ति में ऊर्जा, ज्ञान और सामर्थ्य का अपार भंडार है तथा इसके सदुपयोग से वह जीवन को सुखद बना सकता है। इस विचार और साधना के साथ समूची दुनिया में उन्होंने जो आभामंडल कायम किया, निःसंदेह उस पर हम गर्व कर सकते हैं। बहरहाल, वैदिक कृषि पर आयोजित संगोष्ठी में भी तमाम देशों के प्रतिनिधि शिरकत कर रहे थे और जिस भवन में यह संगोष्ठी हो रही थी, उसका नाम 'ग्लोबल हॉल' था। यह पूर्णतः लकड़ी से निर्मित और बेहद आकर्षक था। अपने उद्बोधन में मैंने बीस वर्ष पूर्व की उन स्मृतियों को याद किया जब अविभाजित मध्य प्रदेश के मुख्यमंत्री सुंदरलाल पटवा इस संस्थान में आए थे और उन्होंने दो-तीन दिन यहाँ बिताए थे। सारा वातावरण उस समय काफी भावुक हो गया जब मैंने वहाँ बताया कि मुझे उस क्षेत्र का सांसद रहने का सौभाग्य प्राप्त रहा है, जहाँ इस असाधारण व्यक्तित्व का अवतरण हुआ था। चर्चा के दौरान हमें बड़े अचरज की बात यह पता चली कि महर्षि महेश योगीजी ने अपनी एक 'मुद्रा' भी प्रारंभ की थी और इसे नीदरलैंड सरकार से कानूनी मान्यता प्राप्त है। इस मुद्रा का नाम 'राम' है। यह कितना दुर्भाग्यपूर्ण है कि विदेशों में तो 'राम' के नाम को इतना सम्मान दिया जा रहा है और हमारे देश की सरकार 'राम' को 'कल्पना' करार दे रही है। 'राम' नाम की इस मुद्रा के तहत सन् 2002 से एक, पाँच और दस के नोट जारी किए जाते हैं और इन्हें महेश योगीजी के संस्थान 'ग्लोबल कंट्री ऑफ वर्ल्ड पीस' के द्वारा जारी किया जाता है। इस मुद्रा की कीमत इतनी ज्यादा है कि एक 'राम' के नोट के बदले आपको 'दस' यूरो अर्थात् तकरीबन साढ़े छह सौ रुपए मिल सकते हैं। संगोष्ठी के बाद भोजन की व्यवस्था थी। केंद्र में ही हो रही खेती से उत्पन्न अन्न और सब्जियों से बना सात्विक भोजन तन के साथ-साथ मन को भी खासा तृप्त कर रहा था। शाम तकरीबन छह बजे हम वापस बॉन के लिए रवाना हो लिये, परम संतुष्टि के साथ। □

'वर्तमान' में अतीत का 'हिटलर' गुम

एक बार फिर रात के आठ बजे हम बॉन स्थित पंचायती कमरे में अपनी मंडली के साथ मौजूद थे। साथियों ने चाय की चुस्कियों के साथ चर्चा के दौरान राय जताई कि सम्मेलन में चर्चा अब उतार पर है, लिहाजा वहाँ समय लगाने की जगह बॉन और कोलन में भ्रमण करना ज्यादा श्रेयस्कर रहेगा। समय सीमित होने के कारण हम साथियों की राय से सहर्ष ही सहमत हो गए।

रात्रिभोज कमरे में ही बनना था और 'मीनू' भी कल रातवाला ही था, यानी 'दाल-भात और उबली सब्जी।' दिन में लजीज भोज का स्वाद लेने के बाद अब इससे काम चलाना आसान नहीं था। हम इस उधेड़बुन में ही थे कि तभी ध्यान आया कि श्रीमतीजी ने हमारे बैग में कुछ खाने का सामान भी रखा है। हमने तुरंत बैग खोला तो इसमें पर्याप्त मात्रा में खुरमी, थेपला और ठेठरी मौजूद थी। अब क्या था, हमने मजे में दावत उड़ाई और साथियों ने भी छत्तीसगढ़ के इन पकवानों का उपभोग किया।

10 जून की सुबह पाँच यूरो का नाश्ता कर हम जर्मनी को देखने और समझने के लिए तैयार थे। दो यूरो का 'डे टिकट' लेने के बाद अब यह हमारे शरीर पर निर्भर था कि हम कितना घूम सकते हैं। बॉन शहर को घूमने के दौरान जर्मनी के संबंध में हम जितना कुछ जान पाए, उसके कुछ मुख्य पहलू आपसे बाँटते हैं, जर्मनी के जिक्र मात्र से जो चेहरा हमारे जेहन में सहज कौंधता है वह 'हिटलर' का है। लेकिन पूरे बॉन, कोलन और बाद में फ्रेंकफर्ट घूमने के दौरान हमें हिटलर की एक भी मूर्ति या चित्र दिखाई नहीं दिया। चर्चा में पता चला कि द्वितीय विश्वयुद्ध की तबाही के बाद इस राष्ट्र को जिस दुःख, अपमान और अभाव से गुजरना पड़ा, यहाँ तक कि राष्ट्र विभाजन की त्रासदी को झेलना पड़ा, इन सबका कारण 'हिटलर और उसकी

नीतियों' को माना गया। इसके चलते जर्मनी का 'वर्तमान' इस 'अतीत' को भुलाने की कोशिश में जुटा है।

लेकिन क्या यह अपने-आप में करिश्मा नहीं है कि दूसरे विश्वयुद्ध में पूरी तरह बरबाद हो चुका देश महज पचास सालों में ही अपने नागरिकों के पुरुषार्थ और कर्मठता के बूते एक बार फिर यूरोप की सबसे बड़ी ताकत ही नहीं बन चुका है, बल्कि 'राष्ट्र विभाजन' के कलंक को भी धो चुका है। 'बर्लिन की दीवार' का ढहना हम भारतीयों के लिए शोध का विषय होना चाहिए। क्योंकि विभाजन की त्रासदी को हम तो अब तक झेल रहे हैं, आज जर्मनी की अर्थव्यवस्था जहाँ विश्व में चौथा स्थान रखती है, वहीं यह दुनिया का दूसरा सबसे बड़ा आयातक और तीसरा सबसे बड़ा निर्यातक देश भी है। जर्मन मशीनरी और वाहन का लोहा तो पूरी दुनिया में माना ही जाता है।

सबसे महत्त्वपूर्ण पहलू यह है कि जर्मनी में सबसे कम 'भ्रष्टाचार' है। ऐसा तमाम सर्वे रिपोर्ट में आया है। इसकी तस्दीक वहाँ के निवासियों से बातचीत और उनके कामकाज के तरीकों को देखकर सहज ही हो जाती है। उनकी वैज्ञानिक प्रतिभा का अंदाजा तो इससे भी लगाया जा सकता है कि अब तक सौ से अधिक जर्मन वैज्ञानिक नोबेल पुरस्कार से सम्मानित हो चुके हैं। जर्मनी के संदर्भ में एक बेहद रोचक तथ्य यह है कि वहाँ की लगभग एक तिहाई आबादी नास्तिक है। प्रोटेस्टेंट और कैथोलिक धर्म के अनुयायी तकरीबन तीस-तीस प्रतिशत हैं। एक बार फिर हम वापस बॉन की ओर रुख करते हैं। जैसा कि हमने पहले ही बताया था कि जर्मनी के एकीकरण से पूर्व यह पश्चिमी जर्मन की राजधानी था। लेकिन सन् 1994 में संयुक्त जर्मनी की राजधानी 'बर्लिन' घोषित हो जाने के साथ पार्लियामेंट और तमाम सरकारी मुख्यालय बर्लिन स्थानांतरित हो गए। लेकिन साथ-ही-साथ संयुक्त राष्ट्र संघ के तमाम कार्यलय भी यहाँ आ गए। जिस भवन में कभी संसद् हुआ करती थी, वहाँ आजकल संयुक्त राष्ट्र संघ के तमाम कार्यालय संचालित हो रहे हैं। बॉन अपेक्षाकृत छोटा लेकिन बेहद साफ-सुथरा शहर है। आबादी इसकी चार लाख के आसपास ही है। इससे जुड़ा हुआ कोलन शहर तकरीबन इससे तीन गुना बड़ा है।

किसी भी शहर को घूमने-समझने के लिए एक दिन पर्याप्त नहीं होता। फिर भी हमने दो यूरो की वसूली का पर्याप्त प्रयास किया। यहाँ तक कि दोपहर का भोजन भी हमने उस दिन नहीं किया। शरीर और जेब दोनों के लिए यह निर्णय सही था। खैर, यह विनोद का विषय है। कम-से-कम पैसे बचाने के लिए भूखे रहने की

नौबत नहीं ही थी। बॉन में जब कभी भी जाना संभव हो तो वहाँ दो इमारतों को देखना हरगिज न भूलें। इसमें से एक है 'ओल्ड टाउन हॉल', जो शहर के मध्य में ही स्थित है। 17 वीं शताब्दी के अंत में स्थित इस इमारत में कभी सम्माननीय अतिथियों के सम्मान समारोह हुआ करते थे, बाद में इस इमारत का उपयोग महापौर कार्यालय के तौर पर होने लगा। दूसरी इमारत 'यूनिवर्सिटी ऑफ बॉन' है, जो कभी प्रिंस इलेक्टर का निवास हुआ करती थी। इसके अलावा यहाँ एक चर्च भी बहुत खूबसूरत है, जो जर्मनी के सबसे प्राचीन चर्च में गिना जाता है। नई इमारतें भी पर्याप्त संख्या में थीं, जो आकाश का आलिंगन करने के लिए आतुर जान पड़ती थीं। खासतौर पर 'पोस्ट टावर' का तो कहना ही क्या। देखने को तो वहाँ का किला भी था, लेकिन समय नहीं बचा था। अगले दिन हमें फ्रेंकफर्ट होते हुए श्रम सम्मेलन के लिए जिनेवा निकलना था। लिहाजा हम और भी 'बहुत कुछ' देखने की हसरत लिये रात नौ बजे वापिस अपने कमरे में लौट आए।

□

अमिट यादों के साथ अलविदा जर्मनी

11 जून की अल सुबह हम तैयार होने के साथ ही सामान उठाकर होटल से बाहर आ गए। अब हमारी मंजिल तो स्विट्जरलैंड का अंतरराष्ट्रीय शहर 'जिनेवा' थी, लेकिन बीच में पड़ाव जर्मनी का एक अन्य प्रमुख शहर 'फ्रेंकफर्ट' था। जर्मन एयरलाइंस 'लुफ्थांजा' का हब होने के कारण भारत में यूरोप और अमेरिका जानेवाले तमाम हवाई जहाज फ्रेंकफर्ट एयरपोर्ट का उपयोग विश्राम के लिए करते हैं। हमें भी जिनेवा के लिए फ्लाइट फ्रेंकफर्ट से ही पकड़नी थी। हमारे साथ अब शरद जोशी की जगह प्रकाशचंद्र थे, जो जाने-माने भू-जलविद् थे। परायी धरती पर अपने वतन का कोई साथी बड़ा सुकून देता है। वैसे भी किसी राजनीतिज्ञ के लिए इससे बड़ी सजा क्या हो सकती है कि उसके साथ कोई न हो।

बॉन से फ्रेंकफर्ट तक की यात्रा हमें ट्रेन से करनी थी। चर्चा के दौरान ही हमें साथियों ने बताया था कि अभी हाल ही में अत्यंत द्रुत गति से चलनेवाली ट्रेन का ट्रैक शुरू हुआ है, जिस पर ट्रेनों की रफ्तार 280 किलोमीटर प्रति घंटा रहती है। यानी हमारी शताब्दी-राजधानी से भी करीब तीन गुना तेज। वहीं दूसरे परंपरागत ट्रैक पर ट्रेन की रफ्तार कुछ कम रहती है, लेकिन उसका मार्ग बेहद खूबसूरत है। दरअसल यह मार्ग राईन नदी की घाटी से होकर गुजरता है। इस मार्ग पर प्राकृतिक दृश्य अत्यंत अद्‍भुत बताए जाते हैं। समय के अभाव के चलते हमने तेज गति की ट्रेन में बैठना तय किया। हालाँकि हसरत हमारी दूसरी ट्रेन में बैठने की थी। अब यह अलग बात है कि समय बचाने की कोशिश आगे चलकर कुछ काम नहीं आई।

फ्रेंकफर्ट हम दोपहर करीब 12 बजे के आसपास पहुँच गए थे और जिनेवा के लिए फ्लाइट सायं पाँच बजे थी। लिहाजा तय किया कि समय का सदुपयोग करते हुए इस चर्चित शहर को ही देख लिया जाए।

यह इरादा हमारे लिए महँगा साबित हुआ। दरअसल हम शहर देखने में इतना डूब गए कि समय का सही बोध ही नहीं रहा। 'समय' को न समझने की कीमत तो हमेशा हर किसी को किसी-न-किसी रूप में चुकानी ही पड़ती है, लिहाजा हमें भी चुकानी पड़ी। यह कीमत भारतीय मुद्रा में दरअसल कुल अठारह हजार रुपए तो चुकाई ही, साथ ही उस श्रम सम्मेलन को संबोधित करने से भी हम वंचित हो गए, जिसके लिए जिनेवा जा रहे थे। हुआ यूँ कि जब हम शहर घूमकर वापिस एयरपोर्ट पहुँचे, तब तक फ्लाइट की बोर्डिंग बंद हो चुकी थी। रायपुर का एयरपोर्ट तो था नहीं कि मंत्रीजी के लिए विमान इंतजार करता रहता। नतीजा यह रहा कि हमने एयरलाइंस के टिकट काउंटर पर पहुँचकर दो घंटे बाद की फ्लाइट का टिकट खरीदा और जुर्माने के तौर पर दो लोगों के लिए अठारह हजार रुपए अदा किए। पैसे तो बरबाद हुए ही, उससे भी ज्यादा खराब बात यह रही कि हम जब तक जिनेवा एयरपोर्ट से उतरकर सम्मेलन स्थल पर पहुँचे, तब तक रात के ग्यारह बज चुके थे। वहाँ अब चंद दरबानों के अलावा कुछ भी बाकी नहीं था। खैर, फ्रेंकफर्ट तो हम तीन-चार घंटे घूमे ही थे। इतने कम समय में बहुत कुछ देखना तो संभव था ही नहीं। फिर भी हम 'जील' जरूर घूमकर आए।

यह फ्रेंकफर्ट में शॉपिंग स्ट्रीट है और यहाँ बहुत ज्यादा भीड़भाड़ रहती है। यहाँ स्थित दुकानों की चमक-दमक देखते बनती है। प्रकाशचंद्र ने हमें बताया कि म्युनिख की एक सड़क के बाद यह जर्मनी की दूसरी सबसे महँगी जगह है। शहर में ऊँची इमारतों की भरमार है। बॉन में जहाँ केवल पोस्ट टावर को देखकर अचंभित थे, यहाँ तो ऐसी दसियों इमारतें मौजूद थीं। दरअसल यह एक व्यावसायिक शहर है और पैसा तो यहाँ बहता है। दुनिया के तमाम वित्तीय संस्थानों का मुख्यालय फ्रेंकफर्ट में ही है। शहर में कई पुरानी शक्ल की इमारतें दिखाई देती हैं, लेकिन उसमें से अधिकतर पुनः निर्मित हैं। दरअसल द्वितीय विश्वयुद्ध के दौरान हुई बमबारी में यहाँ की अधिकांश इमारतें जमींदोज हो गई थीं, लेकिन जर्मनी ने उन्हें फिर धरती के ऊपर खड़ा कर दिया। इसका सबसे बड़ा उदाहरण यहाँ की ओल्ड ओपेरा हाउस है। सन् 1880 में निर्मित इस इमारत को द्वितीय विश्वयुद्ध में क्षतिग्रस्त होने के बाद सत्तर के दशक तक जर्मनी के सबसे खूबसूरत 'खंडहर' के नाम से पुकारा जाता था। स्थानीय जनता के दबाव में इसका पुनर्निर्माण कराया गया और सन् 1981 में एक बार पुनः यह भवन आयोजनों के लिए खोल दिया गया। बहरहाल जर्मनी समझने का हमारे पास इतना ही समय था। अब हम नए देश को देखने-समझने की ओर अग्रसर थे, जिसकी प्राकृतिक सुंदरता की पूरी दुनिया दीवानी है। इसे हम 'यूरोप का कश्मीर' भी कह सकते हैं और वह देश है 'स्विट्जरलैंड'।

□

ब्राजील

सौंदर्य, विस्मय और रहस्य

मदमस्त कर देनेवाले रिओ के समुद्री तट से लेकर अमेजन नदी की गहराई तक एक विस्मय से भर देनेवाला देश है। चकाचौंध कर देनेवाले फैशन शो, वनों में छुपा रहस्य, गहरे समुद्र चमत्कार गढ़ते हैं। पुर्तगाली सभ्यता के लोग जो अपनी अनंत ऊर्जा और उत्साह से यहाँ आनेवालों का दिल जीत लेते हैं।

ब्राजील दक्षिण अमेरिका का सबसे बड़ा देश है। क्षेत्रफल और जनसंख्या की दृष्टि से यह विश्व का पाँचवाँ सबसे बड़ा देश है। यहाँ की जनसंख्या लगभग 190 मिलियन है। दक्षिण अमेरिका का यह एकमात्र ऐसा देश है, जहाँ पुर्तगीज भाषा बोली जाती है। ब्राजीलवासी रोमन कैथोलिक हैं। यहाँ विश्व के सबसे अधिक कैथोलिक परिवार निवास करते हैं। सन् 2000 में हुए सर्वे के अनुसार ब्राजील में 73 प्रतिशत लोग रोमन कैथोलिक हैं।

ब्राजील की पूर्वी सीमा अटलांटिक महासागर से लगी है, जिसकी लंबाई 7,491 कि.मी. है। उत्तर में वेनेजुएला, गुयाना, सूरीनाम, फ्रेंच गुयाना, उत्तर-पश्चिम में कोलंबिया, पश्चिम में बोलीविया एवं पेरू, दक्षिण-पश्चिम में अर्जेंटीना और पराग्वे तथा दक्षिण में उरुग्वे से घिरा है। ब्राजील की अमेजन नदी विश्व की बड़ी नदियों में से एक है। ब्राजील का पठार विश्व के प्राचीनतम पठारों में से एक है। ब्राजील में सबसे पहले साओ पाओलो स्वागत करता है। दक्षिण अमेरिका के सबसे बड़े शहर को लोग दक्षिण अमेरिका का न्यूयॉर्क भी कहते हैं। यह आसमान छूती इमारतों का जगमग शहर है।

□

जमीनी शख्स के दो दिन आसमान में

प्रेम और संघर्ष चंद्रशेखर साहू उर्फ भैया की प्रकृति भी है और नियति भी। फिर यदि विषय कृषि से जुड़ा हो और संयोग सात समुंदर पार ही नहीं, सात पहाड़ भी पार करने की यात्रा का हो, तो उनका निबोध मत स्वतः कुलाँचे मारने लगता है। यही कारण है कि गत वर्ष जर्मनी के बॉन शहर में आयोजित सम्मेलन में शिरकत कर चुके श्री साहू को जब ब्राजील के रियो-डि-जेनेरियो में संतुलित एवं स्थिर विकास पर केंद्रित वैश्विक सम्मेलन में शिरकत करने के लिए आमंत्रण मिला, तो वे तुरंत तैयार हो गए। अमूमन मंत्री होना यात्रा की व्यवस्थाओं को सुगम करा देता है, लेकिन मित्र ग्रह के तौर पर संघर्ष को स्थायी कुंडली में लिये बैठे चंपू भैया के लिए यह पद ही परेशानी का सबब बन बैठा। दूतावास से किसी किस्म की कोई सहूलियत न चाहने की लिखित गारंटी देने के बाद ही यात्रा शुरू होने की पूर्व रात्रि तक केंद्र शासन से स्वीकृति के पत्र की प्रतीक्षा भी इस यात्रा का अनुभव रही। दुनिया के दूसरे कोने की यात्रा से लौटे श्री साहू की रायपुर से रियो की यात्रा की कहानी उन्हीं की जुबानी—

यात्रा तो हमारे जीवन का अभिन्न हिस्सा रहा है। पदयात्रा से लेकर रथयात्रा, रेलयात्रा, हवाई यात्रा और विदेश यात्रा सभी का अनुभव भी जीवन में हो चुका था। फिर भी इस यात्रा को लेकर जितने आशंकित थे, उतने किसी और यात्रा में कभी नहीं रहे। आखिर यह यात्रा थी भी तो लगभग चालीस घंटे से भी अधिक समय की। ट्रेन में अगर इतनी देर बैठना पड़े, तो बहुत दिक्कत नहीं, लेकिन हम देहाती किसान को तो रायपुर से दिल्ली की दो घंटे की हवाई यात्रा ही भारी पड़ती है और यहाँ तो दो दिन हवाई जहाज में बिताने की बात थी। यात्रा की तैयारियों में जुटे पुत्र ने ट्रैवल एजेंट से बात कर मुझे बताया कि रियो शहर पहुँचने के लिए मुझे

रायपुर से दिल्ली, फिर दिल्ली से लंदन, लंदन से न्यूयॉर्क और फिर न्यूयॉर्क से रियो-डि-जेनेरियो के लिए फ्लाइट लेनी होगी, तो मन हुआ यात्रा स्थगित ही कर दूँ। फिर विचार किया कि दस साल बाद हो रहे इतने महत्त्वपूर्ण विषय के विश्व सम्मेलन में भागीदारी के अवसर को छोड़ना मूर्खता होगी, इसलिए डरे हुए दिल को दिमाग ने समझा ही लिया। हिम्मत इसलिए भी आ गई कि बॉन सम्मेलन के कुछ साथी इस बार भी हमसफर बनने को तैयार थे। इसमें सबसे अहम नाम था हमारे जयपुर के मित्र शरद जोशी का। उनकी विशेषता अपने पिछले संस्मरण में मैंने बताई थी कि कम-से-कम दाम में अधिकतम लाभ हासिल करने के लिए वे विशेषज्ञ हैं। उनका सान्निध्य हमारी जेब को बहुत सुहाता है। खैर, 16 जून की शाम हम जेट एयरवेज के विमान से देश की राजधानी दिल्ली के लिए रवाना हो लिये। डेढ़ हफ्ते से यात्रा की तैयारियों में जुटे हमारे चिरंजीव उत्पल साहू एवं सहायक सुधीर पंचभाई भी नई दिल्ली तक साथ देने के लिए हमसफर बने। उनकी चाहत तो आगे भी साथ देने की रही, लेकिन हमारी जेब ने इसकी इजाजत उन्हें नहीं दी। छत्तीसगढ़ सदन में रात्रि के कुछ घंटे बिताकर हम 17 जून को तड़के पाँच बजे इंदिरा गांधी अंतरराष्ट्रीय विमानतल पहुँच गए। विमानतल पर हमारी मुलाकात अपने सहयात्रियों से हुई। जनसत्ता के संपादक ओम थानवी, द हिंदू से संबद्ध यात्री, न्यायमूर्ति पानचंद जैन शामिल थे। शरद जोशी तो गत रात्रि छत्तीसगढ़ सदन में ही हमारे पास आ गए थे। ब्रिटिश एयरवेज के विमान से हम ठीक आठ बजे हिंदुस्तान की जमीन से लंदन के आसमान की ओर उड़ लिये। गड़बड़ ये हुई कि हम सबकी सीट अलग-अलग होने से गप्प मारने की संभावना ही खत्म हो गई।

विदेशी एयरलाइंस से यात्रा का एक नुकसान यह भी रहता है कि अधिकांशत: यात्रा में आपके अड़ोसी-पड़ोसी विदेशी होते हैं, जिसके चलते यात्रा बड़ी एकाकी हो जाती है। अब ब्रिटिश एयरवेज का चयन तो मजबूरी के चलते हमें करना पड़ा था, क्योंकि एयर इंडिया तो पायलट की अनिश्चितकालीन हड़ताल से जूझ रही थी। वैसे एयर इंडिया और हड़ताल मानो एक-दूसरे के पूरक ही बन बैठे हैं।

बहरहाल अब जब तक नौ घंटे की लंबी यात्रा कर लंदन पहुँचे, कुछ बातें ब्रिटिश एयरवेज के विषय में ही हो जाएँ। ग्रेट ब्रिटेन की सबसे बड़ी यह एयर लाइंस आज से करीब 38 वर्ष पूर्व अस्तित्व में आई जब दो अंतरराष्ट्रीय और दो क्षेत्रीय विमान कंपनियों को एकीकृत किया गया। तीन साल की लंबी प्रक्रिया के बाद 31 मार्च, 1974 को यह सरकारी कंपनी के तौर पर अस्तित्व में आई। पंद्रह साल के बाद फरवरी 1987 में निजीकरण की नीति के चलते इसे निजी हाथों में दे

दिया गया। निजीकरण के बाद कंपनी ने जो परिणाम दिए हैं, वे खासे चौंकानेवाले रहे हैं। आज यह ब्रिटेन की तो सबसे बड़ी विमान कंपनी है ही, दुनिया की भी श्रेष्ठतम एयरलाइंस की सूची में इसका अग्रणी स्थान है। लेकिन जो आनंद हमें अपने देश की विमान कंपनियों की उड़ान में आता है, वह इन विदेशी कंपनियों के जहाज में बैठकर नहीं आता। भारत से जब ये विमान उड़ते हैं, तो खाने-पीने को फिर भी ठीक-ठाक मिल जाता है, लेकिन विदेश में तो बस राम-राम।

□

खौफ में जीता है अमेरिका

घंटे बिताने का सवाल था और हमसफर के तौर पर अगल-बगल में अपरिचित जन की मौजूदगी थी। ऐसे में सिवाय पुस्तक पढ़ने या टी.वी. पर कार्यक्रम देखने के कोई और विकल्प तो था नहीं। हमने पुस्तक पढ़ने का इरादा किया और अपने बैग से मा. लालकृष्ण आडवाणीजी की आत्मकथा 'मेरा देश-मेरा जीवन' को ही अपना हमसफर बना लिया। यह पुस्तक हमारे पास मौजूद तो लंबे समय से थी, लेकिन उसके अध्ययन का समय हमारे लाख चाहने के बावजूद मिल ही नहीं पाया था। राजनीतिक जीवन की यह बड़ी त्रासदी है कि लोग समझते हैं, आपके हाथ में सबकुछ है, जबकि असलियत में अपने खुद के लिए समय तक तो रहता नहीं।

आठ घंटे की लंबी यात्रा के बाद जब विमान की परिचालिका ने हमारे लंदन पहुँचने की उद्घोषणा की तब तक किताब का काफी हिस्सा हमने खत्म कर लिया था। किताब के संदर्भ में बहुत चर्चा इसलिए नहीं करूँगा, क्योंकि अगर यह विषय छेड़ा तो हो सकता है इस किताब पर ही किताब लिखने लायक सामग्री एकत्रित हो जाए, इतना ही कह सकता हूँ कि जरूर पूर्व जन्म में कोई सत्कर्म ऐसे किए होंगे जो इस जन्म में हमें अटल, आडवाणीजी जैसे विराट् व्यक्तित्व के साथ कार्य करने का मौका मिला। विमान जब लंदन के हीथ्रो विमानतल पर रुका तो घड़ी की सुइयाँ दोपहर का 1 बजा रही थीं और 3.30 बजे हमारी न्यूयॉर्क की फ्लाइट थी। हीथ्रो कितना ही बड़ा विमानतल क्यों न हो, व्यवस्थाओं में अब वह हमारे इंदिरा गांधी हवाई अड्डे से पीछे हो गया है। भीड़-भाड़ बहुत ही ज्यादा है और मशीनें उनकी खासी पुरानी हैं। यहाँ तक कि सामान ढोने के लिए जो ट्राली यात्रियों को उपलब्ध कराई जाती हैं, वे भी खासी कंडम हो चुकी हैं।

दुनिया का तीसरा सबसे व्यस्त विमानतल होने का दावा करने के बावजूद यहाँ की व्यवस्थाओं ने हमें आकर्षित नहीं किया। बताया जाता है कि इस स्थान को सन् 1929 से द्वितीय विश्वयुद्ध तक हवाई पट्टी के तौर पर इस्तेमाल किया जाता रहा। द्वितीय विश्वयुद्ध के दौरान बमवर्षक विमानों ने यहाँ से काफी उड़ानें भरीं। द्वितीय विश्वयुद्ध की समाप्ति के बाद सरकार ने इसे सामान्य यातायात के लिए उपयोग में लाने का फैसला किया। आज यह 'यूनाइटेड किंगडम' की रीढ़ माना जाता है। बताते हैं कि प्रतिदिन यहाँ से दुनिया के 170 स्थानों के लिए विमान उड़ते हैं। इस महत्त्वपूर्ण विमानतल पर हम महज ढाई घंटे रहे। समझ के अभाव में हमने लंदन से न्यूयॉर्क का बोर्डिंग पास दिल्ली में माँगा नहीं और अपने से परिचारिका ने हमें दिया नहीं। इधर-उधर पूछताछ कर जैसे-तैसे हमने बोर्डिंग पास हासिल किया और भागते-दौड़ते एक बार फिर हम विमान में सवार हो गए। यह नौ घंटे का सफर अठारह घंटे के बराबर था। इकोनॉमी क्लास की सीट पर बैठकर करवट तो क्या शरीर के उन्नीस-बीस घूमने की भी स्थिति नहीं रहती। टॉयलेट जाने के बहाने ही हम अपने शरीर को हिलाते-डुलाते रहे और घड़ी पर बार-बार नजर घुमाते रहे। अच्छों-अच्छों का समय पर बस नहीं रहा तो हमारा क्या खाक रहता। हमारी निगाहों से घड़ी की सुइयाँ लेशमात्र भी प्रभावित हुए बगैर अपनी गति से घूमती रहीं। जब विमान के पहियों ने न्यूयॉर्क की जमीन को स्पर्श किया तब हमारी आँख की ऊपरी पलक भी निचली पलक को हमारे न चाहने के बावजूद स्पर्श किए जा रही थी। बोझिल आँखों, थके कदमों, पस्त शरीर लेकिन उत्साहित मन के साथ हम विमान से बाहर आए। यहाँ से हमें दूसरी एयरलाइंस के विमान से ब्राजील के रियो डि जेनेरियो शहर पहुँचना था। अलग एयरलाइंस होने के कारण टर्मिनल भी अलग था। न्यूयॉर्क अमेरिका का अत्यंत महत्त्वपूर्ण शहर है। ऐसा माना जाता है कि दुनिया अमेरिका से डरती है, लेकिन वहाँ के विमानतल पर हो रही सुरक्षा जाँच को देखकर लगा कि सबसे ज्यादा डरकर तो खुद अमेरिका जी रहा है। जूता-कपड़ा उतरवाकर ऐसे जाँचते हैं, जैसे परमाणु बम हम अपने जूते में ही डालकर ले आए हैं। इस जाँच प्रक्रिया में समय भी बहुत लगता है, लेकिन शरद जोशी की बदौलत हम इस जहालत से बच गए। वजह यह थी कि श्री जोशी ने वृद्ध शरीर को ध्यान में रखते हुए व्हील चेयर का अनुरोध किया हुआ था। हम उनके अटेंडेंट की भूमिका में आ गए। परिणाम 'हम जहाँ खड़े हो जाते हैं, लाइन वहीं से शुरू होती है' तर्ज पर सुरक्षाकर्मी हमें दूसरे रास्ते से बाहर निकाल दिए।

यात्रा शरीर पर कितनी भारी हो गई थी, इसका अंदाजा इससे ही लगाया जा

सकता है कि हम न्यूयॉर्क कितने बजे पहुँचे थे इसका भी हमें ठीक से बोध नहीं है। शायद शाम के सात-आठ बज रहे होंगे। लगेज काउंटर से अपना सामान उठाकर भागते कदमों से हमने अमेरिकन एयरलाइंस के काउंटर पर पहुँचकर बोर्डिंग संबंधी औपचारिकताओं को पूरा किया। इतने में विमान का समय हो गया और हम फिर से एक और विमान में सवार हो गए। यह यात्रा भी आठ-दस घंटे की रहनेवाली थी। भागा-दौड़ी इतनी ज्यादा रही कि न्यूयॉर्क विमानतल के संबंध में कुछ खास समझ ही नहीं सके।

□

अमेरिका के लिए ब्राजील है दबंग

बोझिल आँखें, टूटे बदन, बेचैन मन और खाली पेट के साथ हम अमेरिकन एयरलाइंस के विमान में बैठ रियो के लिए रवाना हुए। भूख का एहसास पेट में मौजूद चूहों की बेतहाशा कसरत के चलते चेहरे पर बेचैनी के भाव ले आया था। लेकिन पत्नी तो साथ थीं नहीं जो हमारी बेचैनी को समझकर स्वत: थाली परोस देतीं। तकरीबन एक घंटे की प्रतीक्षा के बाद विमान की परिचारिका ने बिना मुसकराए भोजन की प्लेट हमारे सामने रख दी। हमने लेकिन उनका स्वागत अपने होंठों को 180 डिग्री का विस्तार देकर पूरी उदारता के साथ किया। लेकिन हमारी यह हँसी कुछ ही मिनट बाद तब छूमंतर हो गई जब हमने वह भोजन करना शुरू किया। अत्यंत ही बेस्वाद भोजन था। रोटी के नाम पर क्या दिया गया था वह आज तक हम नहीं समझ पाए। एक बार तो ऐसा लगा कि इन्हें आटा गूँथकर नहीं रबड़ पिघलाकर बेल दिया गया है। गड़बड़ यह भी हो गई कि जो कुछ नाश्ता हम घर से लेकर चले थे वह लगेज में बुक करा दिया था। अब हमारे पास सिवाय जूस और पानी पर गुजारा करने के कोई विकल्प नहीं था। स्थानीय समय अनुसार 18 जून की सुबह के जब आठ बजने को थे हम अपने मुकाम ब्राजील के सर्वाधिक चर्चित शहर 'रियो-डि-जेनेरिया' के विमानतल पर पहुँच चुके थे।

हमारा तन-मन विमान से बाहर आने को मचल रहा था। हवाईपट्टी से चलकर विमान ने अपने ठहरने के स्थान तक पहुँचने में जो समय लिया उसे काटना भी हमारे लिए खासा मुश्किल था। बाहर आते ही हमने राहत भरी गहरी साँस ली।

सबको ब्राजील का यह बड़ा एयरपोर्ट काफी सुंदर और व्यवस्थित महसूस हुआ। इम्रीग्रेशन संबंधी औपचारिकताओं को पूरा कर हमने अपना-अपना सामान हासिल किया। रियो एयरपोर्ट पर इम्रीग्रेशन के दौरान एक दिलचस्प नजारा देखने

को मिला। यह खबरें तो हम लोग अखबारों में आए दिन पढ़ते ही रहते हैं कि अमरीका में अन्य देशों से आई बड़ी-बड़ी हस्तियों के कपड़े सुरक्षा जाँच के नाम पर उतरवा लिये जाते हैं। लेकिन रियो में ठीक इसके उलट है। वहाँ सुरक्षा जाँच लगभग वैसी ही है जैसी अपने देश में। लेकिन अगर किसी के पास अमरीका का पासपोर्ट है तो सुरक्षा जाँच अधिकारी उनकी तलाशी वैसे ही लेता है जैसा अमेरिका हम लोगों की लेता है। ब्राजील की यह दबंगई हमारे दिल को बहुत भायी। इम्रीग्रेशन पर ही सम्मेलन के आयोजक संयुक्त राष्ट्र के कार्यकर्ता हम जैसे ही तमाम प्रतिनिधियों की मदद के लिए मौजूद थे। हालाँकि हमें उनकी मदद की कोई खास जरूरत नहीं पड़ी। एयरपोर्ट से बाहर आकर हमने अपनी निगाह टैक्सी के लिए दौड़ाई। बचत के लिहाज से कोशिश यह थी कि कोई मिनी वैन मिल जाती तो हम सात लोग एक ही गाड़ी में सवार हो जाते। लेकिन ऐसा हो नहीं सका और हमने आधा-पौन घंटा खराब करने के बाद दो टैक्सी करने का फैसला किया।

ठीक समय पर फैसले न लेने के दुष्परिणाम आपको लगातार भोगने होते हैं। सम्मेलन में शामिल होने का फैसला भी काफी विलंब से लिया गया था। इसका नतीजा यह रहा कि शहर के किसी होटल में हमें अपने लिए जगह न मिल सकी। आखिरकार पूरी दुनिया से बीस हजार से अधिक प्रतिनिधि सम्मेलन में भाग लेने आ रहे थे। मजबूरन हमें रुकने के लिए एक मोटल का सहारा लेना पड़ा। इस मोटल का भी किराया कुछ कम नहीं था। तकरीबन छह हजार रुपए प्रतिदिन की दर से हमने इसका भुगतान किया था।

अब जब तक हम एयरपोर्ट से अपने मोटल तक पहुँचे, कुछ जानकारियाँ आपको ब्राजील के संबंध में दे दें। अटलांटिक महासागर से घिरा यह देश दक्षिण अमेरिका महाद्वीप का सबसे बड़ा देश है। क्षेत्रफल की दृष्टि से यह दुनिया का पाँचवाँ सबसे बड़ा देश है। दक्षिण अमरीका के अधिकांश देश स्पेन के उपनिवेश रहे, लेकिन आश्चर्यजनक रूप से ब्राजील पर पुर्तगाल का आधिपत्य रहा। सन् 1500 से सन् 1808 तक पुर्तगाल की राजधानी लिस्बन में हजारों किलोमीटर दूर इस जमीन की किस्मत के फैसले लिये जाते रहे। जब नेपोलियन की तलवार ने पुर्तगाल की ही स्वायत्तता को काट डाला तो उपनिवेश का अस्तित्व कहाँ से रहता। स्वतंत्र गणतंत्र के तौर पर ब्राजील अस्तित्व में तो सन् 1822 में आ गया था, लेकिन सत्ता का संघर्ष कई दशकों तक चलता रहा। इस संबंध में आगे विस्तृत चर्चा करेंगे, क्योंकि अब हम अपने मोटल पहुँच गए हैं।

भाषा का संकट कितना भयावह हो सकता है इसका एहसास हमें मोटल पहुँचकर हुआ। अड़तालीस घंटे से ज्यादा अवधि का सफर कर हम जब मोटल के रिसेप्शन पर पहुँचे तो शरीर बिस्तर पर गिरने के लिए मचल रहा था। बदकिस्मती ऐसी थी कि रिसेप्शन पर मौजूद महिला हमारी कोई बात समझ ही नहीं पा रही थी। ब्राजील में पुर्तगाली का बोलबाला है और अंग्रेजी से यहाँ किसी का कोई वास्ता ही नहीं। हम लोग अपनी बुकिंग के विषय में एक घंटे से भी ज्यादा समय तक बताते रहे, लेकिन नाकाम ही रहे।

संयोग से मोटल की संचालिका की कोई रिश्तेदार वहाँ आई हुई थी और उसकी अंग्रेजी भाषा से कुछ ठीक-ठाक मित्रता थी। उसके माध्यम से बात करने पर आखिरकार हम अपने रूम की चाबी हासिल कर पाए। इतना सब करते-करते दोपहर के बारह बज चुका है। यह सूचना निजी तौर पर वज्रपात से कम नहीं थी। कहाँ हमारा इरादा लंबी नींद मारने का था और कहाँ अब राहत भरी साँस लेकर सुस्ताने तक के हालात नहीं थे।

सभागार में समा गई दुनिया

साथियों का सर्वसम्मत फैसला यह था कि विश्राम बाद में हो जाएगा, पहले सम्मेलन में शिरकत करनी चाहिए। आखिर इतनी दूर हम आए भी तो इसीलिए हैं। इस फैसले के साथ हम अपने-अपने कक्ष में दाखिल हो गए। सेवानिवृत्त न्यायाधीश पानचंद जैन हमारे रूम पार्टनर थे। श्री जैन की उम्र 80 वर्ष हो चली है, लेकिन उनका उत्साह और जज्बा काबिल-ए-तारीफ है। विदेश में हम जब भी होटल के कमरे में जाते हैं, सबसे पहले उसका बाथरूम देखते हैं। यहाँ भी हमने यही किया। देखते ही हमने परम संतुष्टि अनुभव की, क्योंकि टॉयलेट भारतीय आदत के अनुसार था। यानी कागज की जगह पानी का इंतजाम था। यूरोप में तो हमें बोतल का इंतजाम करना पड़ता था।

खैर, बहुत तेज गति से हम दोनों नित्यक्रियाओं से निवृत्त हुए। दोपहर के एक बजे मोटल में नाश्ते की उम्मीद करना मूर्खता होती। इस कारण घर से बैग में भरकर लाए खुरमी और थेपला को हमने अपने उदर अर्थात् पेट में यथोचित स्थान प्रदान कर ठीक एक बजे रिसेप्शन पर पहुँच गए। बस-ट्रेन की जानकारी न होने के कारण एक बार फिर टैक्सी का सहारा लिया और तकरीबन चालीस मिनट बाद हम आयोजन स्थल रियो सेंटर के सामने मौजूद थे।

हम तो आयोजन स्थल को देखकर ही चमत्कृत रह गए। बॉन में हुए सम्मेलन

की तुलना में तो यह आयोजन कई गुना बड़ा था। सच बात तो यह है कि राजनैतिक रैलियों को छोड़ दें, तो इस स्तर के किसी सम्मेलन में शामिल होने का यह हमारा पहला अनुभव था। रियो सेंटर कितना विशाल था, इसका अंदाजा आप इसी से लगा सकते हैं कि एक बार में सात हजार से अधिक कारें परिसर में आसानी से खड़ी की जा सकती हैं। भवन के मुख्य सभागार में साढ़े चार हजार लोग एक साथ बैठ सकते हैं। इसके अलावा भी छोटे-छोटे सभागार वहाँ मौजूद थे। बाद में हमें यह भी जानकारी मिली कि यह परिसर तकरीबन 36 साल पुराना है, जबकि हम समझ रहे थे कि यह दो-चार साल ही पुराना होगा। वह इतना साफ और भव्य था। आयोजकों ने व्यवस्था बहुत ही उत्तम किस्म की कर रखी थी। रिसेप्शन पर जैसे ही हमने अपना आमंत्रण पत्र थमाया, चंद मिनटों में ही फोटो सहित परिचय-पत्र हमारे हाथ में थमा दिया गया। उस परिचय-पत्र में हमारा रंगीन छायाचित्र भी मौजूद था। सभागार के अंदर तो जैसे पूरी दुनिया ही एकत्रित हो रखी थी। अब जहाँ दो सौ से अधिक देशों के हजारों प्रतिनिधि मौजूद हों, वहाँ ऐसा होना स्वाभाविक ही था।

अलग-अलग कक्षों में विविध विषयों पर चर्चा के दौर चल रहे थे। यह सिलसिला गत 13 जून से जारी था। मुख्य सम्मेलन 20 से 22 जून तक प्रस्तावित था। जब विभिन्न देशों के प्रमुख भी आयोजन में शिरकत करनेवाले थे। इनमें हमारे प्रधानमंत्री मनमोहन सिंह भी शामिल थे। दरअसल यह सम्मेलन आज से बीस वर्ष पूर्व रियो में ही हुए पृथ्वी सम्मेलन की कड़ी है। इस आयोजन का उद्देश्य मौजूदा और भावी पीढ़ी के लिए आर्थिक-सामाजिक और पर्यावरण की दृष्टि से संतुलित टिकाऊ विकास सुनिश्चित करना था।

चिंतन की इस प्रक्रिया में हमने बराबरी से भागीदारी की। चर्चा का यह सिलसिला शाम सात बजे तक जारी रहा। आयोजन स्थल पर ही खाने-पीने के काफी काउंटर मौजूद थे। उनमें भारतीय भोजन भी शामिल था। खास बात यह थी कि भोजन तो दूर, यहाँ चाय भी आपको खरीदकर पीनी थी। वापसी हमने बस के माध्यम से की, क्योंकि अब हम स्थानीय व्यवस्थाओं को कुछ-कुछ समझने लगे थे। मोटल पहुँचने के बाद अब तैयारी रात्रि भोजन की करनी थी। मोटल में एक किचन मौजूद था, उसी को अब हम लोगों ने कर्मस्थली बनाया। खाने के नाम पर चावल और आलू उबाले गए। भूख अगर तेज हो, तो नमकविहीन पदार्थ भी छप्पन भोग की संतुष्टि देते हैं। ऐसी तृप्ति हम सभी ने आलू-भात खाकर महसूस की। □

रियो में प्रदर्शन कर लगाए नारे

रात्रि भोजन के दौरान ही तय किया गया कि अगला दिन रियो शहर को देखने-समझने में लगाया जाए, क्योंकि उसके बाद अधिवेशन का सबसे महत्त्वपूर्ण दौर शुरू हो जाना था। नींद न आने का तो प्रश्न ही नहीं था। बिस्तर पर गिरते ही नींद कब लग गई, इसका बोध ही नहीं हुआ। अगले दिन सुबह जल्दी उठकर हम सब रियो के अत्यंत प्रसिद्ध समुद्र तट पर घूमने के लिए चल दिए। यह समुद्र तट कोपेकबाना के नाम से प्रसिद्ध है, जो अनेक भारतीय फिल्मों में दिखाया गया है। सुबह समुद्र तट का नजारा खास दिलकश था। साफ-सफाई बेहद सराहनीय थी। बैठने की तो स्थान-स्थान पर व्यवस्था थी ही, साथ ही साइक्लिंग के लिए भी अलग से मार्ग बना हुआ था। रेत के मैदान पर ही अनेक बच्चे फुटबॉल खेलते दिखे। गौरतलब है कि फुटबॉल इस देश की पहचान है। फुटबॉल का सर्वकालिक महान् खिलाड़ी पेले इसी सरजमीं पर ही तो जन्मा था। ब्राजील की फुटबॉल टीम दुनिया की रैंकिंग में अरसे से नंबर वन पर काबिज चली आ रही है। इस देश के अधिकांश बच्चों का सपना डॉक्टर, इंजीनियर बनना नहीं, फुटबॉलर बनना रहता है। अपने सपनों को साकार करने की कोशिश में जुटे सैकड़ों बच्चे और युवा हमें रियो प्रवास के दौरान जहाँ-तहाँ दिखाई देते रहे। मौसम इतना सुहाना था कि हमें समय का पता ही नहीं चला। जब हम वापिस अपने मोटल के लिए जा रहे थे, तो देखा कि प्रदर्शनकारियों का एक झुंड चिल्लाते हुए झंडे फहरा रहा था। ये लोग इराक में अमेरिका के दखल के विरोध में इकट्ठे हुए थे। प्रदर्शन देख हमारा अपने पर काबू नहीं रहा और हम भी उनका हिस्सा बनकर नारेबाजी करने लगे। आधा घंटा प्रदर्शन में बिताकर हम एक बार फिर अपने मोटल में थे। सुबह का नाश्ता निःशुल्क था, इसलिए इस सुविधा का पूरा लाभ हममें से हरेक साथी ने पूरी ईमानदारी के साथ उठाया। अब हम सब शहर भ्रमण के लिए तैयार थे। वह शहर जो कभी इस देश की राजधानी भी था।

गौरतलब है कि अरसे तक राजनीतिक रूप से अस्थिरता का शिकार रहे इस देश की राजधानी रियो सन् 1960 तक बना रहा। बतौर राजधानी 138 साल तक यह शहर देश की राजनैतिक गतिविधियों का केंद्र बना रहा। दरअसल 1822 में पुर्तगाल से स्वतंत्रता हासिल करने के साथ ही रियो को नए स्वतंत्र राष्ट्र की राजधानी बनाया गया था। प्रारंभ में राजशाही को अनुसरण करनेवाला यह देश राजशाही, तानाशाही, साम्यशाही के दौर से गुजरते हुए गत सन् 1988 में मौजूदा लोकतांत्रिक स्वरूप में पहुँचा। बातचीत में लोगों ने बताया कि राजनैतिक अस्थिरता का आलम तो यहाँ तक रहा कि दो-तीन राष्ट्रपति-प्रधानमंत्री तो निर्वाचित होने के बाद अपनी शपथ ले पाते, उससे पहले ही उनकी हत्या कर दी गई।

कमाल की बात इस देश के संबंध में यह रही कि तमाम राजनैतिक प्रयोगों के सफल-असफल होने के दौर में भी इस देश की आर्थिक और सामाजिक तरक्की का सफर जारी रहा। रियो शहर की सड़कों से लेकर उनके मकान-दुकान व अन्य प्रतिष्ठानों को देखकर तथा नागरिकों के रहन-सहन को जानकार उनकी क्षमताओं से प्रभावित हुए बिना नहीं रह सकते।

रियो की सड़कों पर भ्रमण के दौरान ही हमारे जेहन में यह सवाल घूमने लगा कि जब यह शहर इतना सुंदर और व्यवस्थित है, तो फिर ऐसा क्या घटित हुआ जो इससे देश की राजधानी होने का गौरव छीन लिया गया। बाद में सेमिनार में एक स्थानीय पर्यावरणविद् ने बताया कि प्रारंभ में यह शहर बहुत छोटा था। राजशाही के सन् 1889 में खात्मे के साथ राजनैतिक और औद्योगिक गतिविधियाँ काफी बढ़ गई थीं, लिहाजा आसपास के इलाकों को भी शहर का हिस्सा बना दिया गया। इसीलिए यह उत्तर और दक्षिणी हिस्से में बँटा दिखाई देता है। 1940-50 के दशक में नई राजधानी की आवश्यकता अनेक स्तरों पर प्रतिपादित की गई, लेकिन सन् 1955 के राष्ट्रपति पद का चुनाव इस दिशा में मील का पत्थर साबित हुआ। उस चुनाव में प्रत्याशी जसलीनो कुबिस्चेक ने वादा किया कि अगर वह निर्वाचित हुए तो नई राजधानी बनाएँगे। वे चुनाव जीत गए, लेकिन आश्चर्य की बात यह रही कि जीतने के बाद भी उन्हें अपना वादा याद रहा। नेताओं में यह अच्छी आदत अब कहाँ पाई जाती है। वादे के तहत नई राजधानी ब्राजील 21 अप्रैल, 1960 को अस्तित्व में आ गई। यह बात अलग है कि आज भी दुनिया में ब्राजील की पहचान रिया-डि-जेनेरियो शहर से ही है।

शहर में इन दिनों बहुत व्यापक स्तर पर निर्माण कार्य चल रहे हैं। इसकी वजह सन् 2016 के ओलंपिक खेल हैं, जिन्हें आयोजित करने का मौका इसी शहर ने हासिल किया है।

□

रियो में छत्तीसगढ़िया से मुलाकात

रियो भ्रमण के तहत तमाम स्थानों को देखते हुए अंततः हम दोपहर तकरीबन दो बजे उस स्थान पर पहुँच गए जो गत आठ दशक से न केवल ब्राजील और रियो की पहचान के तौर पर दुनिया में जाना जाता है, बल्कि दुनिया के सात नए आश्चर्य में भी उसे शामिल किया गया है। यह अद्भुत स्थल है ईसा मसीह की अतिविशाल आदमकद प्रतिमा, जिसे क्राइस्ट द रेडीमर के नाम से जाना जाता है। यह विशालकाय प्रतिमा ईसा मसीह की अन्य प्रतिमाओं से इस मामले में भिन्न है कि यहाँ वह अपनी दोनों बाँहों को 180 डिग्री में फैलाए ऐसे प्रतीत होते हैं मानो समस्त दुनिया को अपने आलिंगन में समा जाने का आमंत्रण दे रहे हों।

गौरतलब है कि ब्राजील में रोमन कैथोलिक का बाहुल्य है। कुल आबादी का पैंसठ प्रतिशत हिस्सा रोमन कैथोलिक मतावलंबी है और यह प्रतिमा देश के ईसाई मत के प्रभाव का प्रतीक है। 130 फीट लंबी इस प्रतिमा को ऊँचाई की दृष्टि से विश्व में पाँचवाँ स्थान प्राप्त है। प्रतिमा की स्थापना से जुड़े तमाम रोचक तथ्य वहाँ मौजूद विशालपट्ट पर अंकित हैं।

जो जानकारी हमें इसके संबंध में मिल सकी, उसके अनुसार इस प्रकार की प्रतिमा स्थापित करने का विचार तो सर्वप्रथम सन् 1850 में तब सार्वजनिक हुआ था, जब यहाँ के चर्च के प्रमुख पैड्रो मारिया ने तत्कालीन साम्राज्ञी इसाबेल को राजधानी में कोई विशाल धार्मिक स्मृति-चिह्न स्थापित करने का अनुरोध किया था। इस विचार ने क्रियान्वित होने में लगभग 80 साल का समय लिया। कहने का आशय यह है कि विचारों के क्रियान्वयन में समय लेना सत्ताधीशों की आज से नहीं, सदियों पुरानी आदत रही है।

खैर, सन् 1921 में इस विचार को व्यवहार में परिणत करने की माँग ने इस

कदर जोर पकड़ा कि बाकायदा इसके लिए एक सप्ताह तक हस्ताक्षर एवं धन संग्रह अभियान चलाया गया। आखिरकार सन् 1922 में इसका निर्माण कार्य प्रारंभ हुआ। तकरीबन साढ़े बत्तीस लाख डॉलर की भारी-भरकम रकम और नौ साल की अवधि खर्च करने के बाद 12 अक्तूबर, 1931 को यह प्रतिमा लोकार्पित की गई। पुर्तगाल की अधीनता में रहे इस देश में यह प्रतिमा फ्रांस की मूर्तिकला पर आधारित है। चार वर्ष पूर्व बिजली गिरने से प्रतिमा कुछ क्षतिग्रस्त भी हो गई थी, लेकिन उसे जल्द ठीक करा लिया गया।

यहीं पर हमारी मुलाकात स्वामी सिद्धेश्वरानंदजी से हुई, जो मूलत: छत्तीसगढ़ के हैं। हमारे समूह के एक साथी के माध्यम से उन्हें ज्ञात हुआ कि हम रियो प्रवास पर आए हुए हैं। स्वामीजी आनंदमार्गी हैं और गत बीस वर्षों से रियो में योगाश्रम का संचालन कर रहे हैं। जब उन्हें हमारे रियो प्रवास का पता चला, तो वह हमसे भेंट करने आ गए। कई हजार किलोमीटर की दूरी में छत्तीसगढ़िया से मुलाकात और छत्तीसगढ़ी में संवाद खासा रोमांचित करनेवाला रहा।

स्वामीजी ने बताया कि बीच में यह शहर विकास की दौड़ में काफी पिछड़ गया था। दरअसल राजधानी का दरजा छिन जाने के कारण जहाँ यह शहर राजनीतिक गतिविधियों का मुख्य केंद्र नहीं रहा, वहीं व्यापारिक दृष्टि से साओ पाओलो के उभार ने भी इस शहर के विकास को नकारात्मक रूप से प्रभावित किया। लेकिन ओलंपिक खेलों की मेजबानी मिलने के बाद से ही शहर का स्वरूप बदलने लगा है। जगह-जगह पर चल रहे निर्माण कार्य स्वामीजी की बात की पुष्टि कर रहे थे। यह रोचक मुलाकात करीब दो घंटे की रही।

शहर भ्रमण के दौरान ही हमने मरकाना स्टेडियम भी देखा जो दुनिया के श्रेष्ठतम फुटबॉल स्टेडियमों में से एक है। उक्त स्टेडियम में भी इन दिनों पुनर्निर्माण कार्य जोर-शोर से जारी है। तकरीबन 85 हजार दर्शकों की क्षमतावाले इस स्टेडियम में सन् 2014 के फीफा वर्ल्ड कप का फाइनल मैच होना तय है। ब्राजील और फुटबॉल के संबंध में तो हम आपको पहले ही विस्तार से बता चुके हैं। शरीर अब थकने लगा था, लिहाजा अब हम सबने वापस मोटल की ओर रुख कर लिया। अब कल से महासम्मेलन जो शुरू होने जा रहा था।

□

एक किलो मिट्टी का मोल हजार डॉलर

20 जून से 22 जून तक का समय तो मोटल से रियो सेंटर के बीच वैसे ही बीता जैसे मुल्ला की दौड़ मसजिद तक रहती है। सुबह नौ बजे निकलते और रात नौ बजे तक लौटते। 21 जून को हमारी मुलाकात अपने प्रधानमंत्री मनमोहन सिंह से भी हुई। मुख्य सभागार में जब उनका उद्‌बोधन हुआ, तो हम साक्षी के तौर पर वहाँ मौजूद रहे। श्री सिंह को कृषि से जुड़े विषयों पर अपने विचारों से हमने और हमारे साथियों ने अवगत कराया। श्री सिंह अटलांटा होटल में ठहरे हुए थे और हम सबके साथ उनका मुलाकात का कार्यक्रम भी बन गया था, लेकिन अपरिहार्य कारणों से साथ बैठना हो नहीं पाया। सम्मेलन में हमें भी अपनी बात रखने का अवसर मिला और हमने संक्षिप्त में अपने विचारों को अभिव्यक्त भी किया। संक्षिप्त इसलिए, क्योंकि समय का संकट जो था।

23 जून की दोपहर हम रियो शहर को अलविदा कहकर ब्राजील की वाणिज्यिक राजधानी साओ पाओलो के लिए रवाना हो लिये। हमारे कुछ साथियों ने यात्रा के लिए सड़क मार्ग को चुना, लेकिन हमने आकाश मार्ग से यात्रा का फैसला लिया। 23 जून की शाम हम साओ पाओले में थे। यह घनी आबादी के साथ ब्राजील का सबसे बड़ा शहर है। यहाँ हमारे रुकने का इंतजाम एक औसत दरजे के होटल में था।

शाम हो चुकी थी, लिहाजा हमने रात्रि भोजन के उद्‌देश्य से भारतीय रेस्तराँ को ढूँढ़ने का असफल प्रयास किया। किचन सुविधा भी मोटल की तर्ज पर यहाँ नहीं थी। आखिरकार कमरे में मौजूद चाय की केतली में पानी खौलाकर इंस्टेंट पोहा तैयार किया गया। यही हमारा रात्रि भोजन रहा, जो शरद जोशी के सौजन्य से था। वे इंदौर से इस्टेंट पोहा के कई पैकेट नाश्ते के उद्‌देश्य से लेकर आए थे, लेकिन उनका उपयोग हमने रात्रिभोज में ही कर लिया। साओ पाओलो में किसी क़िस्म के कोई

सम्मेलन में हमें भागीदारी नहीं करनी थी। यहाँ का प्रवास विशुद्ध पर्यटन का हिस्सा था। सुबह नाश्ते के तत्काल बाद ही हम शहर की सड़कों पर थे। यह शहर भी मेट्रो की त्रासदी से गुजरता हुआ ही महसूस हुआ। सड़क पर वाहनों की बेतहाशा मौजूदगी शहर की समृद्धि को दरशा रही थी, लेकिन उसकी रेंगने की रफ्तार बेबसी को भी बयाँ कर रही थी। सड़क पर ट्रैफिक इस कदर भयावह रहता है कि इस शहर में आने-जाने के लिए लोग आकाश मार्ग तक का इस्तेमाल करते हैं। हम तो यह जानकर ही अचंभित हो गए कि इस शहर में पाँच सौ से ज्यादा हेलीकॉप्टर एक स्थान से दूसरे स्थान के लिए उड़ान भरते रहते हैं। कई कंपनियाँ अपने वरिष्ठ अधिकारियों को उनके घर से कार्यालय आने-जाने के लिए हेलीकॉप्टर की सुविधा उपलब्ध कराती हैं। बताते हैं कि हेलीकॉप्टर का इस कदर इस्तेमाल दुनिया के अन्य किसी भी शहर में नहीं किया जाता। गौरतलब है कि यहाँ का स्टाक एक्सचेंज दुनिया का सबसे समृद्ध शेयर बाजार का दरजा रखता है। यह शहर हमें कई मायनों में मुंबई की याद दिलाता रहा। जैसे मुंबई की बारिश का भरोसा नहीं, वैसा ही हाल इस शहर का भी है। कब, कहाँ और कितनी बारिश होगी, इसे कोई नहीं बता पाता। आबादी भी डेढ़ करोड़ के आसपास बताई जाती है। जैसे देश के कोने-कोने से अनेक खाकपति मुंबई पहुँचकर लखपति-करोड़पति हो गए, वैसे ही दुनिया के कोने-कोने से लोग साओ पाओलो पहुँचकर अरबपति-खरबपति हो गए। इन भाग्यशाली लोगों में भारतीयों की संख्या ठीक-ठाक रही है। खासकर राजस्थान के खंडेलवाल समुदाय के लोगों ने यहाँ आकर काफी नाम कमाया है। उन्होंने यहाँ रत्नों का व्यापार किया। व्यापार का प्रस्ताव हमें भी मिला। एक दुकान पर गए, तो वहाँ हमें एक हजार डॉलर में एक किलो मिट्टी मिल रही थी। उस मिट्टी में हीरे पाए जाते हैं। मिट्टी के मोल सामान खरीदने की कहावतें जीवन में चरितार्थ होते तो हमने कई बार देखी थीं, लेकिन मिट्टी का इतना मोल तो हमने पहली बार ही देखा। बढ़ी विनम्रता से हम इस सौदे को इनकार कर आगे बढ़ गए।

□

सांबा न देख पाने की कसक–अंतिम

ब्राजील प्रवास के हम आखिरी दौर में आ चुके थे। साओ पाओलो में हमें इस देश को जानने-समझने का मौका रियो की तुलना में ज्यादा मिला। इसकी दो वजह थीं। एक तो यहाँ किसी सम्मेलन में भागीदारी का तनाव नहीं था और दूसरे यहाँ भारतीय समुदाय के लोगों से बातचीत का मौका मिलता रहा।

दोपहर का भोजन हमने एक भारतीय रेस्तराँ तथागत में किया। यहाँ पर भगवान् बुद्ध की विभिन्न मुद्राओं और आकार में अनेक मूर्तियाँ सजावट के तौर पर लगाई गई थीं। रेस्तराँ का संचालक भारतीय होने के कारण हमने उससे बातचीत का अवसर हरगिज नहीं गँवाया। दो दिन हमने न केवल वहाँ खाना ही खाया, बल्कि इस देश को जानने-समझने का भरपूर प्रयास भी किया। चार सौ साल पुराना यह शहर गगनचुंबी इमारतों को अपनी छाती पर बिठाए हुए है। कॉफी के निर्यात से अपनी समृद्धि की शुरुआत करनेवाले इस शहर में बड़ी संख्या में आप्रवासी हैं। इनमें पुर्तगाल के अलावा जर्मनी, स्पेन, इटली, जापान सहित काफी संख्या में अफ्रीकी महाद्वीप के बाशिंदे भी हैं। विविधता की वजह इस शहर में रोजगार और व्यापार के अनगिनत अवसर का रहना रहा। देश-विदेश के अधिकांश बैंक और व्यापारिक संस्थानों का मुख्यालय साओ पाओलो ही है। इसी कारण इस शहर को देश की वाणिज्यिक राजधानी का दरजा प्राप्त है।

शहर घूमने के लिए जब हमने टैक्सी का सहारा लिया, तो पाया कि यहाँ पर टैक्सी की दरें रियो की तुलना में काफी कम हैं। बातचीत में ही पता चला कि साओ पाओले गे परेड के लिए भी काफी चर्चित है। गत सालों से इस शहर में गे परेड का आयोजन होता है, जिसमें दुनियाभर के लाखों लोगों की हिस्सेदारी रहती है। यह विषय हमें कभी समझ में नहीं आया। अतः हमने इस संबंध में ज्यादा

जिज्ञासा प्रदर्शित नहीं की। एक चीज देखने की हमारी इच्छा अधूरी रह गई, वह थी सांबा नृत्य। पूरी दुनिया में विख्यात सांबा परेड हमें दोनों ही शहरों में देखने को नहीं मिली। दो दिन का साओ पाओलो प्रवास के बाद 25 जून की भरी दोपहरी में हमने होटल से विमानतल के लिए रवानगी ली। कहाँ जाम में फँस गए, इस बात से भयाक्रांत हो हम लोग जरा जल्दी ही रवाना हो लिये। नतीजा यह रहा कि फ्लाइट छूटने के चार घंटे पहले हम विमानतल पर मौजूद थे। अंतरराष्ट्रीय विमानतल आजकल शानदार किस्म के मॉल में तब्दील हो चुके हैं। खाने-पीने के अनगिनत रेस्तराँ और तमाम महँगे ब्रांड की आलीशान दुकानों की चमक-दमक आपको अलग ही दुनिया में ले जाती है। दोपहर के तीन बजे से शाम के सात कब बज गए, इसका हमें इस मायावी दुनिया में बोध ही नहीं रहा।

एक बार फिर हम अमेरिकन एयरलाइंस के विमान पर सवार थे। पिछले अनुभव के सबक लेकर अपना खाना-पीना हमने पहले ही कर लिया था। लिहाजा, एक बार फिर आडवाणीजी की किताब 'मेरा देश-मेरा जीवन' को हाथ में थाम हमने ब्राजील को अलविदा कर अमेरिका के लिए उड़ान भर ली।

□

मंदी का शिकार कानपुरिया वाजपेयी

दक्षिण अमरीका महाद्वीप के सबसे महत्त्वपूर्ण देश 'ब्राजील' की राजधानी ब्राजीला से हमारे द्वारा विमान के माध्यम से भरी गई उड़ान दुनिया के 'दादा' अर्थात् संयुक्त राज्य अमरीका के लिए थी। स्कूली जीवन से ही अमरीका हमारी उत्सुकता का केंद्र रहा है। महज पाँच सौ साल का ज्ञात इतिहास रखनेवाला देश किस खूबी के चलते समूची दुनिया का नीति-नियामक बन बैठा, यह जानने में हमारी खासी दिलचस्पी थी। अब समय आ रहा था कि हम अपनी जिज्ञासा भरे तमाम सवालों का समाधान स्वयं अनुसंधान करके खोज सकते थे।

अमेरिकन एयरलाइंस के विमान में यात्रा के कुल जमा नौ घंटे का वक्त हमने बंद आँखों और सोते दिमाग के साथ काटा। निरंतर यात्रा की थकान के चलते दिमाग न तनिक सोचने-विचारने को तैयार था और आँखों ने भी कुछ पढ़ने-पढ़ाने से इनकार कर दिया था। जब विमान की परिचारिका ने हमें न्यूयॉर्क के निकट पहुँचने की सूचना दी तो टी.वी. स्क्रीन पर स्थानीय समय सुबह के साढ़े सात बता रहा था। अमरीका में समय का बड़ा चक्कर है। विशाल क्षेत्रफल होने के कारण एक ही देश में अलग-अलग शहरों में घड़ियाँ अलग-अलग समय बताती हैं। एयर होस्टेस से ही हमें जानकारी मिली कि वह देश छह टाइम जोन में विभाजित है, अर्थात् इस देश के छह शहरों में एक ही समय में घड़ी के काँटे अलग-अलग अंकों पर चढ़े दिखाई देते हैं।

साढ़े आठ बजे कुनकुनी धूप हमारे स्वागत में फर्श और शरीर पर बिछ-बिछ जा रही थी, जब हम विमान से बाहर निकलकर पारदर्शी गलियारे होते हुए आव्रजन काउंटर की ओर जा रहे थे। शरद जोशी की व्हीलचेयर के सहायक की भूमिका का ही कमाल था कि जिस देश में तमाम राष्ट्राध्यक्षों के कपड़े, सुरक्षा जाँच के नाम

पर उतरवा लिये जाते हैं, वहाँ हम चंद मिनटों में बिना कुछ उतारे बाहर आ गए।

यह हवाईअड्डा अमरीका के सर्वाधिक चर्चित राष्ट्रपति रहे जॉन एफ. कैनेडी के नाम पर है, और उस शख्सियत जितना ही विशाल भी है। इसकी विशालता का अंदाजा इसी बात से लगाया जा सकता है कि यहाँ सात टर्मिनल और छह रन-वे एक साथ काम कर रहे हैं। यह यात्री संख्या और फ्लाइट की दृष्टि से देश का सबसे बड़ा विमानतल है। सन् 1948 में प्रारंभ हुआ यह विमानतल पहले 'इडलेबिल्ड एयरपोर्ट' के नाम से जाना जाता था, लेकिन कैनेडी की शहादत के बाद इसका नामकरण उस महान् शख्सियत के नाम पर कर दिया गया था। हम एयरपोर्ट से जुड़ी और जानकारी जुटाना चाह रहे थे, लेकिन तब तक बाकी साथी भी सामान लेकर बाहर आ गए। अब दृश्य बड़ा अजीब था। हम तकरीबन बीस लोग एक साथ ब्राजील से अमरीका पहुँचे थे, लेकिन एयरपोर्ट से बाहर निकलते ही ऐसा लगा मानो हिंदुस्तान ही पहुँच गए हैं।

लगभग हममें से हर साथी का कोई-न-कोई रिश्तेदार या मित्र उसे लेने के लिए बाहर खड़ा था। एक-एक करके हमारे साथी हमें हाथ हिलाते और मुसकराते विदा होते जा रहे थे। आखिर में जोशीजी समेत हम कुल पाँच लोग ऐसे बचे, जिनका कोई नातेदार एयरपोर्ट पर मौजूद नहीं था। जोशीजी इस स्थिति से काफी खिन्न भी हो गए थे। बहरहाल पाँच लोगों की मौजूदगी के चलते बड़ी टैक्सी करना तय किया। बड़ी टैक्सी लेने के चक्कर में आधा घंटा हम लोगों को अधिक इंतजार भी करना पड़ा। खैर, जो टैक्सी हमें मिली उसका चालक एक भारतीय ही निकला। पर नाम तो हमें स्मरण नहीं, लेकिन वह कानपुर का कोई वाजपेयी था और 'मंदी' की मार का शिकार था।

□

तोहफे में मिला न्यूयॉर्क

परदेस में अपने वतन के व्यक्ति से मुलाकात का सुख वही जान सकता है, जिसने इसका स्वयं अनुभव किया हो। वाहनचालक के तौर पर एक भारतीय की मौजूदगी ने हमारे हृदय में आनंद की हिलोरें इस कदर पैदा कर दीं कि हम अपनी जिज्ञासा की नौका को उसमें उतारने से न रोक सके।

विमानतल से मैनहट्टन इलाके में स्थित हमारे होटल की दूरी खासा ज्यादा थी। प्रारंभ में तो कार की रफ्तार इस कदर तेज थी कि लगा सड़क पर चल नहीं, बल्कि उड़ रही है। जैसे ही हम न्यूयॉर्क शहर पहुँचे, उड़ान भरती कार ने अचानक रेंगना शुरू कर दिया। ट्रैफिक की रफ्तार इस कदर बदतर थी कि दिल्ली और मुंबई हमें बहुत बेहतर महसूस होने लगे। कार से आसमान देखने की कोशिश भी बहुत कामयाब नहीं होती, क्योंकि हर इमारत जैसे आसमान को अपनी आगोश में लेने को लालायित थी। रेंगती कार में समय काटने के लिए भारतीय वाहनचालक वाजपेयी से बातचीत से बेहतर जरिया क्या हो सकता था। वाजपेयी ने बताया कि वह दस-बारह साल पहले अमेरिका शुद्ध पैसा कमाने के लिए आया था। और, इस देश में दुनिया भर से आनेवाले लोगों का एकमात्र उद्देश्य यही रहता है। जैसे भारत में पैसा कमाने के लिए लोग बंबई का रुख करते हैं, वैसे ही पूरी दुनिया से लोगों की पहली पसंद अमेरिका और उसमें भी न्यूयॉर्क शहर रहता है। उसी के तहत वाजपेयी भी यहाँ पहुँचा था। कुछ ही समय में उसके पास खुद का मकान और डिपार्टमेंटल स्टोर के तौर पर खुद की दुकान भी हो गई थी। बुरा हो मंदी की मार का जो पूरा धंधा चौपट हो गया और नौबत ड्राइवरी करने तक की आ गई। हालात इस कदर खराब हैं कि वह ड्राइवर अपना डिपार्टमेंटल स्टोर बेचकर वापिस हिंदुस्तान लौट जाना चाहता है, लेकिन उसे उसका कोई खरीदार नहीं मिल रहा है।

अब जब तक हम होटल पहुँचें, कुछ बातें न्यूयॉर्क शहर के संदर्भ में भी हो जाएँ। दरअसल इस शहर पर कभी नीदरलैंड का भी प्रभुत्व रहा था और तब उन्होंने इसे 'न्यू एम्सटर्डम' के नाम से नवाजा। बाद में जब सन् 1664 में ब्रिटिश राज का इस इलाके पर कब्जा हो गया, तो उन्होंने इसे 'न्यूयॉर्क' नाम दिया। इसकी वजह यह थी कि ब्रिटेन के राजा चार्ल्स ने बतौर तोहफा इसे अपने भाई 'ड्यूक ऑफ यार्क' को सौंप दिया था। यह तथ्य भी बहुत कम लोगों को पता है कि इस शहर के पास शक्तिशाली अमेरिकी साम्राज्य की राजधानी रहने का भी गौरव हासिल रहा है। वाशिंगटन से पहले सन् 1785 से 1790 तक यह शहर संयुक्त राज्य अमेरिका की राजधानी रहा।

एक रोचक बात हमें यहीं आकर पता चली कि न्यूयॉर्क केवल शहर का ही नहीं, राज्य का भी नाम है। न्यूयॉर्क राज्य की राजधानी न्यूयॉर्क सिटी है। इसी प्रकार हम तो केवल यही जानते थे कि अमेरिका की राजधानी वाशिंगटन है, लेकिन यहाँ तो वाशिंगटन नाम का राज्य भी है, जो राष्ट्रीय राजधानी से हजारों मील दूर कनाडा की सीमा पर स्थित है। उस राज्य की राजधानी सिएटल है, जहाँ बिल गेट्स रहते हैं।

खैर, तकरीबन डेढ़ घंटे की यात्रा के बाद हम अपने होटल के सामने थे। होटल क्या था, सही मायनों में कहें तो वह 'हॉस्टल' था। जोशीजी की मितव्ययिता कभी-कभी हम लोगों पर काफी भारी पड़ती है। हमने दो कमरे बुक कराए थे। जब उनमें गए तो पता चला, उनमें से एक में टॉयलेट ही नहीं है। काफी जद्दोजहद के बाद अतिरिक्त भुगतान कर हम लोगों ने एक और कमरा हासिल किया। स्नान-ध्यान के बाद हम जब तैयार हुए, तो दोपहर भोज का समय हो चुका था। तभी श्री जोशीजी से मुलाकात के लिए एक स्थानीय व्यवसायी श्री गुप्ता वहाँ आ पहुँचे थे। उन्हीं के साथ हम लोग भारतीय रेस्तराँ की तलाश में रवाना हो लिये।

□

सलाद के कटोरे जैसा अमेरिका

न्यूयॉर्क दरअसल अंतरराष्ट्रीय शहर है। यहाँ हर तीसरा शख्स किसी अलग मुल्क से ताल्लुक रखता है। जैसे सलाद के कटोरे में प्याज, टमाटर, गाजर, मिर्ची पाए जाते हैं, हमें लगा कि अमरीका में इनसान ऐसे पाए जाते हैं। कोई स्पेन से है तो कोई फ्रांस से और कोई भारत से। न्यूयॉर्क शहर में यह स्थिति और भी ज्यादा सघन रूप से दिखाई देती है। यहाँ लगभग सभी प्रमुख देशों का अपना-अपना इलाका भी बना हुआ है। वह चाहे चाइना टाउन हो या लिटिल इंडिया। खैर, दोपहर भोजन के लिए भारतीय रेस्तराँ को तलाशने में हमें कोई मेहनत करनी ही नहीं पड़ी। इसकी दो वजह थीं। एक तो स्थानीय निवासी श्री गुप्ता बतौर मार्गदर्शक हमारे साथ थे और दूसरे, भारतीय रेस्तराँ की यहाँ कोई कमी भी नहीं।

खाना खाने के बाद श्री गुप्ता के आग्रह पर ही हम उस ऐतिहासिक प्रतिमा को देखने के लिए रवाना हो लिये, जो न्यूयॉर्क नहीं बल्कि पूरी दुनिया में अमेरिका की पहचान है। ठीक समझा आपने, हम बात कर रहे हैं 'स्टैच्यू ऑफ लिबर्टी' की। न्यूयॉर्क अटलांटिक महासागर के मुहाने पर स्थित है और इसका बंदरगाह एक समय अन्य देशों से अमेरिका आगमन का मुख्य केंद्र होता था। उस समय को दरशाता एक संग्रहालय भी यहाँ मौजूद है, लेकिन समय की सीमितता के कारण हम उसे देखने नहीं जा सके। स्टैच्यू ऑफ लिबर्टी समुद्र के बीचोंबीच स्थित है और इसे देखने के लिए आपको 'फेरी' यानी पानी पर चलनेवाला छोटा जहाज का सहारा लेना पड़ता है। श्री गुप्ता ने हमें यात्रा के दौरान बताया कि यह प्रतिमा दरअसल अमेरिका की है ही नहीं, इसे तो फ्रांस के निवासियों ने बतौर उपहार करीब सवा दो सौ वर्ष पहले प्रदान किया था। यह प्रतिमा स्वतंत्रता के प्रतीक के तौर पर स्थापित है और रोमन शैली में निर्मित है। हाथ में मशाल थामी इस प्रतिमा को देखना अपने-आप में बेहद

सुखद अनुभव देता है। समुद्री हवाओं के बीच दो सौ साल से भी अधिक समय से इसकी अडिग मौजूदगी अपने-आप में आश्चर्यजनक है। इस प्रतिमा की ऊँचाई 151 फीट है, लेकिन चबूतरे के साथ मापने पर इसका कद 305 फीट से भी ज्यादा ऊँचा हो जाता है। यह जानकर आपको आश्चर्य होगा कि जो अमेरिका आज समृद्धि का प्रतीक बना हुआ है, उसे अपनी आजादी के प्रतीक को तैयार कराने में 20 साल से अधिक समय लग गया था। यह प्रतिमा भी टुकड़ों में तैयार हुई थी। इसका सिर और मशाल थामा हाथ पहले तैयार करके जनता के सम्मुख प्रदर्शित कर धन संग्रह अभियान चलाया गया। सवा लाख लोगों के चंदे से यह प्रोजेक्ट पूरा हुआ। अधिकांश लोगों का योगदान एक डॉलर से भी कम था। यह बात अलग है कि अब आप अगर न्यूयॉर्क के समुद्र तट पर जाएँगे तो कई लोग आपको रँगे चेहरे के साथ इस प्रतिमा का स्वरूप धारण किए मिल जाएँगे। यदि आप इनके साथ फोटो खिंचवाना चाहेंगे तो बदले में आपको पाँच डॉलर चुकाने होंगे।

जिस टापू पर यह प्रतिमा स्थापित है, उसे 'लिबर्टी आयलैंड' के नाम से पुकारा जाता है। अभी इन दिनों प्रतिमा के संधारण का कार्य चल रहा है जिसके कारण उसके नजदीक जाना प्रतिबंधित किया हुआ है। वहाँ इससे जुड़ी और भी तमाम बातें शिलापट्ट पर अंकित थीं, जिन्हें श्री जोशी ने अपने कैमरे में कैद कर लिया था। यात्रा की थकान के कारण हमने भी अपनी आँखों को ज्यादा तकलीफ प्रदान नहीं की। फेरी से जब हम उतरे तो शाम हो चुकी थी। जैसे-जैसे आसमान में अँधेरा होता जा रहा था, न्यूयॉर्क शहर शनैः-शनैः जगमग-जगमग हो रहा था। मानो होड़ लगी हो कि रोशनी सूरज में ज्यादा है या इस शहर के बाशिंदों में। रात जवान हो रही थी और सड़कों पर आवाजाही बढ़ती जा रही थी। ऐसा प्रतीत हो रहा था कि शहर की सारी आबादी अपने घरों से निकल सड़क पर आ जाने को आमादा है। न्यूयॉर्क शहर को समझना है तो आपको सड़क पर उतरना ही होगा। यह समझते ही हम लोग टैक्सी छोड़ पैदल शहर भ्रमण करने लगे।

□

न्यूयॉर्क नंबर वन

हम चहलकदमी और देर करना चाहते थे, लेकिन पूर्व निर्धारित कार्यक्रम के तहत हमें वापिस अपने होटल लौटना पड़ा। दरअसल रात्रिभोज के लिए हमें डॉ. प्रज्ञाकांत मांगलिक के निवास जाना था। उनकी पत्नी सविता मांगलिक रायपुर की ही हैं और उनसे हमारा धर्मबहन का नाता है। जब हम होटल पहुँचे, तो श्री मांगलिक के मित्र हमारे इंतजार में पहले से मौजूद थे। बमुश्किल पंद्रह मिनट में हाथ-मुँह धोकर हम उनके साथ हो लिये। श्री मांगलिक का निवास न्यूयॉर्क शहर के बाहरी इलाके में है। लिहाजा वहाँ जाने के लिए मेट्रो रेल का उपयोग किया गया।

हम आपको पहले ही बता चुके हैं कि न्यूयॉर्क काफी भीड़-भाड़ वाला शहर है। एक आँकड़े के अनुसार प्रतिवर्ष पाँच करोड़ से अधिक पर्यटक या यात्री इस शहर में विभिन्न स्थानों से आते हैं। इस भीड़-भाड़ के कारण सार्वजनिक परिवहन के साधनों का उपयोग करना ही बुद्धिमत्ता है, क्योंकि यह समय और जेब दोनों ही दृष्टि से काफी किफायती रहता है। हम तो यह जानकर अचंभित ही रह गए कि यह शहर ऊर्जा बचत के मामले में देश का सबसे अग्रणी शहर है।

हमें तो यह याद रखना ही मुश्किल हो गया कि यह शहर किन-किन मामलों में नंबर वन है। छत्तीसगढ़ राज्य की तरह इस शहर का भी नंबर वन से कुछ खास नाता है। इसका ग्रांड रेलवे स्टेशन प्लेटफॉर्म की संख्या की दृष्टि से दुनिया का सबसे बड़ा प्लेटफॉर्म है। इसी प्रकार जार्ज वाशिंगटन पुल को विश्व के सर्वाधिक व्यस्त पुल का दरजा हासिल है। इसी प्रकार इंटर सिटी बस अड्डा शहर के भीतर परिवहन के लिए सात हजार से अधिक बसों का संचालन करता है, जो दुनिया में सर्वाधिक है। होटल से श्री मांगलिक के घर पहुँचने में हमें तकरीबन डेढ़ घंटे का

वक्त लग गया। उनका घर बहुत सुव्यवस्थित और भारतीय संस्कारों से ओत-प्रोत था। वे सॉफ्टवेयर इंजीनियर हैं, और ईश्वर की उन पर विशेष कृपा रही जो वे इस दुनिया में सशरीर मौजूद हैं। श्री मांगलिक उसी वर्ल्ड ट्रेड टावर में कार्यरत थे, जहाँ 11 सितंबर को भयानक हमला हुआ था। संयोगवश उस दिन साप्ताहिक अवकाश होने के कारण वे वहाँ मौजूद नहीं थे। यह बताते हुए मांगलिकजी के बदन में सनसनी आई कि नहीं, लेकिन हमारे शरीर में तो झुरझुरी दौड़ गई। उस हादसे के बाद श्री मांगलिक ने वह कंपनी छोड़कर कहीं अन्य काम करना जरूर प्रारंभ कर दिया। बातचीत के दौरान ही हमें यह जानकर सुखद आश्चर्य हुआ कि वे नियमित रूप से राष्ट्रीय स्वयंसेवक संघ की शाखा का संचालन कर रहे हैं। उनकी इस शाखा में शिरकत करने कुछ भारतीय जन के साथ-साथ अमेरिका व यूरोप मूल के लोग भी आते हैं।

वापसी हमने कार से की, क्योंकि श्री मांगलिक खुद हमें छोड़ने अपने वाहन से चल दिए थे। रात का एक बज रहा था जब हम अपने होटल पहुँचे। होटल क्या था, वह तो हॉस्टल हो रखा था। बीयर की बोतल और सिगरेट के धुओं से पूरा माहौल प्रदूषित था और अधनंगे युवक-युवती इधर उधर लुढ़के पड़े थे। हमने मन-ही-मन जोशीजी की बचत प्रवृत्ति को कोसा और बचते-बचाते अपने कमरे में दाखिल हो गए। अगला दिन हमारा खासा व्यस्तता भरा रहनेवाला था, लिहाजा तुरंत सोने के अलावा और कोई विकल्प नहीं था।

□

सुर साधक अंबिकापुरिहा

जब हमारी नींद खुली तो घड़ी सुबह के नौ बजा रही थी। हमारा आज का दिन काफी व्यस्तता भरा रहनेवाला था अत: तैयार होने में हमने ज्यादा समय नही लिया। ठीक दस बजे हमारे कमरे के दरवाजे पर दस्तक हुई। दरवाजा खोला तो सामने चंद्रकांत पटेल मौजूद थे। श्री पटेल हमारे कोरिया विधायक दीपक पटेल के बड़े भाई हैं और काफी लंबे समय से अमेरिका में निवास कर रहे हैं। यहाँ वे भारतीय जनता पार्टी के वैचारिक प्रसार में प्रण-प्राण से जुटे रहते हैं। वर्तमान में वे भाजपा मित्र संगठन के अध्यक्ष भी हैं। आज उनके संगठन की ओर से ही न्यूजर्सी शहर में एक कार्यक्रम रखा गया था, जिसमें हमें शिरकत करनी थी। श्री पटेल इसी सिलसिले में आए हुए थे।

कमरे में ही नाश्ता कर हम ठीक सुबह के साढ़े दस बजे सड़क पर थे और हमारा मुकाम भारतीय काउंसलर जनरल का कार्यालय था। यहाँ हमारी मुलाकात काउंसलर जनरल प्रभु दयाल से होना प्रस्तावित थी, जो उनके अन्यत्र व्यस्त होने के कारण संभव नहीं हो सकी। वहाँ हमारी भेंट राजनीतिक मामलों के निर्देशक राजाराम से जरूर हुई। वे महाराष्ट्र मूल के रहनेवाले भारतीय विदेश सेवा के अधिकारी हैं। तकरीबन आध-पौन घंटे की इस मुलाकात में हमें अमरीका की मौजूदा आर्थिक, सामाजिक एवं राजनीतिक परिस्थितियों को जानने-समझने का अवसर मिला। इन दिनों अमरिका में राष्ट्रपति चुनाव की गहमा-गहमी और मंदी की पुनर्वापसी ही सुर्खियों में है। बतौर राजाराम न्यूयॉर्क ऐसा अद्‌भुत शहर है जहाँ राजनीतिक, आर्थिक एवं सांस्कृतिक घटनाक्रम सामान रूप से दुनिया को अपनी ओर आकर्षित करता है।

जहाँ संयुक्त राष्ट्र संघ का कार्यालय होने के कारण अंतरराष्ट्रीय राजनीति

का केंद्र यह शहर बना रहता है, वहीं दुनिया का सबसे बड़ा स्टाक एक्सचेंज भी यहीं स्थित है। विश्व की सांस्कृतिक राजधानी भी इस शहर को पुकारा जाता है, खासकर नृत्य की जो तमाम पाश्चात्य शैली दुनिया में चर्चित हैं, वे इसी शहर की देन हैं। राजारामजी से विदा लेकर हम जैक्सन हाइट के लिए रवाना हो लिये। जैक्सन हाइट न्यूयॉर्क के उत्तर-पश्चिम मुहाने पर स्थित उपनगर है, जिसका एक बड़ा हिस्सा भारतीय परिवेश में रचा-बसा हुआ है। भारतीय दुकानों की खासी भीड़ है और पाँच से सात डॉलर अदा करके भरपेट भोजन का इंतजाम भी है। भारतीय रेस्तराँ भी यहाँ काफी संख्या में मौजूद हैं। यहीं हमारी मुलाकात संगीत विशारद कमलकांत मिश्रा से हुई जो गत पच्चीस वर्षों से यहाँ भारतीय संगीत की शिक्षा दे रहे हैं। श्री मिश्रा अपने छत्तीसगढ़ के ही अंबिकापुर के रहनेवाले हैं। दुकानों को तो हम यात्रा की शुरुआत से ही देखते आ रहे थे, लेकिन महँगाई के भय से कुछ खरीदे नहीं थे। क्या है कि कोई चीज पसंद आने पर दुकान द्वारा डॉलर में बताई कीमत को हम मन-ही-मन रुपए में जैसे ही बदलते वैसे ही हमारा इरादा भी बदल जाता था। अब चूँकि यात्रा अंतिम चरण में थी और डॉलर रुपए का अंतर भी आदत में आ गया था, लिहाजा हमने विंडो शॉपिंग की जगह वास्तविक खरीदारी का फैसला किया। इस फैसले के तहत हमने एक बेहद आकर्षक और लेटेस्ट मॉडल का मोबाइल फोन गैलेक्सी नोट खरीद लिया। यह बात अलग है कि भारत लौटने तक वह ओल्ड हो गया, क्योंकि बेटे ने बताया कि अब तो कोई एस-3 मॉडल बाजार में आ गया है।

दोपहर भोजन के बाद हम श्री पटेल की कार से ही न्यूजर्सी के लिए रवाना हो गए। कार बहुत बड़ी थी और श्री पटेल खुद उसे उड़ा रहे थे, उड़ा इसलिए कह रहा हूँ, क्योंकि अपने देश में तो इस रफ्तार से चलने की हिम्मत हुई नहीं। न्यूजर्सी अमेरिका की राजधानी वाशिंगटन डी.सी. और न्यूयॉर्क के मध्य में स्थित शहर है, जो भारतीयों के बीच काफी लोकप्रिय भी है। बहुत बड़ी संख्या में भारतीय मूल के लोग इस शहर में अपना ठिकाना बनाए हुए हैं। उसमें भी गुजराती समुदाय की संख्या सर्वाधिक है। इस शहर का बहुत अधिक ऐतिहासिक महत्त्व है, क्योंकि अमरीका के स्वाधीनता संग्राम की अनेक लड़ाइयाँ इसी शहर की धरती पर हुई थीं। यह उन 13 बस्तियों में एक थी जिसने ब्रिटिश हुकूमत के खिलाफ बगावत का झंडा बुलंद किया था। कभी युद्ध का केंद्र रही यह धरती आज औद्योगिक उत्पादन के लिए दुनिया भर में प्रसिद्ध है। खास तौर पर दवाइयों के उत्पादन में तो कहना ही क्या है?

□

कोलंबस को समर्पित वाशिंगटन

घड़ी शाम के सवा सात दिखा रही थी जब हमारी कार न्यूजर्सी स्थित होटल 'रागदा इन' के परिसर में दाखिल हुई। कार्यक्रम का समय साढ़े सात बजे निर्धारित था, यानी हम ठीक समय पर पहुँच गए थे। जब होटल के सभाकक्ष में दाखिल हुए तो वहाँ भारतीय संगीत का कार्यक्रम चल रहा था। किशोर कुमार की आवाज में एक युवक तान छेड़े हुए था। यह युवक दीपक पटेल थे जो शौकिया तौर पर गाना गाते हैं। हम भी संगीत सभा का हिस्सा बन गए।

तकरीबन तीन सौ लोगों की मौजूदगी सभाकक्ष में थी, जो हमें सुनने के लिए मौजूद थी। हम इसलिए क्योंकि एक और शख्सियत को भी बतौर वक्ता आमंत्रित किया गया था। ये राजकोट के महापौर थे और वे भी इन दिनों हमारी तरह अमरीका प्रवास पर थे। यह तो हम कल ही बता चुके थे कि न्यूजर्सी में भारतीय संप्रदाय में विशेषकर गुजराती समाज का बाहुल्य है। सामान्य औपचारिकताओं के बाद उद्‌बोधन का सिलसिला प्रारंभ हुआ। राजनेता होने के कारण भाषण देना हमारे स्वभाव का हिस्सा रहा है, लेकिन न जाने क्यों यहाँ हमारा आत्मविश्वास डिगा हुआ था। रास्ते भर हम यही सोचते रहे थे कि क्या बोलेंगे, कैसे बोलेंगे और कब तक बोलेंगे। हमारा स्वयं का अनुमान था कि हम अधिकतम दस मिनट ही बोल सकेंगे, लेकिन जब मंच पर छपा हुआ कार्यक्रम विवरण हमारे हाथ में आया तो उसमें हमें बोलने के लिए तीस मिनट का समय दरशाया हुआ था।

खैर, हमने अंग्रेजी में अपने उद्‌बोधन की शुरुआत की। दस मिनट तक तो अंग्रेजी में बोले, लेकिन फिर हमने हिंदी में बोलना शुरू किया और तीस मिनट का वक्त कैसे गुजर गया, पता ही नहीं चला। भाषण कैसा था इसका अंदाजा सिर्फ इससे ही लगाया जा सकता है कि कार्यक्रम समाप्ति के बाद आधे घंटे से भी ज्यादा समय

तक लोग हमारे साथ फोटो ही खिंचवाते रहे। हमारा भाषण ब्राजील में हुए सम्मेलन और भारत के मौजूदा हालात पर केंद्रित था। सम्मेलन के बाद रात्रिभोज भी वहीं था। समूचा कार्यक्रम खत्म होते रात्रि के 11 बज चुके थे। कार्यक्रम के दौरान ही हमारी मुलाकात डॉ. अनिल माथुर से हुई जो अमरीका की राजधानी वाशिंगटन से आए हुए थे। उनके भाई आकाश माथुर न्यूयॉर्क से हमारे साथ आए थे। इनके साथ अब हमें वाशिंगटन रवाना होना था। डॉ. माथुर की हैसियत क्या है इसका अंदाजा हमको वाशिंगटन प्रवास के दौरान ही हो सका। वे बहुमुखी प्रतिभा के धनी थे। पेशे से तो वे महज चिकित्सक हैं, लेकिन इसके इतर भी वह बहुत कुछ हैं। उनकी सामाजिक सक्रियता का दायरा बेहद व्यापक है। वे नियमित साप्ताहिक 'लोकमत' का भी प्रकाशन कई वर्षों से अमरीका में कर रहे हैं।

न्यूजर्सी से वाशिंगटन तक की दूरी तकरीबन दो घंटे की है। यह समय कैसे बीत गया हमें पता ही नहीं चला, क्योंकि अत्यधिक थकान होने के कारण हम तो कार में बैठते ही सो गए थे। वहाँ की सड़कों पर कोई गड्ढे-वड्ढे तो होते नहीं जो सोने में अवरोध होता। वैसे हमें तो ऐसी सड़कों पर भी सो जाने की आदत है। हमारी नींद तभी टूटी जब डॉ. माथुर ने जोर-जोर से हिलाकर बताया कि उनका घर आ चुका है। घर क्या था, आलीशान बँगला था। वैभवपूर्ण सादगी हर ओर से दिखाई दे रही थी।

अब बँगले के विषय में आपको क्यों भला दिलचस्पी होने लगी। बेहतर है कि कुछ जानकारी आपको इस शहर के बारे में दे दें। आज जो दुनिया की ताकत का केंद्र बना बैठा है, इस शहर का इतिहास बमुश्किल सवा दो सौ साल पुराना है, जब यह ब्रिटिश प्रभुत्व से मुक्त हुए संयुक्त राज्य अमेरिका की राजधानी बना। इसके पूर्व फिलाडेल्फिया और न्यूयॉर्क देश की राजधानी रह चुके थे। यह शहर अमरीका का इकलौता केंद्रशासित शहर है। भारत में हम लोग अमरीका की राजधानी के तौर पर 'वाशिंगटन' को जानते हैं, लेकिन इसका पूरा नाम वाशिंगटन डी.सी. है। डी.सी. का पूरा अर्थ 'डिस्ट्रिक्ट ऑफ कोलंबिया' है। अमेरिका की खोज कोलंबस ने की थी, शायद यह नाम उसी को समर्पित रहा होगा। ऐसा हमारा अनुमान है।

□

अमेरिकी नहीं डाल सकते वोट

हमारा विदेश प्रवास अब आखिरी दौर में था। यही वजह थी कि हम एक-एक लम्हे का सदुपयोग करना चाह रहे थे। रात के तकरीबन 2 बजे हम वाशिंगटन स्थित डॉ. अशोक माथुर के निवास पहुँचे थे और सोने के लिए बिस्तर पर पहुँचते-पहुँचते रात्रि के तीन बज गए थे। फिर भी सुबह सात बजे हम डॉ. माथुर के साथ उनके बँगले के बगीचे में बैठे चाय की चुस्कियाँ ले रहे थे। एक राजनेता के संबंध में इतनी सुबह का जागरण केवल चुनाव प्रचार के दौरान ही अपेक्षित रहता है।

चाय पर चर्चा के दौरान कई रोचक जानकारियाँ अमेरिका और उसकी राजधानी के संबंध में हमें हासिल हुईं। कुछ और तथ्य हमें बाद में भारतीय दूतावास के वरिष्ठ अधिकारी अरुण सिंह के भी माध्यम से मिले। यह राजधानी भी विशेष परिस्थितियों में निर्मित हुई थी। इस देश का नाम ही 'संयुक्त राज्य अमेरिका' अर्थात् राज्यों का समूह है। यहाँ राज्यों की अपनी हैसियत कोई बहुत कम नहीं है। उनकी अपनी स्वायत्तता और अधिकार-क्षमता काफी है। स्वतंत्रता हासिल करने के बाद केंद्रीय सरकार फिलाडेल्फिया को राजधानी बना वहाँ संसद् के अधिवेशन आयोजित करती थी। अधिवेशन के दौरान कुछ प्रदर्शनकारियों ने संसद् भवन को घेर लिया तो उस राज्य की सरकार ने प्रदर्शनकारियों को हटाने में कोई मदद करने से केंद्रीय सरकार को इनकार कर दिया। इस अप्रत्याशित घटनाक्रम ने संघीय सरकार को एक ऐसा भू-भाग अपने प्रभुत्व में लाने के लिए विवश किया जिस पर उसका संपूर्ण प्रशासकीय नियंत्रण हो।

दो राज्य मेरीलैंड और वर्जीनिया ने राजधानी के लिए भूमिदान में दी थी। उस समय इसका क्षेत्रफल 100 वर्ग मील था। हालाँकि बाद में वर्जीनिया द्वारा दी गई भूमि विशेष परिस्थितियों के चलते सन् 1846 में लौटा दी गई। यह शहर सन्

1791 में अस्तित्व में आया और प्रथम राष्ट्रपति जार्ज वाशिंगटन के सम्मान में इसका नामकरण वाशिंगटन किया गया। अमेरिकी कांग्रेस का पहला सम्मेलन 17 नवंबर, 1800 को नई राजधानी में हुआ। 'राजधानी' के प्रति हमारी इतनी अधिक दिलचस्पी को आप अस्वाभाविक न समझें। आखिर हम लोग भी तो अपने प्रदेश में नई राजधानी के निर्माण में जुटे हुए हैं।

सन् 1800 में ही अमेरिकी संसद् ने एक कानून पारित कर इस शहर का नियंत्रण पूर्णत: अपने हाथ में ले लिया। मजेदार बात यह है कि दुनिया में लोकतंत्र के सबसे बड़े अलंबरदार का दंभ भरनेवाले इस देश की राजधानी के निवासियों को आज भी संसद् के लिए वोट देने का अधिकार नहीं है। इसकी वजह यह है कि अमरीकी कांग्रेस में इस शहर का कोई प्रतिनिधि ही नहीं है। अपुष्ट जानकारी तो हमें यह मिली कि पहले इस शहर के निवासियों को राष्ट्रपति चुनाव में भी मतदान का अधिकार नहीं था। लंबे संघर्ष के बाद साठ के दशक में यह अधिकार हासिल हुआ। इतनी चर्चा में कब नौ बज गए, पता ही नहीं चला। फटाफट तैयार हुए, नाश्ता किया और ठीक दस बजे हम वाशिंगटन की सड़क पर आ चुके थे। डॉ. माथुर हमें सबसे पहले 'लाइब्रेरी ऑफ कांग्रेस' लेकर गए। इस पुस्तकालय का इतिहास उतना ही पुराना है, जितना इस शहर का इतिहास है। इस पुस्तकालय की स्थापना अमरीकी कांग्रेस में एक विधेयक पारित करके की गई थी। यह अत्यंत दुर्भाग्यपूर्ण रहा कि अपनी स्थापना के महज चौदह साल के भीतर ही इस पुस्तकालय का तब नामोनिशान मिट गया, जब ब्रिटिश फौजों ने यहाँ हमला कर दिया। शहर पर हमले के साथ ही उन्होंने आग भी लगा दी थी। जिसमें असंख्य इमारतें ध्वस्त हो गईं। यह पुस्तकालय भी उनमें से एक था।

हमले के तुरंत बाद अमेरिका के निवर्तमान राष्ट्रपति थॉमस जेफरसन इसके पुनर्निर्माण के लिए आगे आए। उन्होंने अपना निजी पुस्तकालय इस लाइब्रेरी को प्रदान कर दिया। उनका पुस्तकालय बेहद समृद्ध था। उन्होंने तकरीबन साढ़े छह हजार से अधिक पुस्तकों का संग्रह किया हुआ था। बाद में इसका स्वरूप इतना व्यापक हो गया कि तकरीबन डेढ़ करोड़ से अधिक पुस्तकों, शोधपत्रों का संग्रह यहाँ हो रखा है। इसकी व्यवस्थाएँ बहुत कुछ हमारे देश की 'कोलकाता लाइब्रेरी' की तर्ज पर है।

□

रायसीना से व्हाइट हाउस फीका

वैसे दुनिया का सबसे बड़ा पुस्तकालय तो लंदन में है, जो हमने अभी तक देखा नहीं है। पुस्तकालय के तुरंत बाद हम अमरीकी कांग्रेस के भवन में पहुँचे। यह भवन बेहद भव्य और विराट् तो है ही, साथ ही अनेक युगांतकारी निर्णयों का केंद्र भी रहा है। परिसर में हमने वह स्थान भी देखा जहाँ अब्राहम लिंकन बतौर कांग्रेस सदस्य बैठा करते थे। यह भवन भी तकरीबन दो सौ वर्ष से अधिक पुराना है और इसका डिजाइन स्वयं जार्ज वाशिंगटन ने पसंद किया है। अब जब संसद् में ही खड़े हैं, तब कुछ बातें अमरीका की राजनीतिक व्यवस्था की हो जाए। यहाँ भी भारत की तरह संघीय संविधान है। अंतर मूलभूत रूप से यह है कि जहाँ भारत में देश का राष्ट्रपति अप्रत्यक्ष रूप से चुना जाता है, वहीं अमरीका के निवासी अपना भाग्य-विधाता प्रत्यक्ष रूप से चुनते हैं। लोकसभा, राज्यसभा की तरह ही अमरीका में भी संसद् के दो सदन 'सीनेट' और 'हाउस ऑफ रिप्रजेंटेटिव' हैं, जिन्हें हम लोकसभा और राज्यसभा के तौर पर समझ सकते हैं। अंतर यहाँ पर भी इस बात का है कि राज्यसभा में निर्वाचन अप्रत्यक्ष होता है, लेकिन अमरीका में दोनों सदनों के सदस्य प्रत्यक्ष ही चुने जाते हैं। सीनेट में हर राज्य से दो सदस्यों का कोटा है जो छह वर्ष के लिए चुने जाते हैं, लेकिन हाउस ऑफ रिप्रजेंटेटिव में प्रति तीन लाख की आबादी पर एक प्रतिनिधि की व्यवस्था है। राष्ट्रपति का पद यहाँ बेहद प्रभावशाली है, किंतु उनको निरंकुश होने से रोकने के लिए सीनेट को व्यापक शक्तियाँ दी गई हैं। भवन बहुत बड़ा था, पर समय बड़ा कम। लिहाजा हम ज्यादा कुछ देखे बगैर ही वहाँ से रुखसत हो लिये। हमारा अगला मुकाम व्हाइट हाउस था। दुनिया को संचालित करनेवाले इस अघोषित केंद्र का दीदार करने जाते समय हमसे यह चूक हो गई कि हमने डॉ. अनिल माथुर को इसकी पूर्व सूचना नहीं दी थी। अगर उन्हें हमने एक

सप्ताह पहले ही इत्तिला कर दिया होता तो हम दुनिया की सत्ता का इस सबसे बड़े केंद्र का अंदर से दीदार कर पाते। बहरहाल छोटी सी चूक से हमें व्हाइट हाउस का बाहर से ही दीदार करना पड़ा। हालाँकि व्हाइट हाउस दुनिया भर में जितना चर्चित है, बाहर से देखने में उतना प्रभावी नहीं दिखता। हमारे राष्ट्रपति भवन रायसीना हिल्स के बाहरी प्रभाव की तुलना में तो व्हाइट हाउस कहीं नहीं ठहरता। वैसे भी वर्तमान व्हाइट हाउस इसके डिजाइनकर्ता जेम्स होवन का असली व्हाइट हाउस नहीं है। दरअसल इसका निर्माण 1800 ई. में ही हो गया था और जॉन एडम्स इस भवन में रहनेवाले अमरीका के पहले राष्ट्रपति थे। इस भवन के निर्माण के 14 साल बाद अर्थात् सन् 1814 में ब्रिटिश हमले में इस भवन को भारी क्षति पहुँची थी। हालाँकि इसी साल इस भवन का पुनर्निर्माण कराया गया और इसी साल अमरीका के राष्ट्रपति इस भवन में फिर से विराज भी गए। हमने इस भवन को बाहर से ही निहारा। दुनिया की सत्ता का सबसे बड़े अघोषित केंद्र का अंदर से दीदार न कर पाने की टीस लिये हम भारतीय दूतावास पहुँचे। यहाँ दूतावास के अधिकारी अरुण सिंह ने बेहद आत्मीयता के साथ हमारी आवभगत की। इस आत्मीयता और आवभगत की वजह महामहिम राज्यपाल शेखरदत्त के द्वारा उन्हें हमारे आने की दी गई पूर्व सूचना थी। अरुणजी की आत्मीयता देख हम मन–ही–मन महामहिम के प्रति अपना आभार भी व्यक्त करते रहे।

वाशिंगटन बेहद सुव्यवस्थित और खूबसूरत शहर है, जहाँ स्मारकों और संग्रहालयों की भरमार है। हमें इस बात का बेहद मलाल रहा कि इस शहर के लिए हमने कुछ और वक्त क्यों नहीं निकाला। अब हमारी वापसी का समय आ गया था। हम सड़क मार्ग से ही वाशिंगटन से न्यूयॉर्क और वहाँ से सीधे एयरपोर्ट पहुँचे। एयरपोर्ट पर ब्रिटिश एयरवेज का विमान हमें लंदन ले जाने के लिए तैयार था। जोशीजी भी साथ नहीं थे, लिहाजा व्हीलचेयर वाली प्राथमिकता भी नहीं थी। लंबी जाँच और उबाऊ औपचारिकताएँ पूरी कर जब हम विमान के अंदर बैठे तो मन गरुड़ से भी तेज गति से अपने देश–प्रदेश पहुँचने के लिए मचल उठा था। वापसी काफी बोझिल रही, क्योंकि घर पहुँचने की व्याकुलता बेचैन जो करती रही।

□□□